THEORIEN UND MODELLE DER DIDAKTIK

GRUNDFRAGEN DER ERZIEHUNGSWISSENSCHAFT
HERAUSGEGEBEN VON KLAUS MOLLENHAUER

BAND 6

Herwig Blankertz

Theorien und Modelle
der Didaktik

Juventa Verlag

Für Stefan,
meinen Freund

ISBN 3-7799-0185-4 (Leinen)
ISBN 3-7799-0186-2 (Broschur)

9., neubearbeitete und erweiterte Auflage 1975
1. Auflage 1969 © Juventa Verlag München
Alle Rechte, auch für auszugsweise mechanische
Vervielfältigung, bei Juventa Verlag
Einbandentwurf: Gerhard M. Hotop
Printed in Germany
Herstellung: Druckerei Mühlberger, Augsburg

INHALT

VORWORT ZUR 9., NEUBEARBEITETEN AUFLAGE

Sechs Jahre nach dem ersten Erscheinen liegt nunmehr bereits die 9. Auflage dieses Buches vor. Das starke Interesse, das das Buch gefunden hat, läßt wohl den Schluß zu, daß den beiden mit der Veröffentlichung verbundenen Intentionen entsprochen werden konnte.

Die erste Intention zielt darauf, eine Einführung in die didaktischen Theorien der Gegenwart zu geben. Das Buch gibt also einen Überblick über den Stand der Diskussion, macht auf Probleme und offene Fragen aufmerksam, erhebt indessen für die Darstellung der einzelnen Modelle keinen Anspruch auf Vollständigkeit. Ich habe mich bemüht, die verschiedenen Ansätze mit ihren je spezifischen Fragen zu charakterisieren, darüber hinaus aber auch jeweils solche Gesichtspunkte einzubeziehen, die auf der Basis des betreffenden Modells besonders gut darstellbar erscheinen. Dies bedeutet jedoch nicht, daß sich diese Fragen nicht auch mit den Mitteln eines anderen Ansatzes behandeln ließen. Es wäre ein Mißverständnis, die Modellansätze auf das jeweils Ausgeführte zu beschränken.

Im Blick auf diesen einführenden Charakter des Buches stellt sich auch das Problem der Darstellungsform. Manche individuelle Stellungnahmen und Briefe, die ich seit Erscheinen der 1. Auflage erhielt, haben mich auf einige Stellen aufmerksam gemacht, die für den Anfänger zu schwierig zu sein scheinen. Ich nehme die Forderung nach Verständlichkeit durchaus ernst, denn es ist mir nur zu gut bewußt, in welchem Maße auch Didaktiker und Bildungsreformer dazu neigen, eine eigene Fachsprache auszubilden und sich damit gerade jener Möglichkeiten zu berauben, die der Gegenstand ihrer wissenschaftlichen Bemühungen sind, nämlich die der Belehrung. Ich habe mich daher bei der Überarbeitung bemüht, dem Wunsch nach Verständlichkeit des Textes auch für solche Leser, die die in diesem Buch verarbeitete Literatur noch nicht kennen, mehr zu entsprechen. Gleichwohl muß daran festgehalten werden, daß ein schwieriger Sachverhalt immer auch eine bestimmte Anstrengung vom Leser verlangt. Um voll urteilsfähig über alle in diesem Buch angesprochenen Probleme zu werden, bedarf es eines langen Atems. Die Lektüre dieses einführenden Buches allein reicht dazu nicht aus.

Die zweite Intention, die mit dieser Veröffentlichung von Anfang an beabsichtigt war, zielte darauf, auch einen Beitrag zur

Diskussion selbst zu leisten. In dem Vorwort zur 1. Auflage schrieb ich dazu: »Meine These ist die, daß die drei Grundpositionen gegenwärtiger Didaktik nur scheinbar miteinander konkurrieren, daß sie sich vielmehr in fruchtbarer Kritik und dauerndem Problembewußtsein halten oder jedenfalls halten könnten. Wenn bisher keinem der Ansätze der überzeugende Durchbruch gelungen ist, so liegt das zwar auch an den noch immer beschränkten Forschungsmöglichkeiten, der zwangsläufig diskontinuierlichen und fragmentarischen Arbeitsweise in der Erziehungswissenschaft; aber selbst wenn diese Behinderungen beseitigt sein werden, müssen Aspektverschiedenheiten auftreten. Denn ›Empirie und Theorie lassen sich nicht in ein Kontinuum eintragen‹ (Adorno), sie stehen vielmehr in einem Spannungsverhältnis. In diesem Spannungsverhältnis wird nicht nur der Theorie durch die empirische Bewährungskontrolle eine spezifische Leistungsfähigkeit abverlangt; umgekehrt kritisiert auch die Theorie die mit empirischen Methoden erforschte Wirklichkeit, einschließlich der dabei angewandten Methoden. Darum bleibt die Verpflichtung der drei Ansätze auf eine Didactica magna gebunden an den Dialog der ihrer jeweiligen Grenzen bewußten Positionen.«

Die zahlreichen Rezensionen und Bezugnahmen in den einschlägigen Publikationen haben gezeigt, daß dieser Beitrag zur Diskussion, den das Buch leisten sollte, in starkem Maße aufgegriffen wurde. Gerade darum aber hat es der Fortschritt der Diskussion auch erforderlich gemacht, die Ausführungen zum Problemkreis »Curriculum-Theorie« für die 9. Auflage zu überprüfen, fortzuschreiben oder gänzlich neu zu fassen. In diesem Zusammenhang wurde das 5. Kapitel, das ursprünglich ganz auf die sogenannte Taxonomie der Lernziele konzentriert war, ersetzt durch die Darstellung des übergreifenden Kontextes »Lernzielorientierter Unterricht«.

Die Curriculum-Theorie von Robinsohn sehe ich heute kritischer als 1969. Das kommt in Überarbeitung und Fortschreibung des 6. Kapitels zum Ausdruck. Um so mehr ist es ein Gebot der intellektuellen Redlichkeit, daran zu erinnern, daß Saul Benjamin Robinsohn der Mentor der Curriculum-Forschung in der Bundesrepublik Deutschland war. Ich selber weiß mich ihm auch in der Kritik an seinem Modell verpflichtet.

Das 8. Kapitel bringt als Ergänzung zum bisherigen Text ein zweites Beispiel für die Anwendung der Curriculum-Theorie. Es handelt sich in wesentlichen Teilen um ein Gutachten, das ich für den Anhang der Empfehlung der Bildungskommission des Deutschen Bildungsrates zur Neuordnung der Sekundarstufe II schrieb und das anzeigen sollte, wie die nach der Bildungsratsempfehlung notwendig werdende curriculare Entwicklungsarbeit angepackt werden könnte.

Die weiter fortgeschrittene wissenschaftliche Diskussion hat einige Bücher anzuzeigen, die mit »Theorien und Modellen der Didaktik« in einem engen sachlichen Zusammenhang stehen und mit ihnen zusammen gleichsam *ein* Werk bilden: Hilbert L. Meyers »Einführung in die Curriculum-Methodologie« hat das im Problembereich der normativen Didaktiken thematisierte Deduktionsproblem aufgenommen, im ganzen Umkreis der sozialtechnologischen Verfahren geprüft und für praktische Folgerungen aufbereitet. Peter Mencks »Unterrichtsanalyse und didaktische Konstruktion« hat den unterrichtlichen Aspekt der Didaktik als Angelpunkt aufgegriffen und in seiner Implikation mit der Lehrplantheorie dargestellt. Dadurch ist es ihm gelungen, bloße Programmatik stärker auf die empirischen Realisierungsbedingungen von Innovationen und die wissenschaftstheoretische Diskussion didaktischer Ansätze auf die Frage, was die Ansätze bei der Lösung konkreter Probleme leisten, zurückzuführen. Bernhard Schwenks »Unterricht zwischen Aufklärung und Indoktrination« hat die in meinem Buch nicht behandelten, aber immer mitgedachten historischen Voraussetzungen der didaktischen Theorien mustergültig erschlossen. Dieses Buch von Schwenk zeigt die Vorgeschichte, die zur geisteswissenschaftlichen Didaktik geführt hat, und es macht aus der Vergangenheit deutlich, daß und warum geisteswissenschaftliche Didaktik allen Unkenrufen zum Trotze auch in Gegenwart und Zukunft für bestimmte Bereiche tragfähig erscheinen dürfte. Diese drei Werke von Meyer, Menck und Schwenk enthalten das, was ich selber zum Thema einer Allgemeinen Didaktik über das in diesem Buch Enthaltene hinaus zu sagen für unerläßlich erachte.

Ich danke allen Freunden und Kollegen, die mir in den letzten Jahren bei meinen Überlegungen zur Didaktik durch Rat und fördernde Kritik geholfen haben, insbesondere Frank Achtenhagen, Adolf Kell, Hagen Kordes, Line Kossolapow, Dieter Lenzen, Anneliese Mannzmann, Hilbert Meyer und Jörg Ruhloff.

Münster, Januar 1975   Herwig Blankertz

Einleitung

Didaktik – überschätzt und unterschätzt

Die Praxis von Erziehung und Unterricht sieht sich vielfältiger
Kritik ausgesetzt. Das gleiche gilt auch von deren Theorie: der
Pädagogik oder Erziehungswissenschaft – wobei hier unerörtert
bleiben kann, ob eine Unterscheidung zwischen Pädagogik und
Erziehungswissenschaft sinnvoll ist und was sie zu besagen hätte.
Auf jeden Fall aber muß eingeräumt werden, daß der Tatbestand der Kritik berechtigt ist: der Praxis gegenüber insofern, als
sie nicht hinreichend leistet, was sie soll. Sie bleibt nicht nur hinter ihren eigenen Intentionen zurück, sondern sie befördert häufig das Verkehrte dessen, was sie will, indem sie die vorgegebenen Verhältnisse festigt und in die Zukunft hinein verlängert,
statt Veränderung und Fortschritt zu ermöglichen. Der Theorie
gegenüber ist die Kritik berechtigt, insofern diese Theorie von
den Mängeln der Praxis ablenkt, teils durch ideologisierende Be-
stätigung und Überhöhung, teils durch Spekulationen über die
Zielproblematik, die von vornherein von jedem Praktischwer-
den abgeschnitten sind. Darüber hinaus ist die Kritik berechtigt,
weil die Sätze der pädagogischen Theorie häufig strengeren
Maßstäben der intersubjektiven Überprüfbarkeit nicht oder nur
teilweise genügen. Aber so sehr Kritik berechtigt ist, so wenig ist
damit gesagt, daß jeder kritische Einwand im Rechte sei, darum
nämlich nicht, weil die Kritikbedürftigkeit des ganzen Zusammenhanges eine Funktion seiner Komplexität ist. Für den Bereich der Didaktik soll diese Komplexität hier durchsichtig gemacht werden, nicht um ihn der Kritik zu entziehen, sondern um
diese zu erleichtern.
Siegfried Bernfeld ist in einer scharfsinnigen, marxistisch-
psychoanalytischen Untersuchung[1] über die Grenzen der Erziehung davon ausgegangen, daß nach allgemeiner Auffassung
der Didaktik innerhalb eines Systems der Pädagogik nur ein
begrenzter Raum zukomme, gleichwohl sie allein gründlich aus-
gebildet und jener Stufe von Rationalität angenähert sei, die die
moderne Gesellschaft für die Bewältigung ihrer Lebensaufgaben
hervorgebracht habe. Didaktik wird dabei von Bernfeld unterstellt im Sinne von Unterrichtslehre, was wir an dieser Stelle als
erste vorläufige Definition zur Kenntnis nehmen können. Auf
dem Felde der so verstandenen Didaktik liegen die Verhältnisse

11

nach Bernfeld ebenso erfreulich wie klar: Die Präzision der Lehraufgabe, in der Hand professioneller Lehrer, hätte die Didaktik auf ein empirisch-diszipliniertes Vorgehen verwiesen, auf den Nachweis naturgesetzlicher Zusammenhänge innerhalb von Lernvorgängen und damit auf ein Ausscheiden aller allein traditionell empfohlenen oder auch vom Subjektivismus des Lehrenden bevorzugten Unterrichtsverfahren. Den Grund für diese Entwicklung bezeichnet Bernfeld mit der Kontrollierbarkeit von Unterricht: Jederzeit sei feststellbar, ob die Schüler die jeweils angegebenen Lernziele erreicht hätten oder nicht. Wir werden sehen, daß in diesem Urteil eine beträchtliche Überschätzung der Didaktik liegt: Dasjenige, was Bernfeld 1925 als gegeben voraussetzte, gilt erst 40 Jahre später in den progressiven Richtungen der Didaktik als ein erstrebtes, doch keineswegs erreichtes Ziel, nämlich die operationable Formulierung von Lernzielen und die Erarbeitung von Methoden zu Kontrolle, Messung und Vergleich des Lernerfolges. Die unverdienten Lorbeeren, die Bernfeld der Didaktik vorzeitig zukommen ließ, waren indessen nicht so positiv gemeint. Ein ironischer Unterton schlägt schon allein im Hinweis durch, die Didaktiker rekrutieren sich seit je aus mediokren Köpfen, entlehnten von den großen Gestalten der Geschichte der Pädagogik, die sich allenfalls am Rande ihres Werkes mit didaktischen Problemen befaßt hätten, einige nebensächliche und durch Isolierung fast immer verfälschte Aspekte. Das negative Urteil aber ergibt sich aus der von Bernfeld selbst unterlegten Definition der Didaktik als Unterrichtslehre im engsten Verstande. Denn Unterricht vollzieht sich in der Institution Schule, die sich die Didaktik als einen Erfüllungsgehilfen hält. Nach Bernfeld ist dieser Erfüllungsgehilfe außerstande, die politisch-gesellschaftlichen und ökonomischen Voraussetzungen seines Auftraggebers und die Differenzierung in Schularten und Ausbildungswege zu reflektieren. Er kann nicht erkennen, welche erzieherischen Wirkungen die Schule über den Unterricht hinaus hat, jene Wirkungen, die aus jeder Generation das machen, was sie ist, was sie jedoch nach den Versprechungen der Pädagogik und der, wenn auch nur ideologisch, an ihr hängenden Didaktik nicht sein dürfte. Darum ist nach Bernfeld die Didaktik trotz ihrer Exaktheit und ihres empirisch-disziplinierten Charakters kein Modell für eine pädagogische Wissenschaft, sondern die Karikatur ihrer Impotenz: Alle Kärrnerarbeit ist, weil zu kurzatmig angesetzt, im falschen Bewußtsein getan. Tatsächlich also diene die Didaktik nur einem, nämlich dem gesicherten Bestand des Bestehenden. Und so fordert Bernfeld, die Didaktik müsse das zweckrationale Durchdenken des Unterrichts ausweiten auf die den Unterricht fordernde und reglementierende Institution, die wissenschaftliche Analyse anwenden auf das System der Schule, auf Lehrplan und Lernziele; dann erst könne sie ernst genommen und der schulmeisterlichen Langeweile entrissen werden, wobei allerdings ungewiß sei, was dann von der bisherigen Didaktik übrig bleibe. Hatte der Kritiker Bernfeld einerseits die Didaktik überschätzt in den Möglichkeiten exakter Aussage über die Bedingungen von Lernvorgängen, so hatte er andererseits aus der gleichen Unkenntnis den Umkreis ihres Horizontes unterschätzt: Die definitorische Einengung war die Willkür des Kritikers selbst. Unsere Darstellung wird zeigen, daß gerade die heute als traditionell zu klassifizierenden Richtungen der Didaktik ein sehr viel weiter gezogenes Interesse bekunden, sich nie als bloße Unterrichtslehre verstanden haben, sondern als Theorie der Bildungsinhalte und des Lehrplans, mithin ihre Analysen auch auf jene Bedingungsfaktoren richteten, die Bernfeld vernachlässigt glaubte. Gleichwohl bleibt die Kritik aktuell, und zwar aus zwei Gründen: einmal darum, weil zu prüfen ist, ob die hinsichtlich ihrer Fragestellungen ambitiösere Didaktik auch zu angemessenen Ergebnissen kommt, zum anderen aber darum, weil moderne, sich selbst im Verhältnis zur traditionellen Pädagogik als strenge Wissenschaft verstehende Richtungen der Didaktik, die dasjenige erstreben, was Bernfeld als erreicht konzedierte, jener so kritisch vermerkten Borniertheit zu erliegen drohen.

Zum Wort »Didaktik«

Diese unsere ersten Erwägungen haben also ein Verständnis von Didaktik berührt, das sogleich wieder relativiert werden mußte. Darum scheint es angebracht, einen kurzen Blick auf das der griechischen Sprache entstammende Wort »Didaktik« zu werfen. Das Stammwort heißt $\delta\iota\delta\acute{a}\sigma\varkappa\varepsilon\iota\nu$ = lehren, unterrichten, klar auseinandersetzen, beweisen. Obschon dieses Wort im Griechischen eine Fülle von Varianten aufweist, die sich auf Schule, Lehrer, Unterricht und Wissenschaft beziehen, so ist es doch nicht im engeren pädagogischen Sinne zu verstehen. Das »Didaktische« war vielmehr primär eine Gattung des griechischen Epos, neben der heroischen und historischen. Exemplarisch für das Didaktische sind Hesiods Lehrgedichte »Werke und Tage« und seine Theogonie. Das erstere enthält Lehren über den Ackerbau, das Land und das häusliche Leben; das zweite ist ein Geschlechtsregister der Götter und eine lehrhafte Ableitung desselben aus einem gemeinschaftlichen Ursprung. So wurde das Wort auch in seiner lateinischen Abwandlung von den Römern verstanden. Die Didaskalien des Atticus waren szenischen Inhaltes und bezogen sich auf lehrhafte Poesie. Dieser Bedeutungssinn hielt sich durch das Mittelalter bis in die Neuzeit, mitunter präzisiert auf Belehrungen durch gedächtnismäßiges Einprägen über Orakel, Sprichworte und Sentenzen. Die französische Sprache versteht das Wort noch heute in diesem Sinne: Der Grand Larousse Encyclopédique von 1961 erläutert »Didactique« ausschließlich als Literaturgattung.

In einem spezifisch pädagogischen Sinne taucht unser Terminus im 17. Jahrhundert auf, und zwar im Zusammenhang von Bestrebungen, die die Geschichte der Pädagogik unter dem Kapitel »Didaktische Reformbewegung« behandelt. Das berühmteste Werk aus dieser Zeit ist die »Didactica magna« des Amos Comenius von 1657. Der Begriff einer Didactica war um die Jahrhundertmitte bereits eingebürgert; seine erstmalige Verwendung in der fraglichen Bedeutung wird zumeist mit 1613 nachgewiesen im Titel eines Berichtes über die pädagogischen Reformvorschläge von Wolfgang Ratke. Seitdem ist er nicht mehr aus der pädagogischen Literatur verschwunden, wenn auch Gewicht und Akzent starken Schwankungen ausgesetzt waren. Wenn wir den Gebrauch des Wortes Didaktik als eines pädagogischen Begriffes mit dem 17. Jahrhundert beginnen lassen, so bedeutet das nicht, daß es vorher überhaupt keine Probleme gegeben habe, die rückblickend als didaktische zu bezeichnen sind. Der Kanon der hellenistischen Bildung, wie er sich in der Spätantike mit den septem artes liberales konsolidiert hatte und, vom nachkonstantinischen Christentum übernommen, Schule und Unterricht des europäischen Mittelalters beherrschte, war als »Lehrplan« zweifellos eine didaktische Konzeption. Aber die Pädagogik war noch kein Bedeutungszusammenhang, der selbständige Problemkomplexe hätte hervortreten lassen können. Das beginnt erst im 17. Jahrhundert, und insofern datiert auch erst von da an die Geschichte der Didaktik als eines spezifisch pädagogischen Problems. Diese Problemgeschichte lassen wir hier auf sich beruhen, obschon vieles von dem, was im folgenden systematisch entwickelt wird, nicht ohne jene Geschichte formulierbar wäre.

Voraussetzungen einer systematischen Darstellung gegenwärtiger Didaktik

Gegenwärtig nimmt der Begriff Didaktik, was immer im einzelnen darunter verstanden werden mag, eine wichtige, fast zentrale Stellung innerhalb der pädagogischen Diskussion ein. Auch da, wo ein ausdrücklicher Bruch mit der überlieferten europäischen Pädagogik beabsichtigt ist, wird von Didaktik gesprochen: Innerhalb der Programme für den Aufbau einer Wissenschaft von der Erziehung fehlt fast nie die Forderung nach Forschungen auf diesem Gebiet, wie andererseits Didaktik selbst in solchen Zusammenhängen hoffähig geworden ist, in denen von Pädagogik zu sprechen wenig opportun wäre, etwa bei der Reform des Hochschulunterrichtes. Der Vorteil, den dieses breite Interesse an unserem Thema bietet, ist freilich mit einem Nachteil notwendig verbunden. Denn die vielfältige Verwendung eines Terminus verwischt seine eindeutige Bestimmtheit. Schon mehren sich Veröffentlichungen, die beinahe jede pädagogische Maßnahme adjektivisch als »didaktische« kennzeichnen. Eine Erkenntnis der Informationstheorie, derzufolge sich die Häufigkeit, mit der ein Zeichen auftritt, umgekehrt proportional zu seinem Bedeutungsgehalt verhält, ließe sich hiermit illustrieren. Das hat zur Folge, daß einige Autoren zur eindeutigen Kennzeichnung des von ihnen Gemeinten wieder auf den Begriff Didaktik verzichten oder ihn doch zurückdrängen und für bestimmte Teilbereiche einen anderen wählen. Das zeigt sich auch an einigen in diesem Buch zu behandelnden Aspekten, besonders im Umkreis der Lehrplantheorien: Die neuere unter dem Titel der Didaktik geführte Diskussion wurde vor 40 Jahren eingeleitet mit einer Schrift von Erich Weniger, die die Didaktik als Theorie der Bildungsinhalte und des Lehrplans bezeichnete. Wenn heute hingegen die Überprüfung der Bildungsinhalte und die Reform der Lehrpläne erörtert wird, so fällt dabei kaum das Wort »Didaktik« und nur gelegentlich »Lehrplan«, vielmehr bedient man sich des Ausdrucks »Curriculum«, der den Didaktikern der Barockpädagogik im 17. Jahrhundert durchaus bekannt war, dann aber im deutschen Sprachraum verschwand und heute über die angelsächsische Literatur erneut aufgegriffen wird. Das hängt zum einen Teil zusammen mit der Internationalisierung des erziehungswissenschaftlichen Gesprächs, zum anderen Teil aber ist es auch mitbedingt durch den extensiven Gebrauch des Wortes Didaktik.

In einer solchen Situation, in der unser Begriffswort extensiv verwandt und dadurch verschlissen wird, ist es weder sinnvoll, alle als Didaktik auftretenden Versuche zu assimilieren, auch wenn sie unter einem bestimmten Aspekt eine originale Bedeutung besitzen mögen, noch sachlich vertretbar, die Überlegungen auf nur eine der vorliegenden Positionen zu beschränken. Vielmehr kommt es darauf an, in unserer Darstellung ein Aufgaben- und Kategoriengefüge sichtbar zu machen, welches dem Leser, der uns folgt, erlaubt, die ihm jeweils begegnenden didaktischen Konzeptionen einzuordnen und ihren Zusammenhang mit der gegenwärtigen Wissenschaftslage zu bestimmen. Zu diesem Zweck müssen wir uns allerdings auf ein Spannungsfeld einlassen: Wir behandeln die Didaktik *zwischen Bildungstheorie und Kybernetik* sowie die der Didaktik zuzuordnende Lehrplantheorie *zwischen hermeneutischer Identifikation,* d. h. einer weitläufig interpretierenden Auslegung der Aufgaben des Unterrichts, *und* einer an strenge Regeln gebundenen, sprachliche Eindeutigkeit anzustrebenden *Lernzielorientierung.* Das in der thematischen Fixierung enthaltene »Zwischen« erfordert eine kleine Erläuterung, zumal zweierlei damit gemeint ist. Zunächst soll »zwischen« nur so viel heißen, daß das fragliche Problem von verschiedenen Standpunkten aus verschieden gesehen und darum auch unter differierenden Aspekten darzustellen und zu studieren sei. Wenn es sich indessen nur um eine Differenz verschiedener Ansätze handelte, ließe sich das zuletzt Gesagte füglich bezweifeln, nämlich ob es sinnvoll sei, das Studium auf die verschiedenen Ansätze zu erstrecken. Paul Heimann hat einmal gefragt[2], ob es studienökonomisch möglich wäre, alle Formen gegenwärtiger Didaktik zu durchlaufen, und er hat es dahingestellt sein lassen, ob ein solches Vorgehen, falls es möglich wäre, ausbildungsstrategisch überhaupt wünschbar sein könne, weil die Anhäufung inhomogener Informationen von nur geringem Erkenntnisgewinn sein werde. Andererseits aber ist doch darauf zu bestehen, für die Didaktik jeweils mehrere Ansätze in das Blickfeld zu rücken. Das begründet sich in einer zweiten und wesentlicheren Unterstellung für das Wort »zwischen«, dahingehend nämlich, daß die sachlichen Probleme von einer Art sind, die keine der konkurrierenden Positionen vollständig und befriedigend löst. Demzufolge handelt es sich nicht allein darum, verschiedene erziehungswissenschaftliche Positionen, die für sich selbst beanspruchen, eine Didaktik entwickelt zu haben oder entwickeln zu wollen, zu skizzieren, gegeneinander abzuwägen, auf ihre Leistungsfähigkeit hin zu befragen und zu beurteilen. Wäre nur das gemeint, so stünde gar nicht die Didaktik zwischen Bildungstheorie und Kybernetik und die Lehrplantheorie nicht zwischen hermeneutischer Identifikation und Lernzielorientierung, sondern die Diskussion *über* Didaktik und die Diskussion *über* Lehrplantheorie. Wäre dieses Letztere der Fall, so müßte man voraussetzen können, daß die konkurrierenden Ansätze, ungeachtet ihrer abweichenden wissenschaftstheoretischen Prämissen, sich doch im Verhältnis zu ihrem Gegenstand – der Didaktik – nebeneinander stellen ließen. Dann wäre es schließlich nötig und sinnvoll, *einen* Ansatz für die Lösung der konkreten Aufgaben zu wählen. Das ist auch das Verständnis, von dem aus die meisten Autoren ihre Konzeptionen vortragen; teils gehen sie auf konkurrierende Auffassungen nur polemisch ein, um in der Abwehr die eigene Auffassung zu befestigen, teils ignorieren sie die anderen Auffassungen und igeln sich ein mit bis zur Ermüdung wiederholten Selbstdarstellungen. Wer indessen die didaktische Diskussion der letzten zwei Jahrzehnte aufmerksam und unvoreingenommen verfolgt hat, wird immer mehr eine Aspektverschiedenheit in dem Sinne annehmen, daß der heute mögliche und notwendige Problemhorizont der Didaktik sich erst in der Verschränkung und Überlagerung verschiedener Ansätze eröffnet. Von solchen Überlegungen ausgehend ist die Didaktik also *zwischen* Bildungstheorie und Kybernetik darzustellen, insofern die gegenwärtige Diskussion wenigstens im Sinne einer heuristischen Annahme nahelegt, ihre Aufgaben und Probleme ließen sich erst zutreffend bestimmen, wenn sie im angedeuteten Spannungsfeld aufgesucht seien. Damit wird nicht behauptet, die historisch bedingte Konstellation des gegenwärtigen Gesprächsstandes sei identisch mit einer gültigen Systematik, sondern allein dieses, daß es wissenschaftlich unzulässig und praktisch-pädagogisch borniert sein müßte, die Bemühungen auf nur eine Position zu beschränken. Andererseits kann selbstverständlich auch nicht mit einer bloßen Addition gedient sein. Darum ist es bei der Darstellung und Assimilation erforderlich, die verschiedenen Modelle über das hinaus, was sie von sich selber halten, auszulegen auf das, was sie wirklich sind und leisten. Der zu diesem Zweck abzusteckende Umkreis ist durch drei didaktische Modellansätze charakterisiert, durch bildungstheoretische, lerntheoretische und informationstheoretische Versuche.

Bevor diese drei Modelle im einzelnen skizziert, in ihrer Systematik entwickelt und gegeneinander in Beziehung gesetzt werden, ist es zweckmäßig, ihre negativ gewandte Übereinstimmung sichtbar zu machen: Alle ernst zu nehmenden Richtungen gegenwärtiger Erziehungswissenschaft, ob sie nun philosophisch, geisteswissenschaftlich-hermeneutisch oder erfahrungswissenschaftlich-positivistisch orientiert sind, stimmen darin überein, daß »normative Didaktik« unrealisierbar sei. Unter dem geächteten Begriff können freilich sehr verschiedene Dinge verstanden werden, so daß dem Mißverständnis Tür und Tor geöffnet sind. Darum müssen wir hier etwas weiter ausholen, um die Basis zu erarbeiten, von der aus unsere systematischen Überlegungen ausgehen können. Auf primitiver, vorwissenschaftlicher Ebene handelt es sich bei »normativer Didaktik« um apodiktisch formulierte Anweisungen für den Unterricht, die bestimmten Erfahrungssätzen und überlieferten Meinungen entnommen und dann als verbindliche Norm aufgestellt sind. Dazu gehören alle isolierten, ihrer Voraussetzungen und Begründungen beraubten Vorschriften über Unterrichtsinhalte, Lernschritte und methodische Mittel. Die Kompendien-Literatur zur Unterrichtsvorbereitung, aber auch viele »Handreichungen« für den Unterricht in einzelnen Schulfächern, zumeist mit dem Titel »Fachmethodik«, mitunter auch als »Fachdidaktik« angeboten, sind voller solcher Sätze. Innerhalb der Situation, aus der sie einmal gewonnen wurden, mochten sie wenigstens teilweise berechtigt sein, aber von ihrem Erfahrungsfeld abgelöst und als normative Handlungsanweisung vorgetragen, sind sie sinnlos. So lesen wir hinsichtlich der Unterrichtsinhalte beispielsweise, daß das Thema »Feuerwehr« nicht vor dem 4. Schuljahr behandelt werden dürfe, daß die lateinische Lektüre mit Caesar beginnen müsse, daß lebende Autoren im Deutsch-Unterricht nicht oder nur sparsam zu benutzen seien; auf der gleichen Ebene liegt auch, wenn aus der empirisch-experimentellen Tatsachenfeststellung, daß mit Hilfe des Programmierten Unterrichts zweijährige Kinder erfolgreich im Lesen und Schreibmaschineschreiben unterwiesen werden können, normativ gefolgert wird, nun müsse auch so verfahren werden. Ähnliche Beispiele finden wir für Lernschritte, wenn etwa dem fremdsprachlichen Unterricht die Folge vorgeschrieben wird: Vokabelabfragen – Übersetzen – Extemporieren. Der verbreitetste Tummelplatz normativer Sätze aber ist das Feld der Unterrichtsmethoden, wobei der überzogene Anspruch zwangsläufig die jeweils berechtigten Einzelaspekte isoliert und für das Ganze erklärt, ein Sachverhalt, den wir später im Zusammenhang der lerntheoretischen Didaktik ausführlich behandeln werden. Hier wollen wir nur auf jene trivialen Forderungen verweisen, die als Ausläufer der normativen Methodenlehre sich zwar nur selten in die Literatur verirren, dafür um so mehr die jungen Lehrer während der praktisch-pädagogischen Ausbildung plagen, so etwa, wenn verlangt wird, daß das Unterrichtsthema immer von einem Schüler genannt werden müsse (durch geschicktes Arrangement während des »Einstiegs«) oder daß der Lehrer immer schräg zur Klasse zu stehen habe (weil er dann alles sehe). Der Dogmatismus solcher Normen ist leicht durchschaubar.

Im wissenschaftlichen Sinne ist unter normativer Didaktik indessen etwas anderes zu verstehen, nämlich ein System, das ausgeht von obersten vorpädagogischen Sinn-Normen über das menschliche Leben, über die Stellung des Menschen in der Welt oder über die Natur des Menschen, diese Normen dann auslegt auf Erziehungsziele, daraus alle Inhalte des Unterrichtes ableitet, also den Lehrplan gewinnt und schließlich bis zu Methoden- und Erziehunsformen weiter differenziert, so daß eine in sich geschlossene Deduktionskette entsteht, die aussagt, wie die Wirklichkeit »Unterricht« sein solle. Der Anfänger ist, sofern er die unterlegte Sinn-Norm billigt, von einem solchen System oft fasziniert, weil ihm hier klare Handlungsanweisungen gegeben werden, diese in einem Begründungszusammenhang stehen und überdies auch noch das beruhigende Bewußtsein vermitteln, bei allen konkreten Maßnahmen in Einklang mit den vorausgesetzten Überzeugungen zu sein. In scharfem Gegensatz zu den isolierten, normativ auftretenden Anweisungen der Kompendien-Literatur tritt ein solches System mit dem Anschein logischer Konsistenz, ja der Wissenschaftlichkeit auf, wenn auch gerade dadurch die hier als Ergebnis herausspringenden didaktischen Sätze so sehr von der Ableitungsbasis belastet sind, daß sie derjenige, der sich zu anderen Normen bekennt, als unbrauchbar oder zumindest als suspekt empfindet. Tatsächlich aber sind die didaktisch-methodischen Entscheidungsgründe durch viele Faktoren mitbedingt, die nicht aus Sinn-Normen, wie sie als philosophisch explizierte Vernunftpostulate, als religiös-theologisch ausgelegte Offenbarungswahrheiten oder als Weltanschauungen mit politisch-gesellschaftlichen Zielen auftreten, abgeleitet werden können. Die Sinn-Normen sind zwar in allen didaktischen Entwürfen enthalten, selbst da, wo sie geleugnet werden, aber sie haben nur eingrenzende Geltung; innerhalb ihres Spielraumes sind sehr verschiedene didaktische Konzeptionen möglich, die zum Teil ebenso in die Toleranz anderer, ja entgegenstehender Normen fallen. Anders wäre nicht zu erklären, wie sich heute beispielsweise industriestaatliche Tendenzen im Unterrichtswesen in Ost und West unabhängig von ihrer differierenden Rechtfertigung durch oberste politische und weltanschauliche Normen durchsetzen.[3] Eine lehrreiche Illustration dazu ist die Annäherung der Konzeptionen des polytechnischen Unterrichts in den Ostblockstaaten und der Didaktik des berufsvorbereitenden Unterrichts in westlichen Ländern, in der Bundesrepublik Deutschland diskutiert unter dem Titel »Arbeitslehre«. Andererseits aber, und das ist nun die Kehrseite des gleichen Sachverhaltes, gibt es große Unterschiede zwischen didaktischen Konzeptionen bei gleichen obersten Zielsetzungen. Denken wir etwa an die Berufsausbildungssysteme westlicher Länder – USA, England, Frankreich, Bundesrepublik Deutschland – Länder, die einen ähnlichen industriellen Entwicklungsstand haben, gleichen oder ähnlichen wirtschaftspolitischen und gesellschaftlichen Normen verpflichtet sind und dennoch sehr erhebliche Differenzen in den Formen der beruflichen Nachwuchsbildung zeigen. Es müssen also offenbar noch ganz andere Faktoren eine Rolle spielen. Aber vielleicht ist das Beispiel der Berufsausbildungssysteme zu unübersichtlich: wir wählen darum ein weiteres, aus dem engeren Schulbereich stammendes: Es gibt Grundschulen, die den didaktisch-methodischen Prinzipien folgen, die die italienische Pädagogin Maria Montessori[4] entwickelt hat, und diese Schulen erhalten dafür von den Aufsichtsbehörden bestimmte Freiheiten eingeräumt. Vergleichen wir nun eine katholische Bekenntnisschule, die zugleich Montessori-Schule ist, mit einer nichtkatholischen Montessori-Schule, so sind die didaktischen Ähnlichkeiten hier sehr viel größer als im Vergleich zu einer katholischen Bekenntnisschule, die nicht nach dem Montessori-System arbeitet. Das heißt: Trotz der Bindung an oberste Sinn-Normen, in diesem Falle solcher des katholischen Glaubens, schlägt eine didaktische Eigenstruktur durch. Dieser Vergleich illustriert, was eine normative Didaktik sich nicht eingesteht, nämlich daß die lückenlose Deduktion immer nur scheinbar ist, daß die obersten Normen durchaus nicht alles in nuce enthalten, was die didaktische Konzeption entfaltet, daß sich vielmehr die obersten Sinn-Normen gegen zahlreiche didaktische Sachfragen indifferent verhalten. Wenn wir also eine geschlossene normative Didaktik antreffen, die von obersten, vorpädagogischen Sinn-Normen aus ihre konkrete Konzeption ableitet, so ist größte Skepsis geboten.

In der Geschichte der Pädagogik finden wir dafür viele Exempel. Ein besonders übersichtliches, leicht durchschaubares bietet die pietistische Pädagogik des August Hermann Francke[5], die zu Beginn des 18. Jahrhunderts in Deutschland großen Einfluß mit lange spürbaren Nachwirkungen hatte. Ausgangspunkt für die scheinbare Deduktion didaktisch-methodischer Handlungsanweisungen sind hier drei theologische Sätze, die als oberste Normen fungieren: die religiös-anthropologische These von der durch die Erbsünde radikal verdorbenen menschlichen Natur und zwei religiös-ethische Postulate, nämlich der Satz von der Herzensfrömmigkeit, also die Zurückführung des Glaubens auf das Gewissen im Gegensatz zu der orthodox-lutherischen Objektivierung der Bekenntnisformel, und der Satz vom Tatchristentum, also die Forderung nach tätiger Bewährung und sichtbarer Repräsentation trotz eingeräumter Unmöglichkeit, sich durch »gute Werke« vor Gott rechtfertigen zu können. Diese Normen sind als solche vorpädagogisch; Erziehung ist unter diesen Prämissen nur denkbar als Vorbereitung auf die durch die Gnade Gottes zu bewirkende Bekehrung. Dementsprechend werden aus den drei Normsätzen Erziehungsziele abgeleitet: Aus der pessimistischen Anthropologie die Aufgabe, den bösen Eigenwillen des Kindes zu brechen, aus der Herzensfrömmigkeit die Wendung des Menschen auf sich selbst, aus dem Tatchristentum die Bewältigung der Lebensaufgaben. Die Umsetzung dieser Erziehungsziele in die Praxis hat ihren Drehpunkt in der Erwägung, dem »bösen Eigenwillen« des Kindes durch lückenlose Kontrolle und permanente Beschäftigung keine Chance zur Entfaltung zu geben. Demzufolge haben alle didaktisch-methodischen Maßnahmen unter dem Prinzip zu stehen, keine »Frei-Zeit« zu gewähren, sondern den Tagesablauf von früh bis spät durch Beten und Arbeiten auszufüllen. Beten wird dann interpretiert als Kontemplation und führt zu der Anweisung, den Zögling ein Tagebuch seiner seelisch-religiösen Entwicklung führen zu lassen, so die »Wendung nach innen« zu bewirken bis zu dem Zeitpunkt des Bekehrungserlebnisses, durch welches der »alte Adam« niedergerungen und der Christenmensch im Glauben erweckt ist. Das Arbeiten wird demgegenüber als innerweltliche Askese gedeutet; es kann so mit dem aus der Norm des

Tatchristentums gewonnenen Erziehungsziel »Bewältigung der Welt« in Zusammenhang gebracht werden, und dies führt zu der didaktischen Konzeption, im Unterricht nützliche Kenntnisse und Fertigkeiten für Stand und Beruf zu vermitteln. Zu diesen beiden Handlungsanweisungen treten dann weitere hinzu, etwa das für die pietistische Pädagogik so kennzeichnende Verbot des Spielens, die Notwendigkeit von Strafen usw., deren Ableitungszusammenhänge wir hier nicht weiter ausbreiten wollen. Denn die Gedankenführung ist bereits hinreichend gekennzeichnet, um zeigen zu können, daß die Handlungsanweisungen durchaus nicht deduziert sind, sondern daß umgekehrt vorgegebene, d. h. aus anderen Entscheidungsgründen resultierende didaktische Konzepte vor den geltenden Normen gerechtfertigt und dann allerdings durch Substitution verschärft werden, nämlich durch den Anschein, als ob gerade diese Maßnahmen zwingend und unerläßlich aus den vorausgesetzten Glaubensüberzeugungen folgen. Daß das in Wahrheit nicht der Fall ist, legt schon eine vergleichende Betrachtung nahe, insofern die didaktische Auslegung auf »nützliche Kenntnisse« nur verständlich ist aus dem größeren Zusammenhang der Berufs- und Standeserziehung im Zeitalter der Aufklärung. Ritterakademien und ihre ins Bürgerliche übersetzten Entsprechungen an Stelle der alten Lateinschule, die Anfänge des mathematisch-ökonomischen Realschulwesens für eine mittlere bürgerliche Schicht, die ersten Fachschulen für spezifische berufliche Qualifikationen und die Umwandlung von rein religiösen Armenschulen in Industrie- und Arbeitsschulen, in denen die unterständischen Massen für die beginnende kapitalistische Produktion diszipliniert wurden – das sind die Signaturen jenes Prozesses, innerhalb dessen die Pietisten ihre realistische Didaktik vorgegeben bekamen. Tatsächlich war sie bedingt durch veränderte objektive Anforderungen der gesellschaftlich-ökonomischen Verhältnisse, die etwas verlangten, was vordem nicht erforderlich gewesen war, nämlich die Jugend durch Unterricht planmäßig auf die gesellschaftlichen und beruflichen Aufgaben vorzubereiten. Und gerechtfertigt wurde dieses Programm durchaus nicht nur aus der Norm »Tatchristentum«, sondern ebenso von ganz anderen Voraussetzungen aus. Die Theorie der Arbeitserziehung im absolutistischen Verwaltungsstaat, die merkantilistische Staatspädagogik und die philanthropische Pädagogik kamen zu den gleichen Konsequenzen, wobei zumindest die Philanthropen von streng aufklärerischen und als solche mit der pietistischen Theologie nicht zu vereinbarenden Normen ausgingen. Und selbstverständlich bezieht sich die Übereinstimmung der verschiedenen Ansätze nur auf den einen Punkt, auf die Didaktik des realistisch-beruflichen Unterrichts, während hinsichtlich der anderen Konsequenzen durchaus Gegensätze bestehen. Wir stellen hier also abermals so etwas wie eine »Überlappung« fest: Differierende Normvoraussetzungen können dieselben didaktischen Konzeptionen rechtfertigen, sich dabei aber zugleich in anderen Folgerungen durchaus unterscheiden. Die pietistische Handlungsanweisung zum Tagebuchführen ist zwar ebensowenig aus der »Herzensfrömmigkeit« deduziert wie die Berufs- und Standeserziehung aus dem Tatchristentum, gleichwohl stimmten die Philanthropen an dieser Stelle nicht zu. Das hat seinen Grund darin, daß das Tagebuchführen seine Entscheidung nicht in einer objektiven gesellschaftlichen Anforderung hatte, sondern in der persönlich-subjektiven Erfahrung August Hermann Franckes, die er verallgemeinerte und als didaktische Maxime substitutiv mit der ethisch-religiösen Norm sicherte. An diesem Beispiel läßt sich nun außerdem noch eine weitere prinzipielle Schwäche der normativen Didaktiken aufweisen. Denn das Tagebuchführen hatte durchaus unerwünschte und unerwartete Nebenwirkungen, einmal die planmäßige Heranbildung von Heuchlern (durch den Zwang, schließlich von einem Bekehrungserlebnis berichten zu müssen), zum anderen – geistesgeschichtlich gesehen – die über die Säkularisierung erfolgende Umsetzung in die Innerlichkeit der großen deutschen Literatur. Solche unerwünschten Wirkungen haben die meisten normativ abgeleiteten Didaktiken; sie sind das Schicksal einer jeden Pädagogik, die sich als Prinzipienwissenschaft versteht, dann aber doch nicht im Prinzipiellen bleiben kann, sondern konkrete Anweisungen geben will und muß. Der Erfolg der Anweisungen hängt in hohem Maße ab von den empirischen Bedingungen für Lernen und Verhaltensänderungen; diese empirischen Bedingungen sind der normativen Didaktik unbekannt, ja sie kann nicht einmal dahingehende Fragestellungen entwickeln, weil sie über die »Natur« des Menschen, seine Bildsamkeit und seine Bedürfnisse a priori Bescheid zu wissen glaubt kraft der von ihr beanspruchten Normentscheidungen. Da dieser Zusammenhang aber nicht gesehen wird, erscheint der tatsächlich eintretende Mißerfolg immer nur als ein Mangel in der Ausführung, als Resultat der nicht streng genug eingehaltenen Vorschriften.

Unser Beispiel entstammt weit zurückliegender Geschichte; es wurde der Durchsichtigkeit wegen gewählt. Andere, differenziertere Konzeptionen sind schwieriger aufzulösen. Aber auch in unserer Gegenwart treffen wir gelegentlich auf sehr simpel angelegte normative Didaktiken im gekennzeichneten Sinne. Der Versuch Karl Erlinghagens[6], aus der Norm »katholischer Geist« eine Schultheorie mit didaktischen Konsequenzen für sämtliche Schulfächer abzuleiten, zeigt die Haltlosigkeit eines solchen Unterfangens. Das ist ein Urteil, das man ohne jeden antikatholischen Affekt aussprechen kann, zumal es inzwischen auch von katholischen Erziehungswissenschaftlern selbst eindeutig geäußert wurde.[7] Wenn Erlinghagen dem Deutsch-Unterricht nachsagt, er habe die großen Schöpfungen der katholischen Tradition in den Hintergrund gedrängt und eine katholische Schule müsse sie aufnehmen oder der Geschichtsunterricht der katholischen Schule habe das nationalistisch Verengende und das Militärische abzuwehren, so brauchen wir das nach dem Vorausgegangenen kaum noch zu kommentieren. Denn ein Deutsch-Unterricht, der wesentliche literarische Formen ausläßt, und ein nationalistisch-militaristischer Geschichtsunterricht sind nicht deshalb anfechtbar, weil sie dem »katholischen Geist« widersprächen – obschon sie das auch tun mögen –, sondern weil sie mit viel näherliegenden und keinesfalls auf katholische Schulen beschränkten didaktischen Maximen unvereinbar sind. Ohne uns weiter ins Detail einzulassen, können wir sagen, daß die offenkundigen Ungereimtheiten, zu denen Erlinghagen gelangt, abermals belegen, wie wenig sich eine Didaktik vorgängig-abstrakt vom religiösen Lebenssinn durchkonstruieren läßt. Das gilt selbstverständlich nicht nur für religiös-theologische, sondern für alle vorpädagogischen Sinn-Normen: Sie können eine Didaktik nur eingrenzen, also allenfalls negativ bestimmen, welche Formen unannehmbar sind, nicht aber positiv ableitend die didaktischen Konzeptionen selber hervorbringen. Nun können Erlinghagens Deduktionen in der gegenwärtigen Diskussion auf nur wenig Beifall rechnen. Aber seine Kritiker bekämpfen häufig den katholischen Anspruch auf die Bekenntnisschule (zu dessen Begründung in der Tat Erlinghagens dürftige Überlegungen aufgezäumt wurden) und übersehen dabei das für unsere Fragestellung Entscheidende, nämlich die prinzipielle Schwäche des angewandten Verfahrens. Und diese Schwäche zeigt, daß, was immer ich von der Bekenntnisschule halten mag, Erlinghagens Deduktionszusammenhang normativer Didaktik unschlüssig ist. Wer die Bekenntnisschule will, muß sich anderer Argumente bedienen, und die müssen dann ihrerseits mit den jeweils angemessenen Mitteln geprüft werden.

Um uns den Blick nicht zu verstellen durch die besondere Inhaltlichkeit der Beispiele, die beide aus dem Bereich der theologischen Normen entnommen sind, wollen wir darum abschließend noch eine ganz andere, sich selbst modern und wissenschaftlich verstehende Quelle heranziehen. Christine Möller, die versucht, die Ergebnisse der neueren amerikanischen Forschung, insbesondere der Lernpsychologie, der Taxonomie von Lernzielen und der Informationstheorie für die Didaktik auszuwerten, schreibt: »Stehen die obersten Lernziele einmal fest, so besteht die nächste Aufgabe der Lernplankonstrukteure darin, aus diesen obersten, sehr weiten Begriffen konkrete, in Verhaltensweisen ausgedrückte Teillernziele abzuleiten. Hier wird die Schwäche des intuitiven Verfahrens deutlich. Es kann nämlich im konkreten Fall vorkommen, daß von gleichen obersten Lernzielen mehrerer Lehrpläne vollkommen verschiedene Teillernziele abgeleitet werden, bzw. der umgekehrte Fall: verschiedene oberste Lernziele einiger Lernpläne weisen gleiche oder ähnliche Teillernziele auf. Dies kann deshalb vorkommen, weil beim intuitiven Verfahren mit unzureichenden Instrumenten gearbeitet wird: mit der Intuition – im besten Fall mit einem logisch geschulten Verstand. Eine solche Methode weist niemals die Rigorosität und logische Konsistenz auf wie z. B. eine Arbeit mit Hilfe der mathematischen Logik.«[8] Möller bestätigt also zunächst das, was wir ermittelt hatten: Von gleichen Normvoraussetzungen werden verschiedene Konzepte abgeleitet, verschiedene Normvoraussetzungen führen zu den gleichen Forderungen. Sie führt aber den entgegengesetzten Grund dafür an, nämlich die Fehlerhaftigkeit der Deduktionen – sie spricht unscharf vom »intuitiven Verfahren« und meint damit unterschiedslos alle bisherige Didaktik. Die Mängel der Ableitungen könnten aber nach ihrer Auffassung überwunden werden, wenn die entsprechenden wissenschaftlichen Verfahren angewandt würden. Damit aber wäre im Prinzip die normative Didaktik erneuert, und das auch noch auf ihrem kompliziertesten Felde, dem der Lehrplanaufstellung. Wenn das möglich wäre, dann müßten in den obersten, sehr allgemeinen Normen alle Aspekte des differenzierten Lehrplans enthalten sein; es dürften keine zusätzlichen Entscheidungsgründe, Sachnotwendigkeiten und Alternativen außerhalb der obersten Normen mehr auftreten. Gleichzeitig würde das bedeuten, daß jede Abweichung von der mit mathematisch-logischer Strenge deduzierten Konzeption ein Attentat auf die vorausgesetzte oberste Norm sein müßte. Damit bestätigt sich die von uns behaupete Erneuerung der normativen Didaktik. Denn auch die älteren, weniger exakt durchgeführten Ableitungen erhoben durchaus den gekennzeichneten Anspruch, und daraus ergaben sich die oft unnötig heftigen Kämpfe, die Ideologisierung didaktischer Auseinandersetzungen um Reform und Veränderung des Unterrichts.

Wir ziehen demzufolge ein Resümee, welches, wie oben bereits angedeutet, die bei allen sonstigen Differenzen festzuhaltende Übereinstimmung der gegenwärtigen Didaktik in ihren wissenschaftlich ernst zu nehmenden Richtungen formuliert: Didaktik ist durch Faktoren mitbedingt, die nicht aus obersten Sinn-Normen abgeleitet werden können. Diese Sinn-Normen haben nur eine negativ eingrenzende Geltung. Innerhalb ihres Spielraumes ist eine Fülle, wahrscheinlich nie auszuschöpfender, didaktischer Konzeptionen möglich, die zum Teil ebenso in den Spielraum anderer Sinn-Normen fallen, also unter differierenden weltanschaulichen Prämissen legitimierbar sind. Normative Didaktik ist also nicht eigentlich »falsch« in dem Sinne, daß sie, aus welchen Gründen auch immer, nicht sein sollte, sondern sie kann ihren eigenen Anspruch nicht einlösen. Die lückenlose Deduktion ist immer nur scheinbar, in Wahrheit enthält sie unbewußte Implikationen, arbeitet mit verdeckten Nebenentscheidungen und Erschleichungen. Fragen wir danach, warum eigentlich immer wieder, bis zur Gegenwart, normative Didaktiken vorgetäuscht werden, so stoßen wir auf folgenden Zusammenhang: Die didaktischen Gesichtspunkte, nach denen sich bildende Lehre richtet (also Weltauslegung, Erziehungsformen und Disponibilität der Schüler), als auch jene Sachnotwendigkeiten, an denen sich die Reduktion in der bildenden Lehre orientiert (also die Ansprüche, die in den Lehrgehalten selbst liegen und von den jeweiligen Fachdidaktiken erschlossen werden), haben ihre Bedingungsfaktoren in der Erziehungswirklichkeit. Diese ist immer auch mitbestimmt durch pädagogische Implikationen der vorherrschenden Sinn- und Lebensnorm. Eine bestimmte didaktische Konzeption findet sich demzufolge innerhalb der negativ abgesteckten Grenzen eines weltanschaulichen Apriori. Sobald die Konzeption analysiert und konstruktiv durchdacht wird, tendiert das reflektierende Bewußtsein dahin, die aufgedeckte Sinn-Norm zu vergegenwärtigen und dann als positive Norm zu substituieren, d. h., so zu tun, als ob die didaktischen Konzepte die einzig mögliche Konsequenz der beanspruchten Sinn-Norm seien. Damit schiebt sich die nun positiv verstandene Sinn-Norm als »eigentliche« und »gesollte« Wirklichkeit an die Stelle der Realität, versperrt den Blick für vorurteilslose Erfassung der tatsächlichen Bedingungen von Unterricht und Erziehung, behindert jede Bewährungskontrolle und fördert den unfruchtbaren, weil mit falschen Prämissen geführten Streit. Die Argumentationsweise der normativen Didaktik ist demzufolge extrem unhistorisch; sie vernachlässigt Komplexität und Veränderbarkeit objektiver Verhältnisse; sie tendiert damit zur Ideologie im abwertenden Sinne des Wortes, weil das reflektierende Bewußtsein zum »falschen Bewußtsein« wird. Ideologiekritik aber entlarvt normative Didaktiken in doppelter Hinsicht, nämlich nicht nur durch den Aufweis der peinsamen Differenz zwischen Anspruch und Realität, sondern ebenso durch die Bloßstellung der nicht-eingestandenen stabilisierenden Funktion, die diese Didaktiken im Rahmen ihres Normensystems erfüllen – Systemstabilisation ist wahrscheinlich die einzige Funktion, die sie tatsächlich leisten. Eine Didaktik, die wissenschaftlichen Ansprüchen genügen will, kann darum keine normative sein.[9]

1. Kapitel

Bildungstheoretische Modelle

Bildungstheoretische Didaktik als Geisteswissenschaft

Die wissenschaftliche Disqualifizierung einer normativen Didaktik bedeutet indessen nicht, daß es keine Normen mehr gäbe, und sie hat nicht unbedingt die Konsequenz, daß Didaktik völlig normfrei sein müsse, um als Wissenschaft auftreten zu können. Diese letztere Einschränkung ist notwendig, um verständlich zu machen, inwiefern bildungstheoretische Didaktik gelegentlich als »normativ« bezeichnet wird, obschon gerade sie den Sturz der normativen Systeme im oben erläuterten Sinne beabsichtigt und weithin auch bewirkt hat. Jedenfalls gilt das für solche bildungstheoretischen Modelle, die im Umkreis der an Wilhelm Dilthey anschließenden »Geisteswissenschaftlichen Pädagogik« entwickelt wurden und bis heute vertreten werden. Damit sind allerdings *nicht alle* als »bildungstheoretisch« zu bezeichnenden Ansätze getroffen. Denn Didaktik als Bildungslehre aufzufassen und ihre Strukturprinzipien bildungstheoretisch zu bestimmen, ist der deutschen Pädagogik traditionell. Daher treffen wir innerhalb dieses Rahmens eine Fülle sehr verschiedener Positionen an, die teils als »normative Didaktik« nach Maßgabe unserer Einleitung zu verstehen sind, teils auch diesem Verdikt entgehen, ohne damit der geisteswissenschaftlichen Richtung anzugehören. Für die neuere Diskussion gilt indessen primär ein Ansatz als bildungstheoretischer, der die Didaktik im engeren Sinne als Theorie der Bildungsinhalte und des Lehrplans versteht, zugleich aber auch eine weitere Begriffsbedeutung unter Einschluß der Methodenlehre zuläßt. Diese Konzeption legte Erich Weniger 1930 als allgemeine Didaktik vor, nachdem er einige Jahre früher bereits eine Fachdidaktik, die des Geschichtsunterrichts, entwickelt und dabei Grundlinien einer geisteswissenschaftlichen Didaktik erstmalig herausgestellt hatte.
Der Begriff »Geisteswissenschaft« ist die zusammenfassende Benennung der historisch-philologischen Disziplinen mit allen anderen Wissenschaften, die weder Naturwissenschaft noch Philosophie sind. Als er in der Mitte des 19. Jahrhunderts auftauchte, war zunächst ein Programm gemeint, welches viele bis dahin als philosophisch geltende Fragen nach Art der naturwissen-

schaftlichen Methodologie behandelt sehen wollte, also eine speziell gegen die Philosophie gerichtete Kampfstellung. Seit Wilhelm Dilthey aber, der dem Begriff präzise Bedeutung gab, dient er auch zur Abgrenzung der verselbständigten Disziplinen von den Naturwissenschaften, ein Problem, das sich bis in die gegenwärtigen wissenschaftstheoretischen Auseinandersetzungen hinzieht: Die systematischen Geisteswissenschaften, also unter Absehung der historisch-philologischen Disziplinen, werden heute vielfach als *Sozialwissenschaften* oder *Wissenschaften vom Menschen* bezeichnet. Die Pädagogik war die letzte dieser Wissenschaften, die sich von der Philosophie löste und – das kam bei der Pädagogik infolge ihrer praktischen Bedeutung hinzu – sich von theologischer und kirchlicher Bevormundung befreite. Jedenfalls war das das Selbstverständnis der »Geisteswissenschaftlichen Pädagogik«: der erste umfassende Versuch, Pädagogik als Einzelwissenschaft zu betreiben. Dieser Versuch ist zwar immer umstritten gewesen, aber er hatte eine große Wirksamkeit; heute steht er infolge einer veränderten Wissenschaftslage am Ausgang seiner Epoche, wenn auch viele seiner Fragestellungen weiterwirken und insbesondere die von ihm hervorgebrachte Didaktik die Achse ist, um die sich die gegenwärtige Diskussion bewegt. Die großen Repräsentanten der geisteswissenschaftlichen Schule waren Eduard Spranger, Max Frischeisen-Köhler, Herman Nohl, Erich Weniger, Wilhelm Flitner und Theodor Litt.

Geisteswissenschaftliche Pädagogik trat an unter dem ausdrücklichen Rekurs auf die Erziehungswirklichkeit und unter Absage an die Hoffnung, mit der wissenschaftlichen Behandlung der Erziehung ein System zu schaffen, in welchem alle Einzelpositionen aus den obersten Prinzipien mit Notwendigkeit abzuleiten wären. Gegner waren also die normativen Systeme. Indem nun diesen Systemen, die an dem sprichwörtlichen Gegensatz von Theorie und Praxis krankten, der Todesstoß versetzt wurde, ergab sich ein Theorieverständnis, das auf eine Normierung des Handelns verzichtete. Das wurde damit begründet, daß, nach einem Worte Schleiermachers, die Dignität der Praxis unabhängig sei von aller Theorie, daß lange vor den ersten pädagogischen Theoriebildungen schon erzogen worden sei, ja daß es darüber hinaus immer schon ein differenziertes System erzieherischer Institutionen und praktischer Regeln gegeben habe. In ihnen, den konkreten Verfahrensweisen der Praxis, sei die Zielsetzung der Erziehung als historische Wirklichkeit schon enthalten. Die Sinngebung der Erziehung brauche demzufolge gar nicht, wie die philosophisch und theologisch bestimmte Pädagogik annehme, von der Theorie entwickelt zu werden, vielmehr habe pädagogische Theorie bei der ihr vorgegebenen Wirklichkeit anzusetzen. Das ist die eine Seite der Sache: Erziehungswirklichkeit gegen vorgängige Theorie. Gleichzeitig ergab sich aber auch noch eine andere Konsequenz. Denn wenn pädagogische Theorie keine legitime vorgängige Funktion gegenüber der Praxis hat, damit auch grundsätzlich keinen systematischen Ansatzpunkt außerhalb der geschichtlich gewordenen Erziehungswirklichkeit, dann kann nur dieser komplexe Zusammenhang der die Geschichte umfassenden Erziehungswirklichkeit als ganzer ihr angemessener Gegenstand sein, nicht ein zum Zwecke von Versuch und Experiment isolierter Ausschnitt aus dieser Wirklichkeit. Pädagogische Theorie befindet sich nach Auffassung der geisteswissenschaftlichen Schule darin in der gleichen Situation wie die philologischen und historischen Wissenschaften. In Analogie zur philologischen Auslegekunst wurde die Hermeneutik auf die Pädagogik übertragen, so daß die »Erziehungswirklichkeit« für die Pädagogik als dasjenige erschien, was für die Philologie der »Text« ist. Es war also nicht so, wie unkundige Kritiker heute gerne unterstellen, daß nur Texte zu interpretieren gewesen wären. Wenn das faktisch auch weithin für die Lehr- und Forschungspraxis dieser Pädagogik der Fall war, so nicht darum, weil das hermeneutische Verfahren dazu gezwungen hätte, sondern weil keine anderen Instrumente zur Auslegung der Erziehungswirklichkeit gesehen wurden. So wurde die »Wirklichkeit« oft reduziert auf das literarisch faßbare Selbstverständnis der Erzieher und der darin enthaltenen Antagonismen, während eine Konfrontierung mit den empirischen Fakten ausblieb; und ebenfalls wurde so die Geschichte der Pädagogik auf die Geschichte des pädagogischen Denkens verengt. Dieser Sachverhalt unterliegt berechtigter Kritik, doch darf darüber nicht übersehen werden, daß der hermeneutische Ansatz unter den Bedingungen einer veränderten Wissenschaftslage mit neuen Möglichkeiten durchaus Anschluß an die empirische Methodologie gewinnen kann.

Das geisteswissenschaftliche, hermeneutisch-pragmatische Theorieverständnis hat eine Didaktik hervorgebracht, die sich von vier Gesichtspunkten leiten läßt. Als *erstes* ist der Ausgangspunkt bei der *Erziehungswirklichkeit* zu nennen, bei der Vorgegebenheit eines Lehrgefüges und seiner Bedingungen, als *zweites* dann die *Begriffsbildung in Fühlung mit der Praxis* und ihren Intentionen, als *drittes* die durchgängige *geschichtliche Auffassung* von »Wirklichkeit« und »Praxis« und als *viertes* die Voraussetzung der *Komplexität* und damit der Verzicht auf Ableitungsversuche aus wenigen obersten Prinzipien, Axiomen oder Grundwahrheiten. Dieser Ansatz ist für die bildungstheoretischen Modelle maßgeblich geblieben, gelegentlich unterstützt, korrigiert oder kritisch eingegrenzt von stärker philosophisch orientierten Richtungen. Erich Wenigers Schüler Wolfgang Klafki hat die didaktischen Theorien seit Pestalozzi unter dem angedeuteten Aspekt befragt und so eine Problemgeschichte zur Theorie der Bildungsinhalte erarbeitet; zugleich ist es ihm gelungen, den Ertrag seiner historischen Bemühungen zu systematischen Aussagen weiterzuführen, die nicht unerheblich dazu beitrugen, die Didaktik als »Herzstück der Pädagogik« (Derbolav) erscheinen zu lassen. Unsere nachfolgende Darstellung der bildungstheoretischen Didaktik stützt sich primär auf die Konzeption von Weniger und Klafki, doch bezieht sie auch andere Autoren ein, auch solche, die nicht der geisteswissenschaftlichen Pädagogik zugerechnet werden können. Die damit verbundene Nivellierung von Differenzen, die unter einer anderen Fragestellung vielleicht wichtig sein mögen, ist ausdrücklich beabsichtigt, weil es darauf ankommen muß, die übereinstimmende Struktur derjenigen Didaktiken herauszuarbeiten, die dem Bildungsbegriff eine zentrale Funktion einräumen, darum als bildungstheoretische Modelle gemeinsam anderen Richtungen konfrontiert sind, ohne normative Didaktik zu sein.

Solchen Modellen zufolge löst die Einsetzung bestimmter Inhalte in einen Lehrkanon die Inhalte aus ihrem Sachbezug und ordnet sie nach pädagogischen Zwecken. Die Didaktik versetzt demnach die Lehrinhalte aus ihrer sachlichen Vorgegebenheit und Faktizität in den Anspruch von Aufgaben, insofern sie nämlich vom Educandus aufgenommen, verarbeitet und bewältigt werden sollen, nicht um ihrer selbst willen — obschon das die Haltung des Lernenden sein muß —, sondern zum Zwecke der

Personwerdung oder wenigstens doch der Verhaltensbestimmung. Der gleiche Gesichtspunkt wird uns später im lerntheoretischen Modell begegnen, wo von der »Transposition« der Inhalte auf die Stufe des »Lernpotentials« die Rede ist, ein Vorgang, der stark durch die normsetzenden Träger der Ideologienbildung bestimmt ist. Dieser Hinweis erinnert daran, daß die didaktische Umsetzung von Inhalten in Lehraufgaben keine Sache ist, die die Pädagogik kraft eigener Machtvollkommenheit zu leisten vermöchte. Damit sind nun sogleich zwei abwegige Auffassungen bezeichnet, einmal die naive, die die Lehrinhalte als fraglos vorgegeben betrachtet und eine didaktische Problemstellung allein in der psychologischen Applikation sieht, zum anderen die illusionäre Vorstellung, die Pädagogik habe (»äußere«) Freiheit und (»innere«) Möglichkeit, unter den vorfindbaren Inhalten aller Weltbezüge nur den eigenen Prinzipien folgend das auszuwählen, was dem Zögling fromme. Im Laufe der Geschichte hat es eine solche Situation noch nie gegeben; sie ist aber auch systematisch undurchführbar, wie sich beispielsweise zeigen läßt an Rousseaus Erziehungsutopie »Emile«, die, als Gedankenmodell von allen gesellschaftlichen Zwängen suspendiert, faktisch doch eine Fülle außerpädagogischer Implikationen bei der Auswahl der Unterrichtsinhalte machen muß. Erich Weniger hat den Einfluß der objektiven Mächte, den Tradierungswillen von Staat, Kirche, Wissenschaft und allen anderen gesellschaftlichen Kräften, insbesondere auf die Gestaltung der Lehrpläne als erster klar herausgearbeitet. Damit kritisiert er aber auch die naive Auffassung von fraglos vorgegebenen Lehrinhalten. Denn wohl ist es möglich und häufig genug wirklich, daß die Pädagogik qua Didaktik ihre Aufgabe als Theorie der Bildungsinhalte nicht wahrnimmt; aber deswegen sind die Lehrinhalte keineswegs eindeutig gegeben, sondern sie unterliegen den konkurrierenden Ansprüchen der objektiven Mächte und ergeben sich dann als Resultat des politisch-gesellschaftlichen Kampfes um die Erziehung der kommenden Generation. Diese Einsicht übernehmen, wie wir sehen werden, auch die Lerntheoretiker vom bildungstheoretischen Ansatz und fügen gerade darum die »permanente Ideologiekritik« der Strukturanalyse des Unterrichts ein. Aber eine rein analytische Kritik muß vor ihrem Ziele enden; sie unterschlägt einen Wertbezug, der nach Auffassung aller bildungstheoretischen Modelle nicht hintergehbar ist, sofern unterrichtliche Akte pädagogisch verantwortet sein sollen. Ein solcher Bezug muß nicht unbedingt an »letzte« Entscheidungen über den Sinn des Menschseins gebunden sein, er braucht sich weder als metaphysische Hypostase noch als Ideologie darzustellen, so sehr er dafür anfällig ist, sondern er kann als logische Prämisse erscheinen: dann fordert er die organisierende Kategorie des Unterrichts als pädagogische Veranstaltung: »Will man verhindern«, schreibt Klafki, »daß eine Fülle didaktischer Entscheidungen und Entwürfe in eine Vielzahl divergierender Akte auseinanderfällt . . ., so bedarf es eines Begriffs, der jene dynamische Gesamtverfassung bezeichnet, zu der der junge Mensch sich durch Aneignung und personale Verlebendigung bestimmter Motivationen, Erkenntnisse, Erfahrungen, Fertigkeiten stufenweise durcharbeiten und die er dann in einem Prozeß der Integration immer neuer Erfahrungen produktiv ausbauen und bewähren soll. . . . Bildung meint – in der Perspektive der Didaktik – nichts mehr und nichts weniger als den Inbegriff dieses . . . Gesamtauftrages. . . . Auch jede Theorie der Didaktik, die auf den Bildungsbegriff verzichtet, setzt implizit immer ein Äquivalent dafür voraus.«[10] Bildungstheoretische Didaktik wählt demzufolge den Begriff der Bildung zu ihrer zentralen Kategorie, weil er als unerläßlich angesehen wird, die pädagogische Intentionalität als solche auszudrücken und damit den Maßstab zu liefern, mit dem die Didaktik die ihr gestellten Aufgaben zu lösen hat. Allerdings, und das muß, um Mißverständnisse auszuschließen, ganz klar gesehen werden: es handelt sich um einen Maßstab, nicht um das zu »Messende«. Können die Lehrinhalte also nicht vom Bildungsbegriff abgeleitet werden, so steht die Didaktik in einem spezifischen Feld der Erörterung. Auf der einen Seite machen sich die Bedingungsfaktoren geltend, d. h. der Erziehungsanspruch der gesellschaftlichen Mächte, der unter bestimmten geschichtlichen Voraussetzungen zu einem geschlossenen Bildungsideal kodifiziert, unter anderen Prämissen aber pluralistisch differenziert sein kann; daneben, ebenfalls auf der Seite der Bedingungsfaktoren, die Eigengesetzlichkeit der Unterrichtsinhalte, insbesondere der aus Wissenschaften entnommenen und an ihnen orientierten, die in der Reduktion auf bildende Lehre nicht verletzt werden dürfen. Auf der anderen Seite ist diesen Ansprüchen entgegengesetzt die vom Bildungsbegriff formulierte Intention der Pädagogik. Zwar ist die Pädagogik abhängig von der Wirklichkeit des politisch-gesellschaftlichen Lebens und seinen Aufgaben, abhängig auch vom kulturellen Selbstbewußtsein der Erwachsenengeneration, das mit seinen Erziehungsansprüchen die Zukunft der Jugend als »Leitbild« zu vertreten trachtet, aber diese inhaltliche Abhängigkeit ist keine »blinde«. Und zwar nicht nur nicht blind in dem Sinne, den auch eine analytisch-deskriptive Theorie festhält, nämlich als die Möglichkeit, gesellschaftlich vorgegebene Erziehungszwecke zu analysieren, auf Motive und Nutznießer zu befragen und durch empirische Bewährungskontrolle wenigstens partiell mit ihren Folgen rückzukoppeln, sondern darüber hinaus im Blick auf ihre Verbindlichkeit. Denn die als Ideal entworfene künftige Wirklichkeit kann und darf pädagogisch gesehen nicht herbeigezwungen werden; und zwar darum nicht, weil Bildung Aufgabe und Werk eines jeden selbst ist, zu dem im Dialog wohl Beistand geleistet, aber keine determinierende Garantie übernommen wird. Das ist die von der Erziehungswissenschaft zu formulierende normative Intention der Pädagogik, die als solche dem Durchsetzungswillen der objektiven Mächte entgegensteht. Daraus ergibt sich erst das didaktische Spannungsfeld, indem nämlich der pädagogische Aspekt – als Parteinahme für das Eigenrecht der Jugend, für Freiheit und Spontaneität des Individuums – die auf Herrschaft und Unterwerfung tendierenden Ansprüche bricht. Und dieser Wertgesichtspunkt ist in der jüngeren Diskussion der Casus belli, an dem sich die Positionen scheiden. Diejenigen Richtungen der Didaktik, die die bildungstheoretischen Modelle prinzipiell verwerfen, setzen genau an dieser Stelle mit ihrer Kritik an. Sie gehen dabei aus vom empiristischen Sinnkriterium[11], welches verlangt, daß alle theoretisch vertretbaren Sätze sich auf Beobachtbares beziehen lassen müssen, oder präziser gesagt: Jeder in einer Wissenschaft vorkommende Satz muß so formuliert sein, daß er an der Erfahrung scheitern könnte, wobei unterstellt ist, nur solche Sätze seien intersubjektiv prüfbar (abgesehen freilich von rein logischen und mathematischen Sätzen). Nun ist die intersubjektive Prüfbarkeit zweifellos ein unerläßliches Kennzeichen von wissenschaftlichen Sätzen, d.h., sie müssen von einer Art sein, daß sie jedermann, der überhaupt der Vernunft mächtig ist und willens, die jeweils erforderlichen Voraussetzungen zu erwerben, nachvollziehen kann. Unter diesem Aspekt unterscheiden sich wissenschaftliche Aussagen von Sätzen des Glaubens, der Meinung, des Fürwahrhaltens usw., die im wesentlichen eine subjektive Evidenz haben, keine intersubjektive. So sagt auch Hegel: »Was ich meine, ist auch nur mein!« Analytische Wissenschaftsauffassung, wie sie von den den bildungstheoretischen Modellen kritisch gegenüberstehenden Richtungen beansprucht wird, bindet nun die intersubjektive Prüfbarkeit an das empiristische Sinnkriterium (ausgenommen Logik und Mathematik) und scheidet damit alle Wertgesichtspunkte aus der Wissenschaft aus, d. h. versteht sich selbst als wertfrei. Anwälte der bildungstheoretischen Position machen gelegentlich geltend, der positivistische Ansatz tauge nichts für die Pädagogik, weil er die unhintergehbare Sollensstruktur des erzieherischen Vorgangs verfehle. Ein solcher Einwand ist indessen töricht. Denn niemand streitet darüber, ob Erziehung unter Normen erfolge oder nicht. Die Frage lautet vielmehr, ob eine Wissenschaft normierende oder wertende Sätze enthalten dürfe oder ob sie auf analytische Aufgaben zu beschränken sei. Nun wird freilich auch eine Analyse von Erziehungsvorgängen auf Normen- und Sollensprobleme stoßen, aber sie wird dann die tatsächlich wirksamen Maßstäbe des Erziehungshandelns beschreiben und deren Bedingungen aufdecken, nicht selber Maßstäbe verbindlich feststellen wollen. Die wissenschaftstheoretische Problematik eines solchen Verständnisses von Wissenschaft und dessen politisch-gesellschaftliche Implikationen werden wir in anderen Zusammenhängen weiter unten behandeln. Hier genügt vorerst die Feststellung, daß bildungstheoretische Modelle der Didaktik, wie auch immer sie im einzelnen angelegt sein mögen, einen nicht-positivistischen Ansatz benötigen, weil sie mit dem Bildungsbegriff ihre Wissenschaft an ein Interesse binden, welches über bloße Analyse und wertfreie Tatsachenfeststellungen prinzipiell hinausweist. Eine solche Auffassung braucht sich nicht allein auf die Tradition des pädagogischen Denkens zu berufen, sondern kann auch moderne Positionen beanspruchen, sogar von sozialwissenschaftlicher Seite, etwa die dialektische Wissenschaftstheorie der Frankfurter Schule der Soziologie (Theodor W. Adorno, Max Horkheimer, Jürgen Habermas). Allerdings muß sie sich dann auch auf Ideologiekritik einlassen und die Voraussetzungen der eigenen Tradition dieser Kritik aussetzen; sofern sie das tut, eröffnet sie sich die Möglichkeit, ein emanzipatorisches Interesse an der Erziehung als das erkenntnisleitende ihres wissenschaftlichen Vorgehens zu sichern. Ilse Dahmer hat mit einer kritischen Auslegung und Weiterführung des Theorieverständnisses von Erich Weniger die Stichhaltigkeit dieser Möglichkeit überzeugend nachgewiesen. Nehmen wir das vorläufige Ergebnis der hier nur erwähnten, nicht ausgeführten wissenschaftstheoretischen Überlegungen für die Didaktik in Anspruch, so erscheint die im ersten Zugriff so einleuchtende Alternative unzureichend: entweder eine normative Didaktik, die in illusionärer Überhebung und bei gleichzeitigem Selbstmißverständnis Erziehungsziele, Bildungsideale und Lehrinhalte zu produzieren vorgibt – oder eine rein analytisch verfahrende Erziehungstechnologie, die jedes gesellschaftlich angewiesene Ziel als hypothetische Vorgabe akzeptieren muß. Die historische Bedingtheit aller Erziehungsziele, die seit Dilthey ebenso unwiderlegbar erwiesen ist wie die faktische Abhängigkeit der Erziehung vom gesellschaftlichen Willen, zwingt jedenfalls nicht zu technologischen Konsequenzen. Denn wenn auch keine normative Didaktik mehr sinnvoll denkbar ist, so kann es dennoch eine pädagogische Norm geben, die freilich nur in geschichtlich gebundener Form auftritt und demzufolge nie abschließend formulierbar ist, aber doch so, daß bestimmte Einsichten unverlierbar sind und denen gegenüber vorgehende Auffassungen nicht als begriffsunabhängig verstanden werden können, sondern allenfalls als unwissenschaftlich im Sinne eines defizienten Modus von wissenschaftlicher Pädagogik. Allerdings läßt sich von daher keine Didaktik positiv auslegen, wohl aber ein negatives Kriterium entwickeln, das dem pädagogisch Unverantwortbaren konkret widersteht und sich eben dadurch zur organisierenden Kategorie qualifiziert.

Materiale und formale Bildungstheorien unter
didaktischer Kritik

Im Laufe der Geschichte des pädagogischen Denkens ist »Bildung« sehr unterschiedlich bestimmt worden, und nichts gibt es heute weniger als eine allgemein anerkannte Definition ihres Begriffs. Die sich stets erneuernde, nie abschließend auflösbare Entgegensetzung von Positionen ermüdet, so daß unter den Bedingungen der technisch-wissenschaftlichen Zivilisation das Bildungsdenken in eine Krise geraten ist. Indessen ermöglicht nun gerade die als Theorie der Bildungsinhalte gefaßte Didaktik eine immanente Korrektur der verschiedenen Auffassungen von Bildung, insofern hier die Frage nach einer spezifischen Leistungsfähigkeit gestellt ist. Wolfgang Klafki ist es gelungen, unter diesem Gesichtspunkt die Bildungstheorien trotz ihrer differierenden Ansätze auf einen Konsens hin auszulegen, jedenfalls was ihre Bedeutung für die Didaktik betrifft. Er unterscheidet zunächst zwei große Theoriegruppen, die materialen und die formalen.

a) Materiale Bildungstheorien

Materiale Bildungstheorien definieren Bildung inhaltlich und tendieren dazu, einen bestimmten Kanon signifikant auf »Menschenbildung« zu beziehen und so eine humane Qualität vom Besitz ganz bestimmter Gehalte abhängig zu machen. Im denkbar weitesten Sinne müßten alle objektiven Kulturinhalte davon erfaßt werden. Eduard Spranger hat solchen Enzyklopädismus »materiale Allgemeinbildung« genannt. Selbstverständlich ist so etwas unrealisierbar, aber auch als bloßes Ideal nicht haltbar, weil die Inhalte ihrer Geschichtlichkeit und damit auch eines verpflichtenden Prinzips beraubt sein müßten. Vor allem aber weist die unerschöpfliche Fülle der Kulturinhalte auf kein Auswahlkriterium, bleibt also didaktisch steril. Tatsächlich ist die materiale Auffassung auch nur in eingeschränkten Formen wirksam, so insbesondere als Szientismus. Hier wird die wissenschaftliche Struktur der Inhalte als Maßstab angelegt, weil die Wissenschaften den Blick für Geltung überhaupt schärfen und insofern auch für das Erfassen aller anderen Kulturinhalte grundlegend sind. Indessen gibt es mehr Wissenschaften als im Bildungsgang eines Menschen lehrbar sind – jedenfalls in unserer Zeit: Leibniz pflegt man als den letzten Europäer zu bezeichnen, der noch in der Lage war, die gesamte Wissenschaft seiner Zeit zu umfassen. Aber selbst dann, wenn durch zusätzliche Gesichtspunkte der Kreis der zu lehrenden Wissenschaften eingegrenzt werden kann, führt der didaktische Szientismus zwangsläufig zu jenem Wettlauf bildender Lehre mit der fortschreitenden Entwicklung der Einzelwissenschaften. Die dadurch entstehende inhaltliche Überladung des Unterrichts fordert dann den Ruf nach »exemplarischer Lehre« heraus und macht deutlich, was auch von anderen Ansätzen her erweisbar ist, nämlich daß der auf Bildung bezogene Unterricht nicht den gleichen Intentionen folgt wie die ihm inhaltlich zugeordnete Wissenschaft. Darauf wird noch zurückzukommen sein. Indessen ist pädagogisch gesehen wirklich bedeutsam erst eine dritte Variante materialer Bildungsauffassung, die Theorie des Klassischen. Ihr zufolge wird Bildungskraft solchen Inhalten beigelegt, in denen sich »das ideale Selbstverständnis einer Kultur« widerspiegelt, in denen eine Gemeinschaft die Leitbilder ihres geistigen Lebens verehrt, bewahrt und tradiert. Die didaktische Relevanz dieser Position läßt sich leicht an der neueren Diskussion illustrieren, insofern die Bemühungen um das Prinzip des Exemplarischen, wie es als Korrektur gegen szientistische Konsequenzen erforderlich wurde, von Josef Derbolav eben darauf zurückbezogen wurde: Die klassischen Gehalte sind die gesuchten Exempla selbst! Von dieser Auffassung ist das deutsche Bildungsdenken seit der Zeit unserer Klassik und des Neuhumanismus bestimmt. Große, erwiesene Gehalte, vom Leben selbst hervorgebracht und dieses in seiner Wahrheit repräsentierend, gelten seitdem als inhaltliche Voraussetzungen von Bildung. Das Erwiesensein der Gehalte ist freilich das Urteil der Vergangenheit; und so bestimmt sich aus der Phasenspannung zwischen den zu Bildungsinhalten geronnenen Objektivationen und dem fortschreitenden Leben des Geistes die traditionsstiftende Funktion der Bildung. Ihren legitimen Sinn bewährt sie allerdings nur in einem zweiten Zusammenhang, der auf die kommenden Aufgaben verweist. Didaktisch gesehen ist die Theorie des Klassischen schon allein innerhalb materialer Bildungsauffassungen unzureichend; die Aufgaben und Inhalte des politisch-gesellschaftlichen Lebens – Ökonomie, Technik, Beruf, Politik – können nicht ohne »Schizophrenie des Geistes« (Theodor Litt) ausgeschlossen bleiben. Auch wenn sich faktisch eine auf die Theorie des Klassischen berufende und bis heute nachwirkende Vorstellung von inhaltlich kodifizierter »Allgemeinbildung« festgesetzt hat, so ist doch theoretisch längst erwiesen, daß es sich dabei um eine bürgerlich-konservative Ideologie handelt, die ihre eigenen Versprechungen verrät. Die neuhumanistische Bildungstheorie, oft genug fälschlich mit den fatalen Konsequenzen des deutschen Bildungsdenkens identisch gesetzt, stand freilich nur, wenn man so sagen darf, mit einem Bein auf dem Boden der Theorie des Klassischen. Denn primär waren Wilhelm von Humboldt und Friedrich Immanuel Niethammer, zwei Wortführer des Neuhumanismus an der Wende vom 18. zum 19. Jahrhundert, Individualitätstheoretiker, d. h., sie bestimmten »Bildung« vom Subjekt und seiner Personwerdung aus. Dieser Gesichtspunkt verweist uns auf die zweite Theoriegruppe, auf das formal genannte Bildungsverständnis. Wäre die ursprüngliche Intention des Neuhumanismus nicht entscheidend von hier zu verstehen, so bliebe unerklärlich, wie beispielsweise zu Beginn des 20. Jahrhunderts die organisatorische und didaktische Konzeption der Berufsschule mit neuhumanistischen Mitteln erfolgen konnte. In diesem Zusammenhang sprach Eduard Spranger davon, daß Kerschensteiners Grundaxiom des Bildungsprozesses, die Bindung der Bildung an die subjektiv-individuellen Voraussetzungen des Zöglings, zu einer »leuchtenden Wahrheit« wurde, die vom inhaltlich festgelegten und damit lebenstötenden »Allgemeinbildungsideal« befreite. Allerdings fügte Spranger sogleich hinzu, das Kerschensteinersche Grundaxiom drücke nur die halbe Wahrheit aus.[12] Das war auf einen besonderen Aspekt der Berufsbildungstheorie bezogen, doch kommt man zu dem gleichen Ergebnis auch von einer didaktischen Kritik der formalen Bildungstheorien: Auf sich allein gestellt führen sie ebensowenig zum Ziel wie die materialen Theorien.

b) Formale Bildungstheorien

Formale Theorien definieren Bildung vom Subjekt aus, von der Entwicklung und Förderung seiner Möglichkeiten, nicht von den Inhalten und ihrer objektiven Bedeutung her. Selbstverständlich ist damit nicht gemeint, Bildung wäre ohne Inhalte, ohne gegenständlich bestimmte Aufgaben realisierbar. Davon kann keine Rede sein; aber die formale Auffassung zeigt sich uninteressiert an den Inhalten als Inhalten: Sie legt ihnen eine pädagogische Bedeutung ausschließlich unter der Frage bei, ob und inwiefern ihre Assimilation etwas zur Entfaltung der individuellen Kräfte beiträgt. Das letztere kann funktional gemeint sein und in der Erwartung, nach Ausbildung aller menschlichen Grundkräfte werde dann »jede neue Beschäftigung gleichsam nur eine Wiederholung sein« (Wilhelm von Humboldt), ebenso aber auch methodisch in dem Sinne, die Mittel der Erkenntnis- und Urteilsgewinnung für den Lernenden verfügbar zu machen. Gehen wir davon aus, daß die Pädagogik auf den Menschen in der Situation der Erziehung und d. h. in stellvertretender Verantwortung verpflichtet sei, so stehen die formalen Theorien dem pädagogischen Aspekt zweifellos näher als alle materialen. Denn unter Voraussetzung der formalen Theorie hat der Erzieher und mit ihm die ganze didaktische Konzeption eines Bildungsganges durchaus nicht die jeweils eigenen Ziele, Wünsche und Hoffnungen über das Instrument der Erziehung zu realisieren, sondern für Interessen und gute Zukunft der Jugend einzutreten. Indessen, so richtig dieser Ansatz, wie er von Rousseau, Humboldt, Pestalozzi und vielen anderen großen Figuren der Geschichte der Pädagogik erarbeitet wurde, auch sein mag, so wenig läßt sich von ihm aus eine Didaktik entwickeln. Schon die hier eingebrachte Prämisse von der Übertragbarkeit von Kräften und Methoden ist ebensowenig eindeutig wie Herbarts Entgegensetzung mit dem berühmten Wort vom Verstand der Mathematik, der in der Mathematik bleibe. These wie Antithese sind hier gleich problematisch, weil in beiden Fällen spekulative Aussagen über empirische Vorgänge gemacht werden. Eine solche Einschränkung ist auch vom Boden bildungstheoretischer Modelle vertretbar und angemessen. Denn nicht der spekulative Gedanke als solcher wird dabei als unwissenschaftlich verworfen – ohne ihn gäbe es keine Wissenschaft –, sondern er wird kritisch zurückgewiesen, wo er über Vorgänge urteilt, die der empirischen Kontrolle zugänglich und bedürftig sind. Weil dieser Unterschied in der traditionellen Pädagogik nur ungenügend berücksichtigt wurde, hat sich die Bildungstheorie wissenschaftlich so verdächtig gemacht, eben weil sie fort und fort ihren Gedankengang stabilisierte mit Aussagen über empirische Sachverhalte, ohne diese erfahrungswissenschaftlich zu sichern. Aber selbst wenn Lernpsychologie und Transfer-Forschung gesicherte Ergebnisse vorlegen könnten, was im Augenblick nicht der Fall ist, bliebe die Theorie der formalen Bildung didaktisch unergiebig. Denn es ließen sich auf diese Weise immer nur bestimmte Möglichkeiten ausschließen. »Ihren positiven Inhalt erhält die gesuchte Antwort«, wie Josef Derbolav gesagt hat, »von anderer Seite, nämlich aus der institutionellen und normativen Struktur der historisch-politischen Situation, die je bestimmte Erziehungsmodelle bereitstellt, sie mit bestimmten Zielsetzungen, Forderungen und Ansprüchen ausstattet, auf bestimmte Aufgaben hin konkretisiert und ihnen damit auch bestimmte Erwartungshaltungen dem Nachwuchs gegenüber imputiert.«[13] Formale Bildungstheorie unterstellt der Didaktik also einen ungeschichtlichen, mithin wirklichkeitsfremden Ansatz. Bildungsinhalte können nicht frei, d. h. allein unter Ansehung ihres formalen Wertes gewählt werden; denn dann müßte die Erziehung aus ihrer Rolle als gesellschaftliches Instrument heraustreten, was schlechterdings unmöglich ist. Man kann aber noch einen Schritt weiter gehen. Selbst dann, wenn für ein Gedankenexperiment die freie Verfügbarkeit der Inhalte unter formalem Aspekt angenommen ist, kommt der Gedankengang nicht zu seinem Ziel. Die Inhalte wirken im Prozeß der geistigen Aneignung ja nicht nur mit ihrer formalen, sondern ebenso auch mit ihrer inhaltlichen Kraft, so daß die Inhaltlichkeit der Bildung durchaus nicht gleichgültig bleiben kann. Ob beispielsweise logisches Denken, Entwicklung von Urteilskraft und Kritikfähigkeit vorwiegend an der Mathematik, an der lateinischen Grammatik, an ökonomischen oder technischen Inhalten und Problemstellungen geschult werden, ist für das Ergebnis des Bildungsganges hochbedeutsam, nämlich wegen der Nebenwirkungen, die auf das Ganze gesehen vielleicht das Entscheidende sind. Daraus aber folgt, daß selbst dann, wenn unterstellt werden dürfte, es gäbe zweifelsfreie Kriterien für die Beurteilung der formalbildenden Wirkung von Lehrinhalten, dennoch von der Didaktik eine Diskussion ihrer Inhaltlichkeit geführt werden müßte.

Der Bildungsbegriff als didaktische Kategorie

Herman Nohl hat einmal gesagt, und Erich Weniger nahm es zustimmend in seine Didaktik auf, der formale Gesichtspunkt sei der pädagogische.[14] Mit diesem Satz sollte aber keinesfalls die oben gekennzeichnete Theorie der formalen Bildung bestätigt sein. »Formal« wird der Kern des pädagogischen Verhaltens vielmehr darum genannt, weil die Pädagogik nicht als Vollzugsorgan der objektiven Mächte gesehen wird, andererseits aber auch selbst keine Inhalte hervorbringt, sondern als Anwalt der Jugend allen inhaltlichen Ansprüchen als Vermittlungsinstanz gegenübersteht. Diese Funktion fordert als erstes, daß ein Gegenstand der Vermittlung vorgegeben sei – das sind die inhaltlichen Erziehungsansprüche –, und als zweites, daß der Anwalt ein Kriterium besitzt, mit dem beliebige inhaltliche Ansprüche erzieherisch zu beurteilen sind – das leistet der Bildungsbegriff. Formal ist das Pädagogische insofern, als es den Inhalt der Bildung weder selbst setzt – wie materiale Theorien nahelegen – noch kraft eigener Vollmacht wählt – wie formale Theorien unterstellen –, sondern vielmehr den Anspruch von Kultur, Gesellschaft und Leben ernst nimmt, ihm aber mit dem Maßstab der Personwerdung des Menschen einen formalen Sinn abverlangt und eben dadurch seine Absolutheit bricht. Das ist die pädagogische Norm, die mit dem Bildungsbegriff in die Didaktik eingesetzt ist: Die Inhalte dürfen mit ihren Ansprüchen den Educandus nicht determinieren, sondern als bildende Lehre müssen sie so verwandt werden, daß sie zugleich kritische Vernunft entbinden, die sich, potentiell jedenfalls, auch gegen die Inhalte selbst muß richten können. Mit anderen Worten: Was die Jugend aus den ihr von der Erwachsenengeneration angewiesenen und als Vorwegnahme der Zukunft gedachten Inhalten der Bildung macht, bleibt dieser Jugend überlassen. Für dieses Recht der Jugend steht in der bildungstheoretischen Didaktik der Begriff der Bildung. Nun ließe sich freilich ironisch einwenden, so sei das ohnehin, und zwar infolge der geringen Effizienz pädagogischer Bemühungen. Diese Frage für die Vergangenheit zu beantworten, bedürfte einer ausführlichen problemgeschichtlichen Untersuchung. Was aber die Zukunft betrifft, so ist wenigstens wahrscheinlich, daß wir an der Schwelle zu einem Zeitalter stehen, in dem die lückenlose Bewußtseinsmanipulation technologisch möglich wird. Es liegt auf der Hand, was es bedeuten müßte, wenn die Didaktik gerade in diesem Augenblick die mit dem Bildungsbegriff gesetzte Norm der humanen Mündigkeit[15] und personalen Autonomie preisgeben wollte.

Das Bildungsideal, der Staat und das didaktische Spannungsfeld

Wir hatten oben die materialen Theorien als unzulänglich bezeichnet, weil sie Bildung substantiell sehen und dazu tendieren, einen bestimmten Kanon von Inhalten zu umschreiben, der die »Gebildetheit« eines Menschen ausmachen soll. Ungeachtet ihrer didaktischen Disqualifizierung gibt es selbstverständlich materiale Bildungsauffassungen in der Wirklichkeit des geschichtlich-gesellschaftlichen Lebens. Man kann das das Bildungsideal einer Epoche nennen. Nur: Das ist gerade nicht die Leistung des pädagogischen Begriffs der Bildung, jedenfalls nicht im Sinne einer eigenen erzieherischen Norm. Hier hat die Kritik an den bildungstheoretischen Modellen völlig recht, wenn sie sagt, nicht die Didaktik, sondern die gesellschaftlichen Mächte definierten bestimmte Lernprozesse als Bildung. Dieser Satz ist richtig, insofern und insoweit er sich bezieht auf einen inhaltlich bestimmten Kreis von Sachverhalten, über den zu verfügen im gesellschaftlichen Urteil »Bildung« heißt. In diesem materiellen Sinne eines Bildungsideals hat es nie eine eigene Norm der Erziehung gegeben, »eigen« verstanden als unterschieden von den gesellschaftlichen Kräften. Was so genannt wurde, war stets »die Norm einer Kultur, einer Gesellschaft, einer Kirche, eines Zeitalters, der, wie alle gebundene Regung und Handlung des Geistes, auch die Erziehung hörig war und die sie in ihre Sprache übertrug«.[16] Polites, Civis, Christ, Galanthomme, Gentleman, Bürger – das waren solche Gestalten, die als Ideal die Inhalte umfaßten, kraft derer Bildung im vorausbestimmten Sinne gelingen sollte. In Zeiten pluralistischer Gesellschaftsverfassung ist nur im übertragenen Sinne von einem Bildungsideal zu sprechen, weil das leitende Bild selbst Gegenstand pluraler Differenzierung ist. Gleichwohl bleibt bestehen, daß die gesellschaftlichen Mächte Ansprüche an die Erziehung stellen; nur konkurrieren diese Ansprüche untereinander, eben weil kein alle verbindendes Bildungsideal wirksam ist. Für eine didaktische Konzeption aber bedarf es einer in sich stimmigen Intentionalität. Nun können die gesellschaftlichen Mächte ohnehin nicht unmittelbar auf Erziehung und Unterricht im Schulwesen einwirken, sondern nur mittelbar, über den Organistor und Verwalter der Schule, und das ist seit der Aufklärung formalrechtlich der Staat, wenn er dieses Recht auch noch lange ganz oder teilweise den Kirchen überlassen hat. Aber die letzten Reste der geistlichen Schulaufsicht sind nach dem Ersten Weltkrieg beseitigt worden, so daß mit dem Auftreten der bildungstheoretischen Didaktik innerhalb der Prämissen geisteswissenschaftlicher Pädagogik nur noch der Staat als Organisator der öffentlichen Schule in Frage kam. Demnach ist die Übereinkunft über den relativen Ausgleich der konkurrierenden inhaltlichen Erziehungsansprüche eine inhaltliche Aufgabe. Bei Erfüllung dieser Aufgabe bedient sich der Staat freilich auch der Hilfe der Pädagogik als Wissenschaft, heute mehr denn je. Indessen muß man klar sehen, daß die der Erziehungswissenschaft dabei zufallende Rolle genau dem entspricht, worauf die Kritiker des bildungstheoretischen Modells die wissenschaftliche Didaktik zu beschränken suchen, nämlich auf eine analytische Funktion. Auch Erich Weniger, der die bildungstheoretische Didaktik arbeitsfähig gemacht hat, hat das nicht anders gesehen. Denn um die erforderliche politisch-gesellschaftliche Übereinkunft zu erzielen und sachlich durchsetzen zu können, bedarf es dessen, was Weniger *Ortsbestimmung der Gegenwart* und Projektion der zukünftigen Aufgaben nannte. Eine solche Ortsbestimmung ist nun zweifellos unerläßlich, um überhaupt irgend etwas über die Inhalte der Erziehung ausmachen zu können. Das kann jedoch nicht darüber hinwegtäuschen, daß die Ortsbestimmung der Gegenwart keine ausschließlich pädagogische Angelegenheit ist. Früher hatte man gesagt, es sei eine philosophische – »Philosophie ist ihre Zeit in Gedanken gefaßt«, heißt es bei Hegel –, heute wird man sich nicht mit philosophischer Auslegung begnügen können, sondern eine ganze Reihe von Erfahrungswissenschaften, insbesondere die Disziplinen des sozialen Bereichs befragen. Darauf werden wir später im Zusammenhang der Lehrplantheorie noch genauer eingehen.

Hier genügen diese Hinweise, um das eigentümliche Spannungsfeld anzudeuten, in dem Didaktiken stehen. Wir sehen verschiedene Bedingungsfaktoren und Entscheidungsfelder, vor allem aber erkennen wir, daß einzelne Faktoren offensichtlich an verschiedenen Stellen des Gefüges auftauchen. Auf der Seite der Mächte, die Ansprüche an die Erziehung stellen, finden wir den Staat neben Kirche, Familie, Wissenschaft, Wirtschaft und anderen Gruppierungen als eine Größe, die in der Jugendbildung repräsentiert sein will. Geschichtsunterricht und politische Bildung sind die didaktischen Konsequenzen dieses Anspruches. Zweitens aber fungiert der Staat als Organisator des öffentlichen Bildungswesens, und in dieser Rolle fällt ihm die Aufgabe zu, den Konsens der konkurrierenden Interessen als materiale Voraussetzung für eine Didaktik herbeizuführen. Drittens ist er auch noch der Garant einer relativen pädagogischen Autonomie, indem er der Erziehungswissenschaft gestattet, mit dem Bildungsbegriff eine eigene Norm gegen die inhaltlichen Ansprüche zu setzen. So jedenfalls hat das Erich Weniger gesehen; was dazu kritisch anzumerken ist, werden wir noch zu erörtern haben. Eine mehrfach gestufte Rolle im didaktischen Spannungsfeld spielt auch die Wissenschaft. Zunächst ist sie, ebenso wie der Staat, Macht unter Mächten, mit einem eigenen Tradierungswillen und entsprechenden Forderungen an die Erziehung. Andererseits jedoch schieben sich die Wissenschaften zwischen die Bedingungsfaktoren und das didaktische Gefüge, und zwar aus zwei Gründen: einmal darum, weil in der technisch-wissenschaftlichen Zivilisation zunehmend nur solche Ansprüche gehört werden können, deren Verbindlichkeit durch wissenschaftliche Analyse und durchgehende Rationalität gesichert ist, d. h., die für den gesellschaftlichen Konsens erforderliche Ortsbestimmung der Gegenwart nimmt nur solche Tendenzen auf, die wissenschaftlich formulierbar sind. Zum anderen aber haben die Wissenschaften eine beherrschende mediale Funktion; an sie denken wir immer zuerst, wenn nach der Stellung der Wissenschaften in der Didaktik gefragt ist. Die Intentionen der Bildungsmächte müssen sich durch wissenschaftliche Inhalte vermitteln lassen. Sucht beispielsweise der Staat als Bildungsmacht seine Repräsentation durch politischen Unterricht, so kann er das nur, indem er seinen Anspruch dem Wahrheitskriterium der Geschichtswissenschaft und der Soziologie und der Politikwissenschaft unterwirft. Damit stellt sich indessen die Frage nach dem Verhältnis der Wissenschaften zur bildenden Lehre. Wir wollen dieses Problem in zwei Anläufen untersuchen, einmal hier unmittelbar anschließend unter dem Stichwort »kategoriale Bildung«, zum anderen und ausführlicher im Kapitel über die Lehrplantheorien, weil wir erst nach dem Durchgang durch die anderen Modellansätze gegenwärtiger Didaktik die Voraussetzungen dafür in der Hand haben, eine angemessenere Antwort zu formulieren, als sie vom Boden bildungstheoretischer Didaktik als alleiniger Basis möglich ist.

Kategoriale Bildung

Die Summe dessen, was sich im Durchgang durch die uns interessierende Problematik ergibt, muß für bildungstheoretische Didaktik in der Überwindung der Gegensätze liegen. Bildung ist, didaktisch gesehen, nur zureichend definierbar als die vermittelnde Kategorie zwischen den Ansprüchen der objektiven Welt und dem Recht auf Selbstsein des Subjekts. Unter diesem Aspekt hat Wolfgang Klafki das systematische Ergebnis seiner Bemühungen die Theorie der kategorialen Bildung genannt. Die Einheit materialer und formaler Momente ist von Klafki in einer häufiger zitierten, in ihrem »sowohl-als-auch« unbefriedigenden, gleichwohl als Hinweis brauchbaren Formel ausgedrückt worden: »Erschlossensein einer ... Wirklichkeit für einen Menschen« und »Erschlossensein dieses Menschen für diese seine Wirlichkeit«.[17] Demzufolge ist von den gesellschaftlich angewiesenen Unterrichtsinhalten zu fordern, daß sie repräsentativ sind für grundlegende Sachverhalte, ein Gesamtverständnis der Welt eröffnen und sowohl in ihrer traditionsstiftenden als auch in ihrer zukunftsweisenden Funktion erfahrbare Sinnhaftigkeit zulassen. Das letztere Postulat hängt eng mit dem pädagogischen Regulativ vom Eigenrecht der Jugend zusammen. Denn wo die Erziehungsansprüche sich zu Aufgaben konkretisieren, denen im Lernprozeß kein Sinn abzugewinnen ist, wird die Gegenwart der Jugend geopfert und damit zugleich eine Bedingung für die Öffnung kritischen Bewußtseins negiert, weil die sinnindifferente Informationsaufnahme und Speicherung nur durch intellektuelle Unterwerfung erzwungen werden kann. Unter diesem Gesichtspunkt gewinnt die Didaktik aus der dialektischen Begrenzung von materialen und formalen Bildungstheorien das gesuchte Kriterium im kategorialen Bezug auf Weltbewältigung und Personwerdung. Indessen bleibt dieser Ansatz in verschiedener Rich-

tung ergänzungsbedürftig. Wir wollen hier nur eine Linie verfolgen, und zwar diejenige, die zu der für die didaktische Vermittlung der Erziehungsansprüche so entscheidenden Funktion
der Wissenschaften führt. Josef Derbolav, stärker philosophisch
argumentierend als Klafki, deutet das in seiner Theorie der Bildungskategorien an. Um den fraglichen Zusammenhang richtig
einordnen zu können, gehen wir von der in der neueren Literatur nur selten bestrittenen Tatsache aus, daß fachdidaktische
Probleme nicht auf der Ebene der ihr zugeordneten Einzelwissenschaften lösbar sind, weder durch sachliche Reduktion noch
durch psychologische Simplifizierung oder unterrichtsmethodi-
sches Arrangement. Derbolav hat die Frage nach den Gründen
der Differenz wissenschaftstheoretisch gestellt, indem er den
Unterschied zwischen modernem wissenschafts-positivistischem
Vorgehen und dem praktisch-sittlichen Sinn menschlichen Handelns thematisch machte. Die durch den Erkenntnisfortschritt
manifest werdende Durchschlagskraft der Einzelwissenschaften
beruht auf diesem Unterschied. Eine anthropomorph-teleologi-
sche Weltauffassung, die die Natur als beseelt, als erfüllt von
eigenen Sinngestalten dachte, konnte keine Technologie hervorbringen. Erst das Verständnis der Natur als »Dasein der Dinge,
sofern es nach allgemeinen Gesetzen bestimmt ist« (Kant), leitete den Prozeß der technisch-wissenschaftlichen Zivilisation ein,
in der alles (gegenständlich Faßbare) »machbar« wird. Die Ab-
kehr von der Umgangswelt, wie sie in der Reduktion der Natur
auf das Berechenbare beginnt und folgerichtig nicht nur zu einer
Reduktion der Welt, sondern auch zu einer solchen des Menschen
führt, ist die Möglichkeitsbedingung für den Erfolg, »nämlich
die zur Gegenständlichkeit hin distanzierte Welt in ihrer Sachlogik zu erfassen und in ein Feld verfügbarer Mittel zu verwan-
deln«.[18] Kulturpessimistische, ethisch-religiöse Kritik dieses
Vorgangs ist ebenso töricht wie wirkungslos. Aber didaktisch
gesehen erhellt, daß sich das einzelwissenschaftliche Sachwissen
zur Bildung so neutral verhalten muß wie jeder Mittelgebrauch
zur Sittlichkeit. Demzufolge muß der für Einzelwissenschaften
vorausgesetzte, aber nicht von ihnen reflektierte Anspruch an
den Menschen durch den rationalen Zusammenhang hindurch
bewußtgemacht werden. Das ist der dialektische Aufstieg vom
theoretischen Erkennen zur praktischen Vernunft, der die Didaktik als Sinntheorie versteht. Denn die περιαγωγή, der Um-
schlag von Wissen in Gewissen, versetzt die Wissenshorizonte in
die ihnen didaktisch zukommende propädeutische Funktion, ver-

eitelt damit die Tendenz des Sachverstandes zur Fachborniertheit und hält den Blick auf die normativen Voraussetzungen der Wissenschaft offen. Dieser Aspekt ist übrigens auch für die Sozialwissenschaften virulent: Jürgen Habermas hat ihn im Begriff des »erkenntnisleitenden Interesses« ausgedrückt.[19] Von hier zeigt sich nun in der Theorie der Bildungskategorien die immanente Logik bildungstheoretischer Didaktik. Das Gewissen des Educandus, auf welches alle pädagogischen Intentionen bezogen sind, hat »seinen subjektiven Bezugspunkt in der Spontaneität des Individualgeistes, seinen objektiven Rahmen aber im anderen der Lebens-, Kultur- und Normenwelt und vermittelt sich nicht schon über die Reflexionsgehalte der Wissenschaften, die Erlebnisgehalte der Kulturwerte oder in punktuellen Aufschwüngen der Selbstwerdung, sondern erst über die Sollensbestimmungen, die es aus jenen Gehalten periagogisch hervorarbeiten muß«.[20] Die didaktische Differenz zwischen dem Wissenshorizont einzelwissenschaftlicher Sachfelder und ihrem Motivationsgehalt mag sich an folgenden, von Derbolav beiläufig erwähnten Beispielen[21] illustrieren:

Sachgebiet	Wissenshorizont	Kategorialer Bildungssinn
Mathematik	Operationales Regelwissen	ideale Ordnungsstruktur der Mathematik
Naturwissenschaften	abstrakte Gesetzesbeschreibung	Kosmoscharakter der Natur
Geschichte	Verstehen der Geschichte	politische Verantwortung
Sprachlehre	Sprachbeherrschung	Sprachgewissen
Rechtskunde	positives Recht	Gerechtigkeit
Sittenlehre	Konvention	Moralität
Gesundheitslehre	Körper	Leiblichkeit

Derbolavs Kategorialanalyse gibt der Didaktik als zentrales Forschungsgebiet die an die Unterrichtsfächer zu stellende Sinnfrage. Indem der Anspruch eines Komplexes von Lehrinhalten in den Aussagehorizont der ihm korrespondierenden Wissenschaften gestellt wird, muß sich die »didaktische Differenz« indirekt erschließen. Für die Praktikabilität eines solchen Verfahrens muß Derbolav freilich einige Voraussetzungen machen, die weit über die Prämissen der geisteswissenschaftlichen Didaktik hinausgehen, vor allem nämlich, daß das System der Wissenschaften eine Stufenordnung unterscheidbarer Sinnbereiche enthalte und daß jede Stufe eine fortschreitende Vermittlung der zunächst undurchschauten Voraussetzungen markiere. Von da aus müßte jede Unterscheidung von Unterrichtsfächern mit größerem oder geringerem Bildungswert entfallen: die spezifische Aufgabe des einzelnen Faches wäre dann in ihrer praktischen Bedeutung für den als Totalität verstandenen gesamten Lehrkanon zu bestimmen. Sofern sich die Didaktik auf das ihr von Derbolav vorgeschriebene sinntheoretische Niveau begibt, tritt sie zwangsläufig in eine schwierige philosophische Reflexion ein. Bisher wurde sie nur in Ansätzen durchgeführt und konnte den Nachweis ihrer praktischen Bedeutung noch nicht sichtbar machen. Demgegenüber ist Wolfgang Klafki mit dem geisteswissenschaftlichen Ansatz über seine philosophisch weniger ambitiöse Theorie des Kategorialen die Differenzierung bis zur didaktischen Analyse als Kern der Unterrichtsvorbereitung gelungen. Die sich daran anschließende, besonders in der schulpraktischen Ausbildung der Lehrer geführte Diskussion mit Anwendungsbeispielen in zahlreichen Fachgebieten hat allerdings gelegentlich eine sterile und formalistische Dogmatik hervorgebracht, die ihr Urheber selber mit Bestürzung registriert.[22]

Derbolavs Theorie der Bildungskategorien ist, ebenso wie Klafkis Konzeption, an dialektische Denkformen gebunden. Das gleiche Problem nicht-dialektisch durch Rückgang auf Wissenschaftsmethodologie und Erkenntnistheorie zu lösen, haben Alfred Petzelt und seine Schule versucht, aber nicht zu anwendbaren Modellen konkretisiert.

Zusammenfassend läßt sich sagen, daß die bildungstheoretischen Modelle didaktische Probleme nicht auf Unterrichtsvorgänge beschränken, wohl aber bis zu diesen wirksam sein wollen. Zahlreiche Einzelstudien, besonders unter dem Einfluß der geisteswissenschaftlichen Richtung haben dabei vier Bezugsebenen der didaktischen Reflexion herausgestellt, deren wechselseitige Verschränkung zu beachten ist: Vom thematischen Umfang her beurteilt, stehen an *erster* Stelle die Entwürfe für einen Bildungsgang, *Gesamtkonzeptionen* zur Bestimmung der Inhalte, die gelehrt werden sollen, einschließlich der bildungspolitischen Realisierung entsprechender Schulsysteme und deren Differenzierung. Die didaktische Relevanz solcher Erwägungen und Entscheidungen besteht darin, die jeweils maßgeblichen Intentionen in Lehrinhalte umzusetzen, in Fächer und Sachfelder aufzugliedern und deren gegenseitiges Gewicht unter dem Aspekt des Bildungszieles zu ordnen. Welche Determinanten dabei zu berücksichtigen sind, ist eine Frage der Lehrplantheorie (vgl. 4. Kapitel). Die Aufgliederung in Fächer und Sachfelder weist auf eine *zweite*, präzise abgrenzbare Ebene, nämlich auf die der *Fachdidaktiken* oder speziellen Didaktiken. Existenz und Notwendigkeit solcher Fachdidaktiken lassen sich vom Standpunkt des geisteswissenschaftlichen Ansatzes leicht erläutern. Denn wenn hier erkannt ist, daß man die Inhalte, mit denen die jeweiligen Lernziele erreicht werden sollen, nicht einfach aus einem unabhängig von Schule und Unterricht existierenden Sachzusammenhang ableiten kann (sonst bedürfte es keiner Didaktik, sondern nur der Methodik), so ist doch umgekehrt auch ebenso einsichtig, daß die didaktischen Entscheidungen von der Eigengesetzlichkeit der Sachstrukturen mitbestimmt werden. Diese Eigengesetzlichkeit der Wissenschaften, Techniken und Pragmata ist der Rechtsgrund für Fachdidaktiken; bestünde sie nicht, so ließe sich mit der allgemeinen Didaktik die Transformation aller Inhalte zu Lehraufgaben lösen und Fachdidaktiken wären überflüssig. Insofern sind Fachdidaktiken keinesfalls aus der allgemeinen Didaktik deduziert. Andererseits ist jede Fachdidaktik auf übergreifende Aspekte der Lehrplantheorie angewiesen, weil sich erst von da aus entscheiden läßt, ob bestimmte Lehrinhalte ein Unterrichtsfach konstituieren (1), ob sie als Lehrgang Elemente eines anderen Faches ausmachen (2) oder ob sie als Schwerpunktbildung einen Schultyp prägen und dementsprechend in mehreren Fächern zu organisieren sind (3). Als Beispiel sei auf den ökonomisch-sozial-ethischen Bereich verwiesen, für den Hans Bokelmann die Voraussetzungen einer Fachdidaktik im bildungstheoretischen Sinne erarbeitet hat. Tatsächlich ist dieser Bereich im gegenwärtigen Schulsystem der Bundesrepublik in allen drei angedeuteten Formen vertreten: Als einzelnes Unterrichtsfach (1 = Wirtschaftskunde), als ökonomischer Lehrgang innerhalb des politischen Unterrichts (2 = Sozialkunde) und als Schwerpunktbildung mit mehreren wirtschaftswissenschaftlich orientierten Fächern (3a = gymnasiale Schwerpunktbildung: wirtschafts- und sozialwissenschaftliches Gymnasium, Wirtschaftsgymnasium; 3b — berufsbezogene Schwerpunktbildung: Wirtschaftsoberschule, kaufmännische Schulen). Fachdidaktiken führen zu *Rahmenthemen,* die noch einer weiteren, stärker situationsbedingten Abklärung bedürfen und die eine *dritte* Ebene didaktischer Reflexionen bezeichnen. Im politischen Unterricht bzw. in der Wirtschaftskunde ist beispielsweise die Grundstruktur von Wirtschaftssystemen zu behandeln. Eine dahingehende lehrplanmäßige und fachdidaktische Anweisung erfordert indessen noch weitere didaktische Entscheidungen, die sehr unterschiedliche Möglichkeiten eröffnen. Eine historisch akzentuierte Aufgliederung des fraglichen Rahmenthemas könnte etwa einsetzen beim Merkantilismus als einer Form vorindustrieller Planwirtschaft des absolutistischen Verwaltungsstaates. Die typischen Beschränkungen, die diese Auffassung vom Territorium als einer geschlossenen Handelsfirma nach sich zogen, führen dann als nächstes Thema zur Erörterung des Liberalismus und der Grundthesen der klassischen Nationalökonomie bei Adam Smith und David Ricardo. Die Freisetzung der bürgerlichen Aktivitäten zum Privatkapitalismus und damit zur Entfaltung der großen Industrie schafft als Schattenseite das Proletariat und damit die soziale Frage des 19. Jahrhunderts. So wird der Sozialismus zu diskutieren sein, insbesondere die Kritik der politischen Ökonomie durch Karl Marx und daran anschließend die planwirtschaftlichen Systeme unter industriellen Bedingungen. Als letzte Unterrichtseinheiten kämen dann die Kombinationen in Betracht, einerseits das neoliberalistische Konzept der sozialen Marktwirtschaft, andererseits das neue ökonomische System der sozialistischen Marktwirtschaft in den Ostblockländern. Das Thema »Grundstrukturen von Wirtschaftssystemen« läßt sich didaktisch aber auch völlig anders realisieren. Es könnte streng systematisch begonnen werden mit der Entstehung des Sozialproduktes und mit der Zweckmäßigkeit von Arbeitsteilung, dann eine Erläuterung der Marktmechanismen im Sinne des liberalistischen laissez-faire-Prinzips, daran anschließend eine kritische Analyse der Störungen der Marktmechanismen und ihrer sozialen Folgen und schließlich das Problem der staatlichen Eingriffe und Lenkungsmaßnahmen im Kontext mit der Freiheit der wirtschaftenden Bürger. Vergegenwärtigen wir uns, daß beide und selbstverständlich auch weitere, hier nicht ausgeführte Möglichkeiten einerseits der lehrplanmäßigen Anweisung genügen, andererseits auch fachwissenschaftlich einwandfrei realisierbar sind, so wird ein nur didaktisch beantwortbarer Entscheidungsspielraum sichtbar. Die Theorie der Bildungsinhalte und der Bildungskategorien hat gerade von Überlegungen dieser Art und dem Versuch ihrer angemessenen Lösung den Zugang gefunden zu der *vierten* Ebene didaktischer Reflexion, nämlich zu der oben bereits angesprochenen didaktischen Analyse als Kern der *Unterrichtsvorbereitung*. Dazu soll hier keine weitere Illustration erfolgen, weil innerhalb der Darstellung der lerntheoretischen Modelle ein entsprechendes Beispiel diskutiert wird.

2. Kapitel

Informationstheoretische Modelle

Allgemeine Kennzeichnung informationstheoretischer Modelle

In der Einleitung dieses Buches war angedeutet worden, daß die Problemgeschichte der Didaktik nicht behandelt werden würde, obschon vieles von dem, was in die systematische Darstellung eingehe, nicht ohne jene Geschichte und ein kritisches Bewußtsein von ihrer inneren Logik formulierbar sei. An den Anfang der Kennzeichnung informationstheoretischer Modelle gehört nun allerdings eine Formulierung, die diese Aussage der Einleitung zu desavouieren scheint: Der hier fragliche Begriff der Didaktik »entstammt nicht der traditionellen pädagogischen Literatur, sondern wird unmittelbar vom Begriff der technischwissenschaftlichen Zivilisation her abgeleitet«.[23] Damit will gesagt sein, daß die problemgeschichtlich überlieferte und zu zeitgemäßen Formen weiterentwickelte Didaktik keinen Anspruch auf Wissenschaftlichkeit stellen könne, weil sie, gebunden an religiöse oder weltanschauliche Normen, nicht von der Machbarkeit der Welt, sondern von deren Unverfügbarkeit ausgehe. Demgegenüber suchen kybernetische Ansätze, die technischen Wissenschaften auf den menschlichen Bereich anzuwenden, den individuellen wie den sozialen, und so die Bedingungen der Lernprozesse lückenlos verfügbar zu machen. Das treibende Interesse liegt demzufolge in der erstrebten Effektivität, in dem Willen, Veränderungen hervorbringen und steuern zu können. Darin spiegelt sich der Geist der Neuzeit, der große Vorgang der Technisierung, der nun auch auf das Feld der Erziehung übergreift. Aber dieser Vorgang hat selbst schon eine Jahrhunderte während Geschichte, und unlösbar mit ihr verbunden ist die Verselbständigung der Pädagogik zu einem eigenen Aufgabenbereich. So sind die Hoffnungen, die heute durch die Möglichkeiten der programmierten Instruktion, der Lehrmaschinen und Verhaltenssteuerung erweckt werden, nicht neu. Die didaktischen Reformer des 17. Jahrhunderts hatten das Stichwort bereits ausgesprochen: Erziehung ist eine lehr- und lernbare Kunst; regelrecht und vernunftgemäß angewandt, kann sie jedermann zuteil werden, »allen ist alles zu lehren« (Comenius). Die Didaktik erkundet Unterrichtsweisen, durch welche »die Lehrer weni-

51

ger zu lehren brauchen, die Schüler dennoch mehr lernen; in den Schulen weniger Lärm, Überdruß und unnötige Mühe herrsche, dafür mehr Freiheit, Vergnügen und wahrhafter Fortschritt«. Um diesen Fortschritt durchzusetzen, entwarfen die didaktischen Reformer des 17. Jahrhunderts neue Organisationsformen des Unterrichts, für die sie Analogien beanspruchten, die den gegenwärtigen informationstheoretisch-kybernetischen Vorstellungen schon einigermaßen nahekommen. So bezeichnete Comenius die Rationalisierung des Publikationswesens durch den Buchdruck als Muster der Rationalisierung des Unterrichtes durch die Methode; und von den Maschinen, die damals bekannt waren, war es die am präzisesten arbeitende – die Uhr –, die Comenius als Modell für den Ablauf des Lernens wählte. Aber ebenso wie heute die hohe Erwartung nicht ungebrochen ist durch manche Ängste hinsichtlich der Frage, wohin der einmal beschrittene Weg führen mag, so waren auch die pädagogischen Einsichten im Zeitalter des Barocks gebunden in der zitternden Emphase angesichts einer unerwartet-ungeheuerlichen Entdeckung. Gleichwohl besteht ein entscheidender Unterschied darin, daß die technische Realisierung erst heute möglich wird.

In der Zwischenzeit hat sich die Pädagogik eine vom technisch-ökonomischen Motiv des 17. Jahrhunderts abweichende Begriffsbildung geschaffen, ihr Interesse auch vornehmlich anderen Fragen zugewandt. Dadurch ergibt sich eine gewisse Spannung, wie sie in dem oben angeführten Zitat zwischen »traditioneller pädagogischer Literatur« und »technisch-wissenschaftlicher Zivilisation« unterstellt ist, und dieses um so mehr, da die in unserer Zeit verfügbaren Rationalisierungstechniken von positivistisch orientierten Wissenschaften präsentiert werden. Die hier um der Strenge und Exaktheit der empirischen Kontrolle willen beanspruchte Wertfreiheit sieht notwendigerweise ab von den Zielen menschlichen Daseins, von personaler Selbstverwirklichung und Humanität, also von dem, was bisher zentrales Thema pädagogischer Reflexion war. Dennoch ist die behauptete Entgegensetzung falsch, und zwar aus doppeltem Grunde: Einerseits sind traditionelle Pädagogik wie technisch-wissenschaftliche Zivilisation nur aus einem identischen Vorgang erklärbar, aus dem Prozeß der Selbstbestimmung des Menschen, den wir »Aufklärung« im weitesten Sinne des Wortes nennen und der nicht auf die besondere Ausprägung der so benannten Geschichtsepoche begrenzt ist. Die Entgegensetzung ist andererseits aber auch darum falsch, weil eine technologische Didaktik, will sie wirklich effektiv werden, wie es ihrem eigenen Programm entspricht, an übergreifende Bedingungen gebunden ist, die außerhalb ihres Horizontes liegen. Die Literatur zur kybernetischen Pädagogik pflegt diesen Aspekt auf eine »normative Ideologie« abzuschieben. Das ist die notwendige Konsequenz bei einer Anwendung der für die Kybernetik vorausgesetzten positivistischen Wissenschaftsauffassung auf die Pädagogik. Denn wenn aus der wissenschaftlichen Behandlung didaktischer Fragen alle Normenprobleme, Ziel-, und Sollenssätze ausgeklammert werden müssen, wird jener Bereich zum zentralen Interesse, der in den normativen Didaktiken überhaupt nicht, in den bildungstheoretischen Modellen mit unzureichenden Mitteln behandelt wurde, nämlich die empirischen Bedingungen für Lernen, Unterricht und Verhaltenssteuerung und deren Gesetzmäßigkeiten. Da aber die Kenntnis dieser Bedingungen nur unter der Voraussetzung einer hypothetisch angenommenen Zielsetzung in Handlungsanweisungen umgesetzt werden kann, müssen – um die erstrebte Unterrichtstechnologie aufbauen zu können – vor der Tür der Wissenschaft normative Ideologien angesetzt werden, die Sollenssätze produzieren und die die Wissenschaft als Hypothesen, gleichsam als auftraggebende Instanz zu betrachten hat. Die Didaktik als Wissenschaft könnte demzufolge nur hypothetische Sätze als Resultate anbieten, in der Art: *Wenn* das Lernziel X erreicht werden soll, *dann* ist so und so zu verfahren. Als Hypothesen können sehr enggefaßte Zielsetzungen auftreten, wie sie seit eh und je jeder Lehrer im Umkreis seiner subjektiven Erfahrungen mit angemessenen Maßnahmen zu beantworten sucht, etwa einzelne Lernprozesse des kognitiven Bereiches – z. B. Lesenlernen, Rechtschreibung usw. – oder, schon komplizierter, aus dem affektiven Bereich, das Ziel, bestimmte Einstellungen im Lernenden hervorzubringen. Bernhard Möller hat ein umfangreich ausgearbeitetes Unterrichtsmodell vorgelegt, das mit der für unseren Zusammenhang typischen Formulierung beginnt: »Angenommen, irgendein Staat will, daß die Jugendlichen zu Nichtrauchern erzogen werden. So ergibt sich für den Lehrer folgende einfach zu formulierende Frage: Was muß man tun, damit die Schüler weder öffentlich noch heimlich rauchen und auch später, nach dem Austritt aus der Schule, nie rauchen werden? – Die Antwort darauf heißt: Die Schüler müssen eine positive Einstellung zum Nichtrauchen lernen.«[24] Als Hypothesen sind aber ebenso sehr weitgefaßte, globale Zielsetzungen denkbar, die, bei einem entsprechend fortgeschrittenen Entwicklungsstadium der didaktischen Wissenschaft, in viele einzelne Lernprozesse aufgelöst und über zahlreiche Teilhypothesen eine sichere und optimale technologische Beantwortung finden. Dazu würden Ziele gehören in der Art, demokratische Staatsbürger, gute Katholiken, revolutionäre Kader oder die Universitätshierarchie anerkennende Studenten zu erziehen. In keinem Fall wird die jeweilige Hypothese von einer informationstheoretisch-kybernetischen Didaktik auf ihre pädagogische oder politische Rechtmäßigkeit geprüft, aber auch nicht analytisch auf ihre Stimmigkeit mit den jeweils eigenen Voraussetzungen, auf ihre Folgen, auf ihre Nutznießer oder die Geschädigten, wie das die positivistische Wissenschaftsauffassung durchaus zulassen würde.

Die weitergehende Beschränkung hängt zusammen mit dem formalen Charakter der Informationstheorie, welche das begriffliche Werkzeug der Kybernetik ist, und den Prinzipien der Kybernetik selbst, die auf die konstruktive Behandlung von Strukturbeziehungen in ganz verschiedenen Wirklichkeitsbereichen tendieren und gerade darum alle qualitativen Unterschiede nivellieren oder ausblenden müssen. Dieser Zusammenhang läßt sich illustrieren an dem Kybernetes-Modell, das Norbert Wiener einführte und das Helmar Frank in schematischer Vereinfachung an den vier Funktionen einer Schiffsbesatzung dargestellt hat: Der Kapitän (1. Funktion) gibt das Ziel an, dem das Schiff zusteuern soll; der Lotse = $\kappa\nu\beta\epsilon\rho\nu\acute{\eta}\tau\eta\varsigma$ (2. Funktion) nimmt den vom Kapitän vorgegebenen Sollwert auf und entwirft unter Berücksichtigung der empirischen Bedingungen, also Zustand und Position des Schiffes sowie Wetterlage, Wassertiefe usw., das Programm, mit dem das Ziel erreicht werden kann; der Steuermann (3. Funktion) setzt das Programm in die Praxis um, indem er den Befehlen des Lotsen die entsprechenden Steuerstellungen zuordnet; das so gesteuerte Antriebssystem schließlich (4. Funktion), die Ruderer, der Wind oder die Kraftmaschine, verändert die empirischen Bedingungen durch die Ortsveränderung – diese Veränderungen werden als »Nachrichten« vom Lotsen aufgenommen (= Rückmeldung) und wirken modifizierend auf das Steuerprogramm ein. Dieses Modell eines Regelkreises, das sich zwischen den Funktionen 2 bis 4 darstellt, ist, sofern man es als System auffaßt, ein selbstregulierendes und selbstorganisierendes mit weitreichenden Übertragungsmöglichkeiten. Es ist realisiert in lebenden Organismen, in Maschinen und in biologischen Vergesellschaftungsformen. Das Entscheidende für die Entwicklung der Kybernetik ist dabei die Einsicht, daß neben Materie und Kraft ein drittes Prinzip umweltverändernd wirken kann, nämlich die Information, der Kreislauf von Aufnahme, Speicherung, Reproduktion und Verarbeitung von Nachrichten. Insofern ist die Kybernetik unlösbar der Informationstheorie verbunden, mit deren Hilfe über elektronische Datenverarbeitungsanlagen (Computer) auch für sehr schwierige Komplexe die technologische Lösung gelingt. Die Übertragung dieses Modells auf die Didaktik muß demzufolge bedeuten, »Lernen« als Sonderfall von gesteuertem Verhalten und somit als Nachrichtenverarbeitung aufzufassen; es ist darum konsequent, nicht mehr von Lehrern und Schülern, sondern von Sendern und Empfängern, von Lehr- und Lernsystemen zu sprechen, nicht mehr von Bildungsinhalten und Erziehung, sondern von Information und Verhaltenssteuerung. Was immer nun von diesem Ansatz aus zu leisten ist, auf jeden Fall liegt die Kapitänsfunktion, also die Instanz, die die zu erreichenden Lernziele angibt, außerhalb des Regelkreises; sie wird vielmehr unter dem Titel der »normativen Ideologie« benötigt, um sich Prämissen vorgeben zu lassen. Selbstverständlich bedeutet das nicht, der informationstheoretisch vorgehende Didaktiker müsse blindlings jede Zielangabe akzeptieren und dürfe nicht über deren Legitimität nachdenken. Nur: Sofern er das tut, arbeitet er nicht mehr im Rahmen und nach den Regeln seiner Wissenschaft. Und tatsächlich ist es die erklärte Absicht einer informationstheoretisch-kybernetischen Didaktik, für alle nur denkbaren Lernziele die optimalen Handlungsanweisungen zu erarbeiten – ein Ziel, von dem wir freilich so weit entfernt sind, daß es sich nicht lohnt, darüber pessimistische oder optimistische Spekulationen anzustellen. Wichtiger ist demgegenüber, die Folgerungen aus dem Anspruch der Kybernetiker klar zu sehen. Streng genommen dürfte es nämlich keine wissenschaftlichen Möglichkeiten geben, didaktische Probleme anders als nach Maßgabe dieses Ansatzes zu behandeln. Der Gesamtzusammenhang dieses Buches ist demgegenüber darauf angelegt, zu zeigen, welche unhaltbaren Konsequenzen ein so verstümmelter Begriff von Wissenschaft nach sich zieht und unter welchen Gesichtspunkten eine wissenschaftliche Pädagogik den ganzen Bereich ihrer traditionellen Aufgaben bewahren und dennoch den informationstheoretischen Ansatz als wichtigen Bestandteil der Didaktik zuordnen kann.

Indessen ist vorerst noch auf eine weitere Besonderheit der informationstheoretischen Modelle aufmerksam zu machen. Wir hatten oben gesagt, daß eine Didaktik, die ausschließlich der positivistischen Wissenschaftsauffassung folgt, ihren Gegenstand in den empirischen Bedingungen des Lernens und der – unter Voraussetzung von Zielhypothesen erfolgenden – Konstruktion von Steuerungsmöglichkeiten haben müsse. Das gilt für die informationstheoretisch-kybernetischen Modelle allerdings nur in einem abermals eingeschränkten Sinne. Die von diesen Modellen entwickelten Lerntheorien sind primär formalisierte Theorien ohne pädagogischen, anthropologischen, psychologischen oder auch nur physiologischen Gehalt. Solche Abstraktheit ermöglicht überhaupt erst das kybernetische Programm, nämlich für verschiedene Wirklichkeitsbereiche gleichermaßen gültig sein zu wollen. Aber wenn auch dieser Ansatz keinen Unterschied zwischen Lernprozessen bei Menschen, bei Tieren und bei Maschinen zu machen braucht, so stößt die informationstheoretische Didaktik doch, sobald sie konkret wird, auf die besonderen Bedingungen des menschlichen Lernens. Es sind das die im mathematischen Modell vorhandenen Leerstellen, die mit Daten des Wirklichkeitsbereiches, auf den die Theorie angewandt werden soll, auszufüllen sind. Solche Daten, insbesondere auch darüber, wie beobachtbare Übergänge von zufälligem zu gesetzmäßigem Verhalten aus ihren Bedingungen erklärt werden können, liegen aber zur Zeit weder in dem erforderlichen Umfang noch in der beanspruchten Exaktheit vor; die Psychologie bietet eine Vielzahl miteinander konkurrierender Theorien an. Doch selbst dann, wenn eine allgemein anerkannte Gesamttheorie des Lernens in dem Sinne, wie sie die informationstheoretische Didaktik für die Ausfüllung ihrer Leerstellen sucht, vorliegen wird, kann sie nicht identisch sein mit einer befriedigenden und vollständigen Aussage über das menschliche Lernen. Denn die Rückfrage der informationstheoretischen Didaktik an Psychologie und Anthropologie – und darin liegt eine entscheidende Einschränkung gegenüber ihrem Bezug auf die empirischen Bedingungen des Lernens – ist von vornherein beschränkt auf kalkülisierbare Sachverhalte. Damit reduziert sich das empirische Interesse dieses Ansatzes auf die Aussagen der behavioristischen Psychologie.

Der Programmierte Unterricht ist keineswegs die alleinige Domäne der informationstheoretischen Didaktik, und er ist auch nicht von ihr hervorgebracht worden. Gleichwohl besteht ein enger Zusammenhang. Denn einerseits konkretisiert sich die informationstheoretische Didaktik in erster Linie an Problemen von Lehrmaschinen und ihrer Programmierung, also auf einem Felde fortgeschrittener Formen des Programmierten Unterrichts, andererseits sind in beiden Fällen gleiche oder ähnliche psychologische Voraussetzungen beansprucht. Zwar liegen inzwischen auch schon Versuche mit »entbehaviorisierten« Lehrprogrammen vor, doch zeigt die sich im Widerspruch formulierende Definition deutlich genug an, wo der Primat liegt.

a) Behaviorismus

Behaviorismus (behavio[u]r = Verhalten) ist eine in den USA verbreitete Schulrichtung der Psychologie, die im Jahre 1919 mit einem Werk von J. B. Watson eingeleitet wurde. Das charakteristische Prinzip ist hier der Verzicht auf Selbstbeobachtung und Analogieschlüsse, damit der Verzicht auf Begriffe wie Empfindung, Wahrnehmung, Aufmerksamkeit, Wille und dergleichen mehr; an Stelle dessen tritt ein einziges Begriffspaar, das Verhaltensweisen ausdrückt, die von einem außenstehenden Beobachter registrierbar sind, nämlich Reiz und Reaktion. Dieses Begriffspaar und dessen Abhängigkeitsgesetze sind der Gegenstand behavioristischer Psychologie. Das Verhalten eines Lebewesens muß demnach als eine Funktion der zu einem bestimmten Zeitpunkt wirkenden und in allen vorhergegangenen Zeitpunkten seines Lebens wirksam gewesenen Reize aufgefaßt werden – damit ist auch »Lernen« definiert, nämlich über die Reiz-Reaktions-Erfahrung eine optimale Anpassung an die Umweltbedingungen herstellen zu können. Die Aufgabe, die sich die behavioristische Psychologie gesetzt hat, besteht also darin, alles Verhalten, auch solches der geistig-seelischen Sphäre, in Reiz-Reaktions-Zusammenhänge aufzulösen, in einfachen Fällen in Reflexe, in schwierigen Fällen in bedingte Reflexe, d. h. in solche, die nicht natürlicherweise vorgegeben sind, sondern sich erst durch einen Lernprozeß einstellen. Die neuere Entwicklung des Behaviorismus hat sehr diffizile Konstruktionen hervorgebracht, um das Reiz-Reaktions-Schema festhalten zu können, auch um den Preis eines Verstoßes gegen die Eingangsthese, insofern Annahmen getroffen werden, die sich nicht oder wenigstens gegenwärtig noch nicht auf Beobachtbares zurückführen lassen. Für unseren Zusammenhang können wir diese Dinge auf sich beruhen lassen, doch wollen wir uns die vom Behaviorismus verfolgte Forschungsmethode noch mit einer Illustration verdeutlichen, die Ross Ashby unter dem Titel »black-box« in die kybernetische Terminologie eingeführt hat[25]: Wir stehen vor einem schwarzen Kasten, der nicht zu öffnen ist, aber einige Drähte, Räder tragende Wellen und Stufenschalter nach außen freigibt. Durch einen experimentellen Wechsel von »Eingaben«, d. h. hier Anschluß an Stromnetze verschiedener Stärke, ergeben sich »Ausgaben«, d. h. hier Bewegungen der Räder tragenden Wellen, so daß von diesem »Verhalten« auf die Verwendbarkeit zurückgeschlossen werden kann. Sofern das Abhängigkeitsverhältnis von »input« und »output« bekannt ist, wird der Inhalt des schwarzen Kastens für seine Verwendbarkeit uninteressant. Auf »Lernen« bezogen heißt das, daß die Frage danach, was Lernen eigentlich sei, was im Menschen vorgehe, wenn er lernt, irrelevant wird, sobald wir wissen, wie es bewirkt werden kann.

b) Programmierter Unterricht

Das weltweite Interesse am Programmierten Unterricht wurde ausgelöst im Jahre 1954 durch einen Aufsatz des amerikanischen behavioristischen Psychologen B. F. Skinner. Die große Wirkung erklärt sich nicht allein aus der vorgeschlagenen Organisation des Unterrichts, sondern auch aus den historischen Bedingungen, die Skinner antraf. Denn er war durchaus nicht der erste. Sidney Pressey hatte schon 1926 ähnliche Versuche angestellt; er war ebenfalls von der behavioristischen Lernpsychologie ausgegangen, hatte aber keine Resonanz gefunden. Der Grund für Presseys Fehlschlag ist darin zu sehen, daß die amerikanische Pädagogik der zwanziger Jahre unter dem Eindruck der vom Behaviorismus bestimmten Milieu- und Anpassungstheorie alle Unterrichtsformen auf die Sozialerziehung hin artikulierte, die High School zur allgemeinen Schule der gesamten amerikanischen Jugend machte und darum eine so extreme Individualisierung des Lernprozesses, wie sie der Programmierte Unterricht bedingt, oder gar die Vorstellung eines einsamen Lerners, der ohne Kommunikation mit anderen vor einer nur ihn allein instruierenden Lehrmaschine hockt, abwegig erschien. Skinners

Vorstoß fand demgegenüber andere Voraussetzungen: Die Egalisierung und Demokratisierung des amerikanischen Bildungswesens waren innerhalb der von der pragmatistischen Pädagogik gesetzten Grenzen abgeschlossen, und das Pendel begann zur anderen Seite auszuschlagen. Die amerikanische Gesellschaft setzte gerade, getrieben durch den technisch-wissenschaftlichen Wettlauf mit der Sowjetunion, die Sonde der Kritik an das Unterrichtswesen und beklagte die mangelnde intellektuelle Leistungsfähigkeit der Schule. In dieser Situation fielen Skinners Anregungen auf fruchtbaren Boden, weil der Programmierte Unterricht eine Verbesserung der Effektivität der Lernprozesse versprach, also genau die Stelle traf, die die Zielscheibe vielfältiger Kritik war. Da sich diese Kritik nicht auf die USA beschränkte und überdies der Programmierte Unterricht ein Mittel zu sein schien, sowohl mit seiner Rationalisierungstendenz dem Lehrermangel abzuhelfen, als auch über die mathematisch-physikalische Betrachtungsweise endlich eine strenge Wissenschaft vom Unterricht zu begründen, sah sich die Pädagogik überall mit diesem Ansatz konfrontiert (ganz abgesehen vom Druck der kommerziellen Interessen derjenigen, die Programme, Textbücher und Lehrmaschinen herstellen).

Programmierter Unterricht ist der Schritt von der Verhaltensbeobachtung zur Verhaltenskontrolle. Die Gesetze der behavioristischen Lernpsychologie, die für den Programmierten Unterricht angewandt werden, sind vorwiegend in Laborversuchen mit Tieren gewonnen worden. Dabei zeigte sich, daß das Verhalten ganz verschiedener Versuchstiere sich in der gleichen Weise beschreiben und manipulieren läßt. Daraus wurde der Schluß gezogen und in Experimenten belegt, daß auch beim Menschen das Erlernen und Bewahren eines bestimmten Verhaltens der gleichen Gesetzmäßigkeit folgt. Der entscheidende Vorgang ist aber die Verstärkung (reinforcement) des einmal eingenommenen Verhaltens. Der traditionelle Unterricht nun hat die von ihm ausgehenden Reize und Stimuli nur sehr begrenzt unter Kontrolle, vor allem aber sind die Reize nur unzulänglich auf das verlangte Verhalten, nämlich den Lernprozeß, konzentriert. Das hängt damit zusammen, daß das zentrale Bestärkungsmittel, nämlich zu erfahren, ob die Antwort oder der Lösungsversuch richtig waren, teils überhaupt nicht, teils nur mit großer zeitlicher Verzögerung (Rückgabe von Klassenarbeiten!) eingesetzt werden kann und statt dessen aversive Mittel der Verhaltenskontrolle nötig werden. Der Unterricht verstößt demnach

dauernd gegen das lerntheoretisch formulierte Rückkopplungs-
prinzip, welches besagt, daß das Ausmaß des Lernens sich umgekehrt proportional zu der Zeitspanne verhalte, die zwischen Akt
und Erfolgserfahrung liegt. Für den Programmierten Unterricht
folgt daraus, jeden Lerner für sich allein arbeiten zu lassen, ihm
unmittelbar nach jedem Schritt die Erfolgserfahrung zu geben
und – bei Skinner – auch noch das geforderte Verhalten (Wissen und Fertigkeiten) in so kleine Schritte aufzulösen, daß falsche Antworten fast unmöglich werden. Letzteres ist erforderlich, sofern Lernen als ein langsam fortschreitender, aber jedenfalls stetiger Prozeß des Einprägens von Verhaltensweisen aufgefaßt wird. Der Lerner soll gar nicht die Möglichkeit haben,
auf einen bestimmten Reiz mit mehr als einer Reaktion zu antworten, eine Auffassung, die der traditionellen Schulmeister-
maxime entspricht, niemals eine falsche Schülerantwort zu wiederholen. Der im Anschluß an Skinner entwickelte Programm-
mierte Unterricht führt darum auch die Bezeichnung »Einweg-
Programm« (mitunter auch »Lineares Programm« genannt, was
aber nicht glücklich ist, weil diese Programmierungsart nichts
mit dem algebraischen Ausdruck »linear« zu tun hat). Der Programmierte Unterricht kennt aber noch einen zweiten Typ, der
von Norman A. Crowder entwickelt wurde und als »Verzweig-
tes Programm« bekannt ist. Hier formuliert der Lerner die Antwort nicht selbst, sondern wählt aus einer Anzahl angebotener
Antworten die richtige aus (multiple-choice-system). Dieser Pro-
grammtyp läßt sehr verschiedene Formen zu, die sowohl die
individuelle Lerngeschwindigkeit des Lerners zu berücksichtigen
als bei der Wahl bestimmter Fehlantworten zusätzliche Hilfen
einzubauen vermögen. Auch bei Crowder findet Lernen in klei-
nen Schritten statt, um den Lernprozeß nach Maßgabe des Rück-
kopplungsprinzips zu gestalten. Daß hier auch falsche Antworten angeboten werden, zeigt, daß Crowder aus dem Schema
Reiz-Reaktion-Bestärkung andere Konsequenzen zieht. Allerdings entsprechen Crowder-Programme damit nicht dem Lernen
durch Versuch und Irrtum. Denn der Begriff von Trial and Error
verlangt ein Versuchsverhalten, das bei gleichbleibender Problemstellung von Fehler über Fehler zum Erfolg führt, während
die in Crowder-Programmen erfolgende Aufklärung der Fehler
die Ausgangssituation dauernd verändert: Es kommt darauf an,
aus vorgegebenen Antworten die richtige zu identifizieren, bei
einer falschen Wahl belehrt zu werden, nicht aber die Möglichkeit des Fehlers überhaupt zu unterbinden. Der Unterschied der

Programmtypen liegt also nicht darin, daß Einweg-Programme für eindeutige, verzweigte Programme für problematische Sachverhalte geeignet seien, sondern bei lerntheoretischen Prämissen. Lernpsychologie und Programmtechnologie geben indessen keine eindeutige Antwort auf die offenbleibenden didaktischen Fragen. Karl-Heinz Flechsig hat darum das Urteil über die Angemessenheit des Programmierten Unterrichts und seiner verschiedenen Formen auf den didaktisch zu klärenden »Fundierungszusammenhang zwischen Programmgestaltung und Zielsetzung« zurückverwiesen. Wie aber auch immer im einzelnen die Programmgestaltung aussehen mag, auf jeden Fall bedarf es zur Erfüllung der gestellten Anforderungen (individuelles Lernen, kleinste Schritte, sofortige Erfolgsbestätigung) Hilfsmittel der Darbietung, die von programmierten Büchern und Mappen über mechanisch betätigte oder elektrisch betriebene Apparate bis zu elektronisch gesteuerten Maschinen reichen. Und die »Lehrmaschine« ist nun der Punkt, von dem aus die informationstheoretisch-kybernetische Didaktik sich der Programmierten Instruktion zuwendet. Genaugenommen ist es selbstverständlich nicht die Lehrmaschine als solche, etwa als technisch-ingenieurwissenschaftliches Problem, sondern die Tatsache, daß hier eine Maschine an die Stelle des Lehrers tritt und darum nach einer noch allgemeineren Struktur, die Maschine und Lehrer subsumiert, zu fragen ist. Denn die Kybernetik ist ja, wie wir bereits wissen, an formalen Strukturen interessiert, die auf unterschiedliche Bereiche gleichermaßen anwendbar sind. Im vorliegenden Falle ist der gesuchte Oberbegriff der des Lehrsystems, der dem des Lernsystems gegenübersteht, wobei letzterer ebenso wie ersterer ein Mensch oder eine Maschine sein kann. Dies weist uns hin auf den wichtigen Unterschied zwischen Lehr- und Lernmaschine. Eine Lehrmaschine belehrt ein anderes System, während eine Lernmaschine selbst Lernprozesse vollzieht. Um eine solche Redeweise sinnvoll erscheinen zu lassen, muß Lernen definiert sein als die Verbesserung der Arbeitsleistung gegenüber einer vorangegangenen. Von den Informationen, die eine »lernende« Maschine aufnimmt, ist also ein Teil zur eigenen Steuerung bestimmt. Das ist bei jeder Maschine der Fall, die ihre eigene Soll-Wert-Einstellung durch einen Regler stets auf den jeweiligen Optimalwert einpendelt. Eine Lehrmaschine im kybernetischen Sinne ist ein Computer, der selber auch Lernmaschine ist, d. h., der das Lehrprogramm darbietet und dabei die Reaktionen des Lernenden als Informationen zur eigenen Steuerung aufnimmt.

Das durch Entwicklung und Einsatz von Lehrmaschinen ausge-
löste Interesse der kybernetischen Pädagogik (sie nennt sich
selbst »Pädagogistik«) am Programmierten Unterricht hat nun
zu einer spezifischen Ausprägung von Didaktik geführt, welche
die in ihrem Umkreis betriebenen Bemühungen um die Programmierte Instruktion von anderen Ansätzen, behavioristischen wie
nichtbehavioristischen, deutlich unterscheidet. Dieser Unterschied
markiert eine höhere Stufe der Rationalisierung und erfordert
ein Vorgehen, das nur informationstheoretisch-kybernetisch
möglich ist. Wir wollen uns das durch folgende Überlegungen
verdeutlichen. Der gesteigerte Lernerfolg des Programmierten
Unterrichts, also der höhere Wirkungsgrad im Verhältnis zum
traditionellen Unterricht, beruht da, wo er tatsächlich nachweisbar ist, auf der konsequenten Verfügung über die Bedingungen
des Lernens. Wenn wir alle Bedingungen kennen, können wir den
Vorgang berechnen, wir haben den Algorithmus wirksamen Lernens gefunden. (Der Begriff »Algorithmus« ist von dem Namen
eines arabischen Mathematikers abgeleitet; er bezeichnete im
Mittelalter das dekadische Zahlensystem und meint heute jedes
bis in die letzten Einzelheiten bestimmten Regeln unterworfene
mathematisch-logische Verfahren.) Der Lehralgorithmus erlaubt
die Aufstellung des Programms und macht damit den Lehrerfolg
beliebig wiederholbar, während der Lehrer im traditionellen
Unterricht seinen Algorithmus nicht kennt und darum auch nie
genau weiß, warum seine Bemühungen wechselnde Ergebnisse
bringen. Allerdings ist die Reproduzierbarkeit des Lehrerfolges
beim Programmierten Unterricht auf die Bedingungen begrenzt,
die für den jeweiligen Lehralgorithmus maßgeblich waren, also
bezogen auf ein bestimmtes Unterrichtsziel, auf ein bestimmtes
Thema und auf Lernende in einer bestimmten Situation. Sobald
sich eine Bedingung ändert, muß erneut der jeweils wirksame
Lehralgorithmus gesucht werden. Der kybernetische Ansatz setzt
nun genau an dieser Stelle an und versucht sich darin, das Programmieren selber zu programmieren oder, wie es in der Sprache
der Kybernetiker heißt, die Algorithmen wirksamen Lehralgorithmierens aufzudecken. Wenn das gelänge, würde auch die
Programmherstellung reproduzierbar und überdies – da eine
unerläßliche Voraussetzung für ein solches Unterfangen –
müßte auch ein Adressatenmodell als Kalkül vorliegen. Denn
der Lehrerfolg ist selbstverständlich nur berechenbar, insoweit

die komplexen Bewußtseinsvorgänge im Lernenden, die der klassische Behaviorismus aus methodischen Gründen ausklammert, doch aufgelöst werden können zu den Bausteinen einer Rechenoperation. Während also die bisherige Programmherstellung, ob nun streng behavioristisch oder entbehaviorisiert, so vorgeht, daß sie aus der Einsicht in die lernpsychologischen Gesetzmäßigkeiten und in das jeweilige Stoffgebiet den Programmtext gestaltet, um ihn dann im Testverfahren experimentell zu überprüfen und gegebenenfalls zu revidieren, konstruiert der Kybernetiker das Programm über ein Adressatenmodell, das aus dem Kalkül entwickelt wird. Auf diese Weise setzt er sich in eine Lage, in der sich kein anderer Programmhersteller befindet, nämlich den Lehrprogrammtext auf einem Computer simulieren und die Erzeugung des Lehralgorithmus objektivieren zu können. (Objektivierung heißt hier die Übertragung von Funktionen, die vordem in ihrer Komplexität vom Menschen geleistet wurden, ohne daß dieser die Bedingungen seines Tuns vollständig im Griff hatte, auf Maschinen.)

Der führende Vertreter der kybernetischen Pädagogik, nicht nur in Deutschland, sondern im internationalen Rahmen, ist Helmar Frank. Er hat die Diskussion um die Anwendung informationstheoretisch-kybernetischer Methoden in der Pädagogik in großem Umfang in Gang gebracht. Innerhalb der Didaktik gilt das Interesse den voll- und halbalgorithmischen »formalen Didaktiken«. Der Begriff »formal« hat hier nichts mit »formaler Bildungstheorie« oder mit der formalen Funktion des Bildungsbegriffs innerhalb der bildungstheoretischen Didaktik zu tun, deren Bedeutung wir im 1. Kapitel diskutierten. Hier begrenzt »formal« vielmehr die Gültigkeit der Aussagen dieser Didaktik auf die im Kalkül gewählten Werte. Ein Lehralgorithmus, den eine formale Didaktik im Sinne der Kybernetik erzeugt, ist also erst dann empirisch verwendbar, wenn bewiesen ist, daß die für das Adressatenmodell angenommenen Daten auf die Realität zutreffen. Einen solchen Beweis tritt diese Didaktik selbst nicht an – insofern nennt sie sich »formal«. Ihre Aufgabe besteht darin, den Algorithmus zur Erzeugung von Lehralgorithmen zu bestimmen. Ein Lehralgorithmus ($\wedge$_), so müssen wir jetzt im Verhältnis zu unseren obigen Ausführungen weiter differenzieren, enthält immer drei Größen, erstens die Menge der Lehrschritte (Y), d. h. die Schritte, die ein Lehrsystem innerhalb der Zeitspanne zwischen zwei Adressatenreaktionen liefert, zweitens die Menge der unterscheidbaren Adressatenreaktionen (R)

und drittens die sogenannte Makrostruktur (φ), die das Fluß-
diagramm des Algorithmus darstellt und voraussetzt, daß mit
jedem Lehrschritt der Adressat zur Wahl einer Reaktion aus der
Menge R aufgerufen ist. Nun muß ein Lehralgorithmus natürlich an einer Reihe von vorgegebenen Größen gemessen und beurteilt werden, an den »unabhängigen didaktischen Variablen«.
Diese Variablen hat Frank aus dem nicht-kybernetischen lerntheoretischen Modell der Didaktik von Paul Heimann entnommen und kommt so auf fünf Größen, nämlich auf Lehrziel (Z),
Lehrstoff (L), Medium (M), Psychostruktur (P) und Soziostruktur (S). Sind diese fünf unabhängigen Variablen gegeben und
ihre Werte mathematisch ausdrückbar, dann ist der gesuchte
Lehralgorithmus ein Funktionswert:

$$\wedge\_ = {}_{Df}(Y, R, \varphi) = \wedge\_ (L, M, P, S, Z)^{26}$$

Auf der Grundlage dieser Formel werden sowohl die vollalgo-
rithmische formale Didaktik ALZUDI (= Algorithmische Zu-
ordnungsdidaktik) als auch die halbalgorithmische formale Didaktik COGENDI (= Computer-generierte Didaktik) entwik-
kelt.

ALZUDI setzt mit Hilfe eines Rechners den aufgrund der vorgegebenen Variablen formulierten Lehralgorithmus in ein Lehrprogramm um. Der Lehrstoff wird eingegeben in Gestalt eines
sogenannten Basaltextes, d. h. einer vollständigen, aber redun-
danzfrei (d. h. ohne jedes überflüssige Wort) formulierten Zusammenfassung der zu übermittelnden Informationen, innerhalb
derer die Elemente verschiedenen Mengen zugeordnet werden.
Wenn wir beispielsweise in einem Lehrprogramm zur lateinischen Grammatik die Deklination von »mensa« behandeln wollen, so hätten wir drei Mengen, nämlich das lateinische Wort
»mensa«, das deutsche Wort »Tisch« und den »Casus«. Der Menge
»mensa« sind dann zehn Elemente zugeordnet, nämlich fünf
Formen Singular und fünf Formen Plural des Wortes »mensa«,
ebenso der Menge »Tisch« die entsprechenden Formen des deutschen Wortes und der Menge »Casus« als Elemente die Ausdrücke Nominativ, Genitiv usw. jeweils für Singular und Plural.
Der Basaltext muß in Einheiten abgefaßt werden, die ein Element der Menge 1 einem Element der Menge 2 zuordnen bzw.
auch Elementen weiterer Mengen oder auch verschiedenen Elementen derselben Menge; ebenso ist die Zuordnung der Mengen
selbst möglich. In unserem Beispiel könnte die erste Einheit des
Basaltextes lauten: »Das lateinische Wort ›mensa‹ heißt deutsch
›der Tisch‹ «. In diesem Fall ist die Menge 1 der Menge 2 zuge-

ordnet. Die zweite Einheit des Basaltextes könnte lauten: » ›Der Tisch‹ ist ›Nominativ Singular‹ und heißt ›mensa‹ «. Hier ist das erste Element der Menge 1 (»Der Tisch«) dem ersten Element der Menge 3 (»Nominativ Singular«) und dem ersten Element der Menge 2 (»mensa«) zugeordnet. Wenn in dem vom Rechner zu erstellenden Lehrprogramm auch Umkehrungen der Zuordnungen des Basaltextes oder Fragen auftauchen sollen, so müssen diese Formen als »Lehrquanten-Text« oder »Fragen-Text« dem Rechner eingegeben werden. Etwa: »(Leerstelle) ist der (Leerstelle)«. In diesem Lehrquant ist vorgegeben, wie ein Element der Menge 1 einem Element der Menge 3 zugeordnet werden soll. Oder: »Wie heißt (Leerstelle) auf lateinisch (Leerstelle)«. Diese Frageform schreibt vor, wie ein Element der Menge 2 mit einem Element der Menge 1 vom Lerner zu beantworten ist. Der Rechner führt alle mit dem Basaltext möglichen Zuordnungen durch, wobei die Reihenfolge, eventuell gewünschte Bevorzugungen bestimmter Zuordnungen, einige oder alle Umkehrungen vorgeschrieben werden können. Unterläuft bei den Eingaben ein formaler Fehler, so zeigt der Rechner das an der entsprechenden Stelle des ausgedruckten Programmtextes an, z. B. »Frageform fehlt für 23« oder »Lehrquant-Form fehlt für 12«. Bei sehr langen Programmen ist diese Überprüfung außerordentlich hilfreich. Nach dem gegenwärtigen Stand der Entwicklung reicht die Qualität der ALZUDI-Lehrprogramme für anspruchsvollere Aufgaben noch nicht aus. Die begrenzten Abwechslungsmöglichkeiten zwingen zur monotonen Wiederholung der gleichen Lehrschritte und Fragen, bis der Informationsgehalt »abgebaut«, d. h. im Gedächtnis des Lerners gespeichert ist. Daher sind ALZUDI-Lehrprogramme zur Zeit nur brauchbar bei reinen »Dressur-Programmen«, z. B. für Anlernvorgänge bei industrieller Fließbandarbeit mit hoher Arbeitskräftefluktuation, während der Lehrer in der Schule ein von ALZUDI erzeugtes Programm vorerst noch nicht als pädagogischen Fortschritt empfinden wird. Damit der Rechner das Lehrprogramm erstellen kann, benötigt er außer Basaltext, Lehrquanten- und Fragentexten noch weitere Eingaben. Außerordentlich wichtig ist die Simulierung der Psychostruktur, die aufgrund des Kurzspeicher-Langspeicher-Modells von Helmar Frank erfolgt. Auf eine genaue Beschreibung dieses Modells verzichten wir hier und begnügen uns mit der Feststellung, daß Frank für den Übertragungsvorgang von Informationen in das »Kurzgedächtnis« den Wertebereich von 15 bis 18 bit/sec (was bit bedeutet, wird im folgenden Abschnitt über den Informationsbegriff ausführlich erläutert) festgelegt hat. Andere Kybernetiker haben davon sehr erheblich abweichende Werte ermittelt, die von 5 bis 70 bit/sec reichen und die immerhin nahelegen, es könnten doch inhaltliche Faktoren für diese Differenzen maßgeblich sein. Aber das beträfe, wie wir oben bereits anführten, eine empirische Didaktik, nicht die »formale«, deren Gültigkeit nach Maßgabe der angenommenen, nicht der empirisch zutreffenden Werte zu beurteilen ist. Bei ALZUDI wird nun unter Zugrundelegung der angeführten Werte die Psychostruktur dadurch kalkülisiert, daß für jede Basaltexteinheit eine »Vorkenntniszahl« angegeben werden muß, also die in einer Prozentzahl ausgedrückte Wahrscheinlichkeit, mit der der Lerner die zu gebende Information bereits gespeichert hat, weiter der »Informationsgehalt des Begriffs«, d. h. dessen quantitative Formulierung aufgrund der Zeichenwahrscheinlichkeit (vgl. Seiten 73–79), und ein »Soll-Wert«, d. h. die Wahrscheinlichkeit, mit der der Lerner die Information nach Durcharbeiten des Programms gespeichert haben soll. Die Soziostruktur kann demgegenüber bisher vom Rechner nicht simuliert werden und wird deshalb ausgeklammert; sie repräsentiert die Wahrscheinlichkeitsverteilung von zusätzlichen Informationen, die nicht vom Lehrsystem gesendet und darum als »Störungsquelle« angesehen werden. Das Ziel wird über den Soll-Wert der Psychostruktur simuliert; der Rechner muß einen bestimmten Begriff so lange wiederholen, bis der Informationsgehalt abgearbeitet ist. Das Ergebnis legt der Rechner als ausgedruckten Lehrprogrammstreifen vor; es handelt sich bei ALZUDI immer um ein lineares Programm (Einweg-Programm nach Skinner). Das Medium, also der »Sender«, mit dem das Programm dem Lerner dargeboten wird, begrenzt mit seiner technischen Beschaffenheit die Menge der möglichen Adressaten-Reaktionen. Die mit ALZUDI erstellten Programme lassen sich in Lehrmaschinen einbringen, selbstverständlich auch bei Übersprechen auf Tonband und Verknüpfung mit Lichtbildern für audio-visuelle Darbietungsapparaturen zubereiten.

Der engen Grenzen wegen, innerhalb derer ALZUDI anwendbar ist, versuchen die Kybernetiker halbalgorithmische Didaktiken mit weiterreichenden Möglichkeiten zu entwickeln (COGENDI). Hier kann der Lehralgorithmus nicht vollständig objektiviert und somit maschinell erzeugt werden, vielmehr bedarf es der gestaltenden Vorarbeit des Menschen. Es ergeben sich mehr Variationsmöglichkeiten für das Psychostruktur-Modell und auch für die Lehrinhalte, weil die Begrenzung auf nur zehn aufeinander zuordnungsfähige Mengen im Basaltext entfällt. Der Basaltext kann hier also sehr viel komplexer sein; die Lehrquanten enthalten Erläuterungen und Beispiele; die vorformulierten Fragen (»Verknüpfer«) sind als Bausteine des Lehrprogramms gefaßt, in denen sowohl eine Frage zur Adressaten-Reaktion als auch die Beurteilung der vorgesehenen Reaktion enthalten ist. Der Rechner stellt aus Lehrquanten und Verknüpfern das Programm zusammen, wiederholt es so lange, bis die Information der nicht-trivialen Wörter abgebaut ist. Die nicht-trivialen Wörter entsprechen dem zu lernenden Stoff; sie erscheinen als »Fremdwörter« im Kontext, der nach einer dem Rechner eingegebenen Liste mit den häufigsten deutschen Wörtern auf seine Trivialität hin geprüft wird. Alle nicht in dieser Liste enthaltenen Wörter sind vom Rechner für das Programm zu berücksichtigen. Die Wörter werden nach ihrer Reihenfolge im Basaltext eingeführt, so daß dieser die logische Struktur wiedergeben muß. COGENDI kann das Programm durch die Angabe von Vor- bzw. Nachbereichen abwechslungsreicher als ALZUDI gestalten, d. h., bestimmte Lehrschritte werden erst nach anderen zugelassen, und aufgrund der Beurteilung der Adressaten-Reaktion können Rückführungen vorgesehen werden. Daraus ergibt sich die Möglichkeit, auch Crowder-Programme mit COGENDI zu erstellen.

Um einen konkreten Eindruck von ALZUDI zu vermitteln, bringen wir ein Beispiel, das aus dem Berliner Institut für Kybernetik stammt.[27] Der dem Rechner vorzugebende Text (= Textserie) besteht aus 9 Einzeltexten: 1. Vorspann, 2. Basaltext, 3. Vorkenntnisse und Sollwerte, 4. Formatanweisungen, 5. Steueranweisungen, 6. Anfangslehrschritte, 7. Endlehrschritte, 8. Lehrquanten-Grundformen und 9. Fragen-Grundformen. Jeder dieser Texte wird mit einem Semikolon »;«, die Aussagen innerhalb eines Textes werden mit einem Kreuz »+« abgeschlossen.

1. Der *Vorspann-Text* enthält vier Angaben: Das Sachgebiet, aus dem das Programm entnommen ist, das Alter der Adressaten, den Verfasser und das Kennzeichen des Basaltextes.

Beispiel:
ELEKTRODYNAMIK +
14—18 JAHRE +
PHYSIKO-TEAM +
PHY 7 +;

2. Der *Basaltext* hat in unserem Beispiel 6 Mengen mit jeweils mehreren Elementen: Menge 1: = physikalische Begriffe: ›Ladung Q‹, ›Stromstärke I‹ ›Spannung U‹, ›Widerstand R‹. Menge 2: = Maßeinheiten: ›1 Coulomb (CB)‹, ›1 Ampere (A)‹, ›1 Volt (V)‹, ›1 Ohm (Ω)‹. Menge 3: = Beispiele: ›Elektron 1,6 · 10^{-19} CB‹, ›Glühbirne 0,27 A‹, ›Bügeleisen 4,5 A‹, ›Lichtnetz 220 V‹, ›Glühbirne 807 Ohm‹. Menge 4: = Erklärung der Begriffe: ›Menge der freien Elektronen‹, ›Maß für den Ladungstransport‹, ›Maß für den elektrischen Zustand zwischen den geladenen Körpern‹. Menge 5: = Gesetz (Name): ›Coulombsches Gesetz‹, ›Ohmsches Gesetz‹. Menge 6: = Gesetz (Formulierung): ›K = Q1.Q2/R.R‹, ›I = Q/T‹, ›U ist direkt proportional zur Stromstärke I‹.

Die zuzuordnenden Elemente stehen im Basaltext immer zwischen Apostrophen. Hinter den Basaltextaussagen finden wir in Klammern Zahlen. Die erste Klammer enthält die Kennzahlen der Mengen, denen die zugeordneten Elemente angehören. In einer direkt dahinter stehenden Klammer sind die gegebenenfalls gewünschten Umkehrungen angegeben. Wenn also in unserem Beispiel die erste Basaltextaussage lautet: »Die elektrische ›Ladung Q‹ eines Gegenstandes wird durch die ›Menge der freien Elektronen‹ auf diesem Gegenstand erzeugt«, so ist das die Zuordnung (14). Die Umkehrung (41) bedeutet dann: Die ›Menge der freien Elektronen‹ erzeugt ›die elektrische Ladung Q‹ eines Gegenstandes. Bilden mehr als zwei Ziffern die Kennzahlangabe, etwa in unserem Beispiel in der ersten Basalteinheit 14235, so bedeutet das, daß die Zuordnungen 14, 12, 13 und 15 zu bilden sind. Sollen die Zuordnungen nicht in der Weise erfolgen, wie es der Rechner in einer ihm vorgeschriebenen Regel leistet, so wird, wie in unserem Beispiel bei der dritten Basalteinheit, hinter der Kennzahl ein Gedankenstrich gesetzt »–«, und in einer folgenden Klammer sind dann die tatsächlich gewünschten Zuordnungskennzahlen aufgeführt. Im allgemeinen bestimmt der Rechner, in welcher Reihenfolge die einzelnen Zuordnungen im Lehrprogramm eingeführt werden. In unserem Beispiel soll das aber verhindert werden – was durch Rangnummern erfolgt, die, sofern sie kleiner als 100 sind, die Anfangspositionen der Reihenfolge festlegen, sofern sie größer als 100 sind, die Endpositionen. Diese Rangnummern stehen jeweils vor einer Basalteinheit und werden mit einem Punkt abgeschlossen. Unser Beispiel hat 8 Basalteinheiten (erkennbar daran, daß am Ende stets zwei Kreuze »++« gesetzt sind). Die drei ersten Basaltexteinheiten führen bei uns die Rangnummer 1, 2 und 3, d. h., diese Zuordnungen werden als 1., 2. und 3. eingeführt; die vierte, fünfte und sechste Basaltexteinheit haben keine Rangnummern, werden in der Reihenfolge also durch den Rechner bestimmt; die siebente und achte Basaltexteinheit haben die Rangnummer 101 und 102, d. h., die siebente wird als letzte, die achte als zweitletzte eingeführt. Sofern Umkehrungen verlangt sind, werden sie zwischengeschoben. Nun finden wir in unserem Beispiel außerdem in der ersten und in der achten Basaltexteinheit hinter der Kennzahlangabe noch die in einer Klammer stehende Angabe »(NR. 2)« bzw. »(NR. 101)«. Das bedeutet, daß im Anschluß an die Zuordnung der ersten Basaltexteinheit bevorzugt die der zweiten gelehrt werden soll, im Anschluß an die achte (= Rangnummer 102) die der siebenten (= Rangnummer 101). Schließlich finden wir hinter der Kennzahlangabe der vierten und fünften Basaltexteinheit, die keine Rangnummern erhielten, das Zeichen »(NR.)«; dieses Zeichen bewirkt, daß die nächstfolgende Basaltexteinheit bevorzugt wird.

Beispiel:

»1. DIE ELEKTRISCHE ›LADUNG Q‹ EINES GEGENSTANDES WIRD DURCH DIE ›MENGE DER FREIEN ELEKTRONEN‹ AUF DIESEM GEGENSTAND ERZEUGT. + DIE MASSEINHEIT DER LADUNG IST ›1 COULOMB (CB)‹ + Z. B. IST DIE LADUNG VON EINEM ›ELEKTRON $1,6 \cdot 10^{-19}$‹ CB + DIE KRAFTWIRKUNG VON LADUNGEN AUFEINANDER WIRD DURCH DAS ›COULOMBSCHE GESETZ‹ BESCHRIEBEN. + (14235) (41) (NR. 2) ELEKTRISCHE LADUNGEN SIND DIE GRUNDLAGE DER ELEKTRIZITÄT. ++

2. DAS ›COULOMBSCHE GESETZ‹ LAUTET ›K = Q1.Q2/R.R‹. DABEI IST K DIE KRAFT ZWISCHEN DEN LADUNGEN Q1 UND Q2, R DEREN ABSTAND. + (56) ++

3. DIE ›STROMSTÄRKE I‹ IST EIN ›MASS FÜR DEN LADUNGSTRANSPORT‹ DURCH EINEN LEITER. + DIE EINHEIT DER STROMSTÄRKE IST ›AMPERE (A)‹. + Z. B. KANN DIE STROMSTÄRKE DURCH EINE ›GLÜHBIRNE 0,27 A‹ BETRAGEN. + DIE STROMSTÄRKE IST DURCH EIN ›BÜGELEISEN 4,5 A‹. + MAN BERECHNET DIE STROMSTÄRKE AUS DER LADUNG Q, DIE IN DER ZEIT T DURCH EINEN LEITER FLIESST NACH ›I = Q/T‹. + (142 336) — (14,13,13,24,21). DIE STROMSTÄRKE IST EINE DER GRUNDGRÖSSEN DER ELEKTROTECHNIK. ++

EIN ›MASS FÜR DEN ELEKTRISCHEN ZUSTAND ZWISCHEN GELADENEN KÖRPERN‹ IST DIE ›SPANNUNG U‹. + (41) (14) (NR.) ++

DIE ›SPANNUNG U‹ MISST MAN IN ›VOLT (V)‹. + IM ALLGEMEINEN IST DIE SPANNUNG AM ›LICHTNETZ 220 V‹. + IN METALLISCHEN LEITERN GILT ›U IST DIREKT PROPORTIONAL ZUR STROMSTÄRKE I‹. + (1236) (NR.) ++

SPANNUNG UND STROMSTÄRKE WERDEN DURCH DAS ›OHMSCHE GE-

SETZ‹ VERKNÜPFT: ›U IST DIREKT PROPORTIONAL ZUR STROMSTÄRKE
I‹. + (56) ++
101. DURCH ›R = U/I‹ DEFINIERT MAN DEN ELEKTRISCHEN ›WIDER-
STAND R‹ EINES LEITERS, DURCH DEN BEI DER SPANNUNG U DIE
STROMSTÄRKE I FLIESST. + (41) ++
102. DER ELEKTRISCHE ›WIDERSTAND R‹ WIRD IN ›OHM‹ GEMESSEN. +
Z. B. KANN EINE ›GLÜHBIRNE 807 OHM‹ WIDERSTAND HABEN. +
R WIRD BESTIMMT ALS VERHÄLTNIS VON SPANNUNG ZU STROM-
STÄRKE, ALSO ›R = U/I‹. . + A (1234) (21,41) (NR. 101) ACHTUNG:
U = R. I IST NICHT DAS OHMSCHE GESETZ. ++;‹

3. Die *Vorkenntnisse und Sollwerte* sind für alle Zuordnungen
jeder Basaltexteinheit angegeben, und zwar in zweistelligen
Zahlen, die als Prozentzahlen zu verstehen sind. Die erste Zahl
gibt die Vorkenntnisse an, die zweite, durch einen Punkt von der
ersten getrennte Zahl gibt den Sollwert an. »30.70« heißt, daß
die fragliche Zuordnung mit einer Wahrscheinlichkeit von 30
Prozent dem Lerner bereits bekannt ist und daß diese Wahrscheinlichkeit nach dem Durcharbeiten des Programms 70 Prozent betragen soll. Wenn für die Umkehrungen keine eigene
Angabe gemacht ist, nimmt der Rechner den gleichen Sollwert
an und berechnet als Vorkenntnis für die Umkehrung $1/2$ (Vorkenntnis + Sollwert der einfachen Zuordnung).

Beispiel:
»30.70, 0.70, 30.60, 40.70, 0.60+
0.60+
0.50, 0.60, 30.50, 30.50, 20.40+
0.40+
30.60, 30.60, 30.60+
0.50+
0.50+
20.50, 0.50, 20.60, 0.50+;‹

4. Die *Formatanweisung* und
5. die *Steueranweisungen* lassen wir hier außer Betracht.
6. Die *Anfangslehrschritte* stellen vorprogrammierte einleitende
Lehrschritte dar, mit denen das Programm beginnen soll. In unserem Beispiel gehören dazu auch zwei in Klammern stehende
Urteile als Antworten auf zwei Fragen.

Beispiel:
»DAS FOLGENDE LEHRPROGRAMM WURDE MIT HILFE EINES ELEKTRO-
NENRECHNERS ERZEUGT. +
DAS ZUGRUNDE LIEGENDE MASCHINENPROGRAMM HAT DEN NAMEN
›ALZUDI 2‹. ES HANDELT SICH UM EINIGE GRUNDBEGRIFFE DER ELEK-

TROTECHNIK, WIE LADUNG, SPANNUNG, STROMSTÄRKE UND WIDER-
STAND. +
UM WELCHES GEBIET HANDELT ES SICH HIER?* + (ELEKTROTECHNIK) +
+ WIE HEISST DAS ZUGRUNDE LIEGENDE MASCHINENPROGRAMM?* +
(ALZUDI 2) +;«

7. Die *Abschlußlehrschritte* sind in der gleichen Weise wie die
Anfangslehrschritte vorprogrammiert; sie beenden das Lehrprogramm.

Beispiel:

»DAMIT SIND WIR AM ENDE DES LEHRPROGRAMMS ANGELANGT. +
WIR HOFFEN, DASS ES GUT VERSTÄNDLICH UND ABWECHSLUNGS-
REICH WAR. +;«

8. Die *Lehrquanten* sind die Grundformen, in die die zuzuordnenden Elemente eingepaßt werden. Werden dem Rechner keine
Lehrquanten vorgegeben, dann erscheinen die Zuordnungen jeder Basaltexteinheit im Lehrprogramm so, daß der zugehörige
Teil der Aussage als Lehrquant erscheint. Dann dürfen freilich
keine Umkehrungen verlangt werden, weil für die Umkehrung
ja eine andere sprachliche Grundform erforderlich ist. Die Lehrquanten lassen für die zuzuordnenden Elemente Leerstellen, in
unserem Beispiel mit dem Prozentzeichen % gekennzeichnet.
Vor jeder Grundform steht in Klammern die Kennzahl, über
die der Rechner erkennt, welcher Typ von Zuordnungen eingepaßt werden soll.

Beispiel:

»(12) ALS MASSEINHEIT FÜR % VERWENDET MAN %.+
 (14) UNTER % VERSTEHT MAN %.+
 (13) EIN BEISPIEL FÜR % IST %.+
 (15) IM ZUSAMMENHANG MIT % GILT DAS %.+
 (41) DIE % BEZEICHNET MAN ALS %.+
 (56) DAS % LAUTET % δ ..+
 (12) ZU % GEHÖRT DIE EINHEIT %.+
 (16) % BERECHNET MAN DURCH %.+
 (21) % IST DIE MASSEINHEIT FÜR %.+
 (41) % DEFINIERT %.+
 (61) AUS % BERECHNET MAN %.+
 (13) FÜR % IST EIN BEISPIEL: %.+;«

9. Die *Fragen* sind die Grundformen für die im Lehrprogramm
abzufragenden Zuordnungen.

»(12) WAS IST DIE MASSEINHEIT FÜR %? %+

(13) GIB EIN BEISPIEL FÜR %. %+

(14) WIE WIRD % DEFINIERT?* %+

(15) WELCHES GESETZ GILT IN ZUSAMMENHANG MIT %? %+

(16) WIE BERECHNET MAN %? %+

(21) WELCHE GRÖSSE GEHÖRT ZU %?* %+

(41) WIE ERKLÄRT MAN %? %+

(56) WIE HEISST DAS %? %+

(61) WAS BERECHNET DIE FORMEL %? %+;«

Das Lehrprogramm, welches der Rechner nach den hier genannten Anweisungen ausdruckt, hat zu viele Lehrschritte, als daß es im ganzen wiedergegeben werden könnte. Um einen Eindruck von dem Ergebnis zu vermitteln, folgen hier unter Weglassung der vorprogrammierten Anfangslehrschritte einige Schritte, mit denen das vom Rechner erzeugte Programm beginnt:

nr.　4

die elektrische ›ladung q‹ eines gegenstandes wird durch die ›menge der freien elektronen‹ auf diesem gegenstand erzeugt. wie wird ›ladung q‹ definiert & . . . & ›menge der freien elektronen‹ &

nr.　5

die ›menge der freien elektronen‹ bezeichnet man als ›ladung q‹. wie erklaert man ›menge der freien elektronen‹ & . . . & ›ladung q‹ &

nr.　6

die ›menge der freien elektronen‹ bezeichnet man als ›ladung q‹. wie erklaert man ›menge der freien elektronen‹ & . . . & ›ladung q‹ &

nr.　7

die masseinheit der ladung ist ›1 coulomb (cb)‹ was ist die masseinheit fuer ›ladung q‹ & . . . & ›1 coulomb (cb)‹ &

(Der Rechner druckt das Zeichen »&« als Fragezeichen, als Begrenzung der Leerstelle, in die der Lernende seine Antwort einsetzen soll, und hinter die richtige Lösung. Die Identität der Lehrschritte 5 und 6 – und vieler weiterer – ist ein Kennzeichen für die begrenzten Möglichkeiten von ALZUDI im gegenwärtigen Entwicklungsstadium. Der Lehrschritt 4 vollzieht die Zuordnung 14, die Lehrschritte 5 und 6 die Umkehrung 41, der Lehrschritt 7 die Zuordnung 12, so wie es in der Basaltextangabe gefordert und wie es durch die für die abzufragenden Zuordnungen vorprogrammierten Frageformen fixiert war.)

Selbstverständlich kann man darüber streiten, ob es sehr sinnvoll ist, für das algorithmische Lehralgorithmieren den Begriff Didaktik zu verwenden. Wolfgang Schulz hat in diesem Sinne darauf hingewiesen, daß alle durch die erforderlichen Einschränkungen der Fragestellung ausgeblendeten Probleme zusammen den größten Teil des Gegenstandes der Didaktik ausmachten. Auf den ersten Blick hin scheint der Einwand richtig zu sein, denn von den fünf unabhängigen didaktischen Variablen fällt nur M (Medium) zentral in den kybernetischen Ansatz, während die anderen als »Vorgaben« beansprucht werden müssen, ganz abgesehen davon, daß auch die Bestimmung der fünf Variablen selbst eine »Vorgabe« darstellt, deren Bearbeitung als »Didaktik« zu bezeichnen ist. Tatsächlich ist dieser Bezugsrahmen, wie oben bereits erwähnt, der lerntheoretischen Didaktik in der von Paul Heimann entwickelten Form entnommen. Wir werden weiter unten dieses Modell ausführlich behandeln und dabei feststellen, daß es nur aufgrund von Überlegungen zu erstellen war, die dem informationstheoretisch-kybernetischen Ansatz verschlossen sind. So könnte man folgern, der Lehralgorithmus $\wedge$_ bezeichne innerhalb der kybernetischen Didaktik dasjenige, was traditionellerweise »Methode« heiße. Andererseits sind die Rückwirkungen, die eine vollentwickelte und zu überzeugenden Ergebnissen kommende Objektivierung des Lehralgorithmierens – was zur Zeit noch keineswegs der Fall ist – auf die von ihr nur als »Vorgaben« beanspruchten Größen haben muß, wahrscheinlich so erheblich, daß man von einem selbständigen Ansatz innerhalb der Didaktik sprechen darf. Das ist freilich nur dann der Fall, wenn, wie hier von uns vorausgesetzt, dieser Ansatz nicht isoliert bleibt, sondern seine produktive Funktion innerhalb des übergreifenden Zusammenhanges einnimmt.

Der Informationsbegriff

In unseren bisherigen Ausführungen haben wir vorwiegend *über* die informationstheoretisch-kybernetischen Modelle gesprochen, nicht haben wir selbst uns deren Vorgehens befleißigt. Dazu sind einige Voraussetzungen erforderlich; in den Abschnitten über ALZUDI und COGENDI bemerkten wir bereits, wie wenig den Überlegungen zu folgen ist, wenn nicht bekannt ist, wie »Information« meßbar und mathematisch ausdrückbar wird. Die Schwierigkeiten bei der Lektüre von Beiträgen zur kybernetischen Didaktik liegen für Nichtmathematiker im mathematischen Bereich. Sie sind aber nur scheinbar Folge einer zu komprimierten Darstellung oder des Mangels an Erläuterungen für Unkundige. Tatsächlich braucht sich niemand abschrecken zu lassen, weil die Ermutigung, die der Kybernetiker Ross Ashby gegeben hat, durchaus zutrifft: »Die grundlegenden Gedanken der Kybernetik sind ganz einfach und können ohne Rückgriff auf die elektronische Datenverarbeitung behandelt werden;... Wenn die Sache in der Alltagssprache dargestellt, gut verstanden und sorgfältig schrittweise entwickelt wird, dann – das ist die Überzeugung des Autors – gibt es keinen Grund, warum ein Leser mit nur elementaren mathematischen Kenntnissen nicht zu einem umfassenden Verständnis ihrer grundlegenden Prinzipien gelangen sollte.«[28] In diesem Sinne wollen wir mit einer elementaren Darstellung des Informationsbegriffs die ersten Voraussetzungen für ein Eindringen in die kybernetische Didaktik legen.

Das lateinische Wort »informatio« meint eigentlich Vorstellung oder Begriff, hat aber bereits im Spät- und Mittellateinischen den auch von uns umgangssprachlich übernommenen Sinn von Unterweisung und Belehrung. Verbalen Aussagen und durch die Sinnesorgane registrierten Empfindungen, den sogenannten Beobachtungen, sprechen wir einen bestimmten Informationswert zu, und zwar nach Maßgabe der Bedeutung, die die fragliche Information für den Empfänger hat. Als definierter, mathematisch ausdrückbarer Fachterminus der Nachrichtentechnik und Kybernetik heißt »Information« etwas anderes. Denn die »Bedeutung«, der »Sinn« eines Satzes kann nicht gemessen werden, also gerade dasjenige nicht, was uns in der Umgangssprache als das Informative einer Information erscheint. Für die Informationstheorie ist Information nur insoweit interessant, wie deren »Sinn« nicht zur Debatte steht. Nach dieser Auskunft könnte der Laie geneigt sein, hinsichtlich einer informationstheoretisch-kybernetischen Didaktik zu resignieren, weil ihm dünkt, pädagogisch gehe es allein um die Bedeutung der dem Lernenden zu vermittelnden Informationen. Ein solcher Schluß wäre indessen voreilig. Wir können uns das verdeutlichen, wenn wir vom umgangssprachlichen Gebrauch unseres Begriffes ausgehen und von da aus zu seiner wissenschaftlichen Funktion hinüberleiten. In einem Haushalt, in dem die Wahrscheinlichkeit, daß der Kamm neben der Butter liegt, ebensogroß ist wie jede andere Möglichkeit, ist für den Suchenden die Information: »Der Kamm liegt an der Stelle x (z. B.: auf der Fensterbank des Badezimmers)« nützlicher als in einem Haushalt, in dem ein Kamm überhaupt nur im Badezimmer denkbar ist und darum dort auf der Fensterbank auch ohne Hinweis bald gefunden wäre, während im ersten Fall die Suchaktion auf die gesamte Wohnung erstreckt werden müßte. Die Differenz bemißt sich nach dem unterschiedlichen Repertoire an Möglichkeiten für »Stellen x«, die in den beiden Haushaltungen zur Verfügung stehen. Die in beiden Fällen als Information gegebenen identischen Sätze »der Kamm liegt an der Stelle x« kann man nach dem semantischen Sinn nicht unterscheiden, wohl aber nach ihrem Informationswert für den Adressaten. Das Beispiel lehrt zweierlei: Zunächst einmal sehen wir, daß ein die Bedeutung suspendierendes Messen sinnvoll ist, zum anderen, daß dieses Messen erfolgen kann über den Umweg der Ungewißheit, mit der ein Ereignis verbunden ist und die offenbar abhängig bleibt von der Zahl gleich wahrscheinlicher Möglichkeiten. Je größer die Zahl der Möglichkeiten, desto größer die Ungewißheit und demzufolge um so größer der Wert der Information, die Gewißheit verschafft.

Die Maßeinheit wird in der Regel ausgehend von der Binärziffer definiert. Das binäre Zahlensystem besitzt nur zwei Symbole (1 und 0), im Unterschied zu den zehn Symbolen in dem uns vertrauten Dezimalsystem. Während im Zehnersystem mit einer Ziffer eine Alternative aus $10^1 = 10$ Möglichkeiten spezifiziert werden kann, mit 2 Ziffern eine aus $10^2 = 100$ und mit 3 Ziffern eine aus $10^3 = 1000$ usw., läßt sich im Zweiersystem mit einer Ziffer eine aus nur $2^1 = 2$ Möglichkeiten, mit zwei Ziffern $2^2 = 4$, mit drei Ziffern $2^3 = 8$ Möglichkeiten usw. bestimmen. Das binäre Zahlensystem wird in der Informationstheorie darum verwandt, weil so kodierte Nachrichten von Maschinen »verstanden« werden können (1: = Stromimpuls, 0: = kein Stromimpuls). Ein Element im Binärkode heißt Bit (Abkürzung von binary digit = Zweierschritt). Die informationstheoretische Maßeinheit bit wird im Gegensatz zu Bit (= Binärziffer) immer klein geschrieben und auch im Plural ohne »s«. Sie wird so festgelegt, daß der Informationswert eines Ereignisses aus zwei gleichwahrscheinlichen Möglichkeiten (Wahrscheinlichkeit = $1/2$) 1 bit ist. Im Beispiel: Ein undurchsichtiger Behälter ist mit der gleichen Anzahl schwarzer und weißer Kugeln gefüllt. Wird eine Kugel herausgegriffen, so hat die damit gegebene Information über die Farbe dieser Kugel den Wert von 1 bit. Dementsprechend ist der Informationswert eines Ereignisses aus vier gleichwahrscheinlichen Möglichkeiten (Wahrscheinlichkeit = $1/4$) 2 bit usw. In diesen Fällen ist der Informationswert also gleich der

Anzahl der Binärziffern (Bits), die zur Kodierung des Ereignisses mindestens nötig sind. Zunächst verallgemeinern wir diese Definition für den Fall, daß die Anzahl möglicher gleichwahrscheinlicher Ereignisse nicht eine Potenz von 2 ($2^0 = 1$, $2^1 = 2$, $2^2 = 4$, $2^3 = 8$ usw.) ist.

Wir legen fest: $H = ld\ m$. Hier ist H der Informationswert, gemessen in bit, m die Anzahl gleichwahrscheinlicher Ereignisse; ld bezeichnet den Logarithmus zur Basis 2 (ebenso wie log üblicherweise den Logarithmus zur Basis 10 bezeichnet; Logarithmen zur Basis 2 werden ebenso wie Logarithmen zur Basis 10 einer Logarithmentafel entnommen. Steht nur eine Tabelle der dekadischen Logarithmen zur Verfügung, so kann man den Logarithmus zur Basis 2 nach folgender Formel berechnen:

$ld\ x = \dfrac{\log x}{\log 2}$). Für den Fall gleichwahrscheinlicher Ereignisse, deren Anzahl eine Potenz von 2 (2^0, 2^1, 2^2, ... ; allgemein 2^n) ist, ergibt sich auch nach dieser Definition als Informationswert die Anzahl der Binärziffern (Bits), wie es unsere erste Festlegung verlangte. Denn aus $H = ld\ m$ folgt nach der Definition des Logarithmus, daß $m = 2^H$ ist. Ist also m eine Potenz von 2 (z. B. 8), dann ist H eine ganze Zahl (bei $m = 8$ wäre es 3, weil $8 = 2^3$), und nach unseren obigen Überlegungen benötigen wir genau 3 Bits, um diese Information zu kodieren. Wir haben jetzt aber auch eine Festlegung für den Fall getroffen, daß m nicht eine Potenz von 2 ist, z. B. $m = 7$. Um die Zahlen von 1 bis 7 in Binärziffern zu schreiben, benötigen wir mindestens 3 Bits: $1 \triangleq 001$, $2 \triangleq 010$, $3 \triangleq 011$, $4 \triangleq 100$, $5 \triangleq 101$, $6 \triangleq 110$, $7 \triangleq 111$. Wir könnten allerdings mit 3 Bits noch eine weitere Binärkodierung bilden, nämlich 000. Die Möglichkeiten sind also nicht voll ausgeschöpft. Demzufolge ergibt sich auch nach unserer Definition des Informationswertes für gleichwahrscheinliche Ereignisse im Falle von $m = 7$ ein Wert, der unter 3 liegt, nämlich: $H = ld\ 7 = 2,8$ bit. Erst bei $m = 8$ ergibt sich 3; man könnte die 8 also mit 000 kodieren. Bei fortlaufender Kodierung verschiedener Werte in Binärziffern wäre das natürlich unpraktisch, und deshalb nimmt man bei den Potenzzahlen von 2 eine Stelle mehr, als im Minimalfall nötig wäre, also $8 \triangleq 1\ 000$.

Liegt ein Schachbrett mit $8 \times 8 = 64$ Feldern vor uns und soll ein bestimmtes Feld identifiziert werden, so gilt: $H = ld\ 64 = 6$ bit. Konkret bedeutet das, daß 6 Fragen notwendig sind, um die Aufgabe zu lösen. Man könnte natürlich auch blindlings raten: »Ist es dieses Feld, ist es jenes Feld?« Und man könnte zufällig mit weniger als 6 Fragen das richtige Feld treffen. Geht man aber systematisch vor, um mit der geringsten Zahl Fragen, die mit Sicherheit zum Ziel führen, zu operieren, so sind die jeweils gegebenen Möglichkeiten zu halbieren, damit »Ja« und »Nein« als Antwort gleich wahrscheinlich sind. Beim Schachbrett müssen dann, wie jeder leicht nachprüfen kann, 6 Fragen ausreichen. Darauf beruht ja auch die Taktik bei den meisten Ratespielen. Das sogenannte Personenraten wird eröffnet mit der Frage: »Ist es ein Mann?«, wodurch die Gesamtzahl der Möglichkeiten (alle Personen) halbiert ist (männlich/weiblich). Die nächsten Fragen können dann allerdings – im Unterschied zum Schachbrett – kaum mehr nach dieser Regel gestellt werden, doch zeichnet sich ein guter Rater gerade dadurch aus, daß er immer wieder die Wahrscheinlichkeiten wenigstens schätzungsweise zu halbieren vermag. Die Möglichkeiten treten natürlich nur selten als Potenzzahlen der Basis 2 auf, wie das beim Schachbrett der Fall ist. Beim Würfel z. B. ergibt sich als Ergebnis: $H = ld\ 6 = 2{,}58$ bit. Was kann das heißen? Nun, wenn wir uns den Würfel als Fläche auslegen und entsprechend der Handlungsregel vorgehen, zeigt sich der Sinn sogleich an, nämlich daß entweder 2 oder 3 Fragen zur Identifizierung einer Fläche nötig sind, eben weil die zweite Frage die dann verbliebenen 3 Möglichkeiten nicht mehr halbieren kann und es somit Zufall ist, ob bereits die zweite Frage das gesuchte Feld trifft oder ob eine weitere notwendig ist.

Bei gleichwahrscheinlichen Möglichkeiten ist die Wahrscheinlichkeit p einer einzelnen Möglichkeit $p = \dfrac{1}{m}$, also $m = \dfrac{1}{p}$. Diese neue Schreibweise führt zu $H = ld\ \dfrac{1}{p}$. Wir erweitern jetzt unsere Definition des Informationswertes auf den Fall nicht notwendig gleichwahrscheinlicher Ereignisse, indem wir zulassen, daß p die Wahrscheinlichkeit eines Ereignisses aus einer Menge nicht notwendig gleichwahrscheinlicher Ereignisse ist. Wir schreiben dann für den Informationswert des Ereignisses i den Ausdruck $h_i = ld\ \dfrac{1}{p_i}$, wobei p_i die Wahrscheinlichkeit des Ereignisses bezeichnet. Die Behandlung von Ereignissen mit ungleicher Wahrscheinlichkeit macht die Unterscheidung von H (= durchschnittliche Information aller möglichen Ereignisse) und h (= Information eines Einzelereignisses) notwendig. Denn bei gleichwahrscheinlichen Ereignissen sind H und h notwendig identisch, während sie bei ungleicher Wahrscheinlichkeit differieren müssen.

Kehren wir zu unserem Beispiel zurück und nehmen wir an, der Behälter sei zu 90 Prozent mit schwarzen und zu 10 Prozent mit weißen Kugeln gefüllt, dann gilt für die mit dem Hervorbringen einer schwarzen Kugel verbundene Information

$$h \text{ (schwarz)} = \text{ld } \frac{1}{0,9} = \text{ld } 1,11 = 0,15 \text{ bit}$$

und entsprechend für eine weiße Kugel

$$h \text{ (weiß)} = \text{ld } \frac{1}{0,1} = \text{ld } 10 = 3,32 \text{ bit}.$$

Dieses Ergebnis leuchtet unmittelbar ein. Denn sofern bekannt ist, daß der Behälter zu 90 Prozent mit schwarzen Kugeln gefüllt ist, bedeutet das Ziehen einer schwarzen Kugel nur eine geringe Information: Sie bestätigt genau das, was wir erwartet hatten; das Ziehen einer weißen Kugel ist hingegen eine Überraschung und bringt somit eine höhere Information. Es wäre indessen verfehlt, das subjektive Überraschtsein mit dem Informationswert eines Ereignisses gleichzusetzen. Denn der Informationswert ist eine Funktion der objektiven Wahrscheinlichkeit des fraglichen Ereignisses, während unsere subjektive Überraschung sich bemißt nach der Wahrscheinlichkeit anderer Möglichkeiten. Das läßt sich leicht zeigen, indem eine von zehn Zahlen zufällig auszuwählen ist: Der Informationswert für die gezogene Zahl würde lauten: $x = \text{ld } \dfrac{1}{0,1} = \text{ld } 10 = 3,32 \text{ bit}$, d. h.

genauso wie beim Ziehen der weißen Kugel unter den oben bezeichneten Bedingungen. Das Ziehen einer unter zehn Zahlen würde aber subjektiv keinerlei Überraschung motivieren, weil ja jede der anderen neun Möglichkeiten ebenso wahrscheinlich ist. Werden viele Kugeln aus unserem Behälter gezogen, so läßt sich aus dem Mittel aller h (schwarz) und h (weiß) Werte die durchschnittliche Information H gewinnen. Wir müssen dabei berücksichtigen, daß schwarze Kugeln neunmal so oft wie weiße erscheinen werden und also die beiden für h errechneten Werte mit ihrer Wahrscheinlichkeit zu »wiegen« sind:

$$H = 0,15 \cdot 0,9 + 3,32 \cdot 0,1 = 0,47 \text{ bit}.$$

Vergleichen wir dieses Ergebnis mit dem von uns zunächst angenommenen Fall eines gleichmäßigen Anteils von schwarzen und weißen Kugeln, bei dem sich für $H = \text{ld } 2 = 1 \text{ bit}$ ergab, so sehen wir, daß bei ungleichmäßiger Verteilung der Informationswert (oder, was dasselbe ist: die vorhergehende Ungewißheit, ob schwarz oder weiß gezogen wird) geringer ist. Das kann nicht erstaunen, weil ja jede Abweichung von der Gleichverteilung die Wahrscheinlichkeit erhöht, daß ein bestimmtes Ereignis eintreten wird. Gehen wir nun von dem konkreten Beispiel ab und fassen wir unsere Berechnung in allgemeinen Ausdrücken, bezogen auf n Alternativen, so erhalten wir:

$$H = h_1 \cdot p_1 + h_2 \cdot p_2 + h_3 \cdot p_3 \ldots + h_i \cdot p_i \ldots + h_n \cdot p_n$$

Dabei gilt nach Definition der Wahrscheinlichkeit

$$p_1 + p_2 + p_3 + \ldots + p_n = 1 \text{ oder } \sum_{i=1}^{N} p_i = 1$$

(Diese Festlegung bedeutet: Wenn wir als Ereignis das Erscheinen einer der sechs Ziffern auf einem Würfel nehmen, so ist die Wahrscheinlichkeit dafür, daß entweder 1 oder 2 oder 3 oder 4 oder 5 oder 6 gewürfelt wird, gleich 1, d. h. es ist hundertprozentig sicher). Danach können wir unsere Berechnung in allgemeinen Ausdrücken, bezogen auf n Möglichkeiten, auch schreiben:

$$\text{ben: } H = \sum_{i=1}^{N} h_i \cdot p_i$$

Das heißt, daß die Summe der Informationswerte aller einzelnen Möglichkeiten, multipliziert mit der jeweils zugehörigen Wahrscheinlichkeit, die mit dem fraglichen Ereignis gegebene durchschnittliche Information ergibt. Da, wie oben ausgeführt, $h_i = ld \dfrac{1}{p_i}$ ist, können wir die Formel auch ausschließlich durch die Wahrscheinlichkeit p ausdrücken, nämlich:

$$H = \sum_{i=1}^{N} p_i \cdot ld \frac{1}{p_i}$$

oder auch, da $\log \dfrac{1}{x} = - \log x$:

$$H = -\sum_{i=1}^{N} p_i \cdot ld \, p_i$$

Mit dieser Formel, die auf die Arbeiten von Claude E. Shannon und Norbert Wiener zurückgeht, haben wir in elementarer Form und unter Verzicht auf alle komplizierten Erwägungen den Informationsbegriff vorliegen. Unsere Darstellung lehnte sich an Ausführungen von Attneave an.

Der mittlere Informationsgehalt H wird in der kybernetischen Literatur auch als Entropie bezeichnet. An diesen Begriff wollen wir für unsere weitere Darstellung anknüpfen, weil er besonders geeignet ist, die Anwendung der Informationstheorie auf Lernvorgänge zu erklären. Der Entropiebegriff (*ντροπίηε* = Wendung, Umwandlung) bezeichnet im physikalischen Bereich den Energieverlust bei einem Vorgang durch Umwandlung in Wärme. Dieser Verlust ist unvermeidlich, weil physikalische Vorgänge in nur statistisch erfaßbare Wechselwirkungen vieler Einzelsysteme aufgelöst werden können, diese bei gleichem statistischen Gewicht aller Einzelakte stets dem statistisch häufigsten Zustand der Gleichverteilung zustreben. Wenn man in einem Gefäß schwarze und weiße Kugeln in Schichten ordnet, so wird durch längeres Schütteln mit Sicherheit eine gleichmäßige Durchmischung erreicht werden. (Alle technischen Mischvorrichtungen beruhen auf diesem Prinzip.) Demgemäß geht bei allen makrophysikalischen Vorgängen ein bestimmter Bruchteil grob verteilter Energie als Wärme auf die Feinverteilung über, der sie wegen ihres statistischen Gleichgewichts nicht wieder entzogen werden kann. Das ist der Inhalt des zweiten Hauptsatzes der Thermodynamik, des Entropie-Satzes: In einem abgeschlossenen thermodynamischen System nimmt die Entropie stets zu. Ihr mathematischer Ausdruck zur Erfassung der zufälligen Verteilung in einem thermodynamischen System, beispielsweise von Gasmolekülen in einem abgeschlossenen Raum, findet sich in der gleichen Formel, die wir für das Informationsmaß angezeigt hatten. Auf diese Übereinstimmung machte Shannon aufmerksam, und in diesem Sachverhalt ist die informationstheoretische Inanspruchnahme des physikalischen Begriffs begründet. Indessen verlaufen die Prozesse konträr: Die thermodynamischen tendieren zur gleichmäßigen Verteilung ihrer Elemente, also zur größten Mischung oder Unordnung, während Informationsprozesse gerade umgekehrt von Ungewißheit zur eindeutigen Gewißheit oder Ordnung streben. Daher hat Wiener in diesem Zusammenhang von negativer Entropie oder auch, wie es sich in der Literatur eingebürgert hat, von Negentropie gesprochen. Informationstheoretisch besteht das Ziel, wie von Cube schreibt, im Abbau von Information: Ein Problem ist gelöst, wenn es für den Lernenden keine Information mehr enthält (H = 0). Dieser letztere Satz ist allerdings von dem aus betrachtet, was wir bisher behandelt haben, nicht voll verständlich. In unserem Beispiel mit den schwarzen und weißen Kugeln waren wir davon ausgegangen, daß uns das Verhältnis der Farben im Behälter (9 : 1) bekannt sei. Nur auf dieser Grundlage konnten wir die Wahrscheinlichkeit für das Ziehen schwarzer und weißer Kugeln errechnen. Die Ergebnisse bezeichneten die objektive Information, die mit dem Ziehen einer schwarzen bzw. einer weißen Kugel verbunden ist. Wenn ich aber das Farbenverhältnis nicht kenne, so ist die subjektive Information zunächst sehr viel größer; erst nachdem eine gewisse Zahl von Kugeln gezogen ist, erlerne ich allmählich die objektive Wahrscheinlichkeit, und dabei verringert sich in gleichem Maße die subjektive Information. Allerdings kann H hier niemals 0 werden: Denn beim Ziehen einer Kugel ist die Erwartung ihrer Farbe ja immer nur eine Wahrscheinlichkeit. Das tatsächliche Auftreten einer Farbe ergibt also eine Information, mindestens die, die wir im Beispiel als objektives Maß errechneten. Anders verhält es sich demgegenüber beim Auswendiglernen, informationstheoretisch gesprochen: bei der Speicherung eines Textes auf dem Repertoire einer bestimmten Zeichenzahl. Wir hatten zu Anfang gesagt, daß das Messen der Information über den Umweg der Ungewißheit erfolge. Danach ist Information nur über solche Sachverhalte möglich, die dem Empfänger unbekannt sind. Ist ein Text auswendig gelernt, dann kann er dem Empfänger keine weitere Information mehr bieten, d. h., bei erneuter Lektüre hat er die subjektive Information null. Daraus folgt, daß auch das Auswendiglernen ein Prozeß abnehmender Entropie ist. Als dritte Möglichkeit nennt von Cube dann noch den Fall, mehrere Zeichen zu neuen Informationseinheiten zusammenzusetzen (Buchstaben zu Wörtern, Wörter zu Sätzen, Töne zu Melodien, Wahrnehmungselemente zu Gestalten usw.). Diese Überlegung führt er zu dem Satz, bei der Erlangung von Einsicht handle es sich um die Zusammenfassung des fraglichen Problems zu einem Zeichen. Einsicht bedeutet, daß die subjektive Information $H = ld\ 1 = 0$ bit gewonnen wurde: Das Problem ist bekannt.[29] Der Schluß von ld »eins« zu »Ein«-sicht ist freilich mehr ein Wortspiel als eine weiterführende Erkenntnis. Die Unterscheidung verschiedener Lernvorgänge nach der Art ihres Informationsabbaus ist ja noch lange kein Beweis dafür, daß damit eine für den Vorgang entscheidende Seite getroffen ist.

Immerhin zeigt sich an, daß man mit der Informationstheorie, ebenso wie mit vielen anderen Theorien, Aspekte von Wirklichkeit »interpretieren« kann. Wie aber wird Wirklichkeit verändert?

Redundanztheorie des Lernens

Felix von Cube hat Didaktik, allgemeiner als Frank, als die Wissenschaft von den möglichen Eingriffen in Lernprozesse definiert. Da nun Lernprozesse in informationstheoretischer Sicht informationsabbauende sind, muß die Didaktik die Prinzipien erforschen, mit denen solche Vorgänge erzeugt oder beschleunigt werden können: Redundanztheorie des Lernens. Redundanz R (redundantia = Überfülle im Ausdruck) heißt wörtlich Weitschweifigkeit. Informationstheoretisch wird sie ausgedrückt als komplementäre Größe zur Entropie: $R = 1 - \dfrac{H}{H \max}$. In unserem Kugelbeispiel hatten wir bei einem 9 : 1-Verhältnis der schwarzen und weißen Kugeln für H = 0,47 bit errechnet (H max ergibt sich bei Gleichverteilung und wäre in unserem Beispiel H = ld 2 = 1 bit), so daß die Redundanz beim Ziehen einer Reihe von Kugeln $R = 1 - \dfrac{0,47}{1} = 0,53$ oder 53 Prozent beträgt. Damit ist nun folgendes gesagt. Wenn ich 100 Kugeln aus dem Behälter ziehe und ich wollte diesen Vorgang vollständig beschreiben, so könnte das theoretisch mit 47 Binärziffern gelingen. Dazu müßte freilich ein sehr effektiver Code zur Verschlüsselung entwickelt werden. Denn die einfache Zuordnung der Binärzeichen 1 und 0 zu den Ereignissen »schwarze Kugel« und »weiße Kugel« würde logischerweise für 100 Kugeln 100 Binärziffern erfordern. Eine solche Beschreibung wäre aber länger als notwendig: Sie könnte durch geeignete Kodierung um 53 Prozent verringert werden. Daraus sehen wir deutlicher als zuvor, daß der mittlere Informationswert oder die Entropie H einen maximalen, d. h. völlig redundanzfreien Wert repräsentiert. Da Lernprozesse sich aber nun im Sinne der Negentropie als informationsabbauende vollziehen, müssen sie zugleich als Vorgänge subjektiven Redundanzgewinns aufgefaßt werden. Nehmen wir beispielsweise einmal an, einem Lerner werde ein Text vorgelegt, dessen Sprache er nicht kennt, der aber in den ihm bekannten lateinischen Buchstaben geschrieben ist. Um den Text zu lesen, muß der Lerner buchstabenweise vorgehen, weil er die Buchstabenhäufigkeit der fremden Sprache nicht kennt. Bei 32 Buchstaben- und Satzzeichen hat dann jedes auftretende Zeichen für den Lerner den Informationsgehalt von H = ld 32 = 5 bit. Besteht der gesamte Text aus 74 Zeichen, so hat er einen Informationsgehalt von 74 · 5 = 370 bit. Um in den Überlegungen fortzuschreiten, bedarf es nun jener Werte, die wir bei ALZUDI unter dem Titel des Adressatenmodells kennengelernt haben: Wir müssen wissen, wieviel bit/sec an Information aufgenommen werden. Stützen wir uns auf den von Frank unterstellten Wert von 15 bit/sec für das »Kurzgedächtnis«, so braucht der Lerner 24,6 sec, um den Text einmal zu »lesen« bzw. als Buchstabenfolge durchzugehen. Wird jetzt noch ein weiterer Wert eingeführt, nämlich wieviel bit/sec der Lerner im Dauergedächtnis speichert (ein sehr viel niedrigerer Wert!), so wird berechenbar, nach wieviel Lesungen der Informationsgehalt gespeichert, d. h. »abgebaut« bzw. subjektive Redundanz gewonnen ist.

Gemäß den oben bereits angedeuteten drei Möglichkeiten von Informationsabbau entwickelt von Cube mit der Redundanztheorie des Lernens drei Eigenschaften, die ein lernfähiger Empfänger besitzen muß:

a) In einem endlichen Zeitintervall streben die subjektiven Wahrscheinlichkeiten des Empfängers gegen die objektiven Wahrscheinlichkeiten des Senders – Wahrscheinlichkeitslernen = informationelle Akkommodation (Angleichung) und Approximation (Annäherung).

b) Der Empfänger muß einen Kurzspeicher und ein Dauergedächtnis besitzen mit jeweils konstanter Informationsaufnahmekapazität – Auswendiglernen = mechanische Speicherung.

c) Der Empfänger muß Superzeichen bilden können, d. h. mehrere Elemente der Information zu größeren Einheiten zusammenfassen (Übergang von Buchstaben zu Wörtern, von Wörtern zu Sätzen usw.), ein Vorgang, der die Information besonders schnell verringert und dementsprechend schnell ordnungsaufbauend wirkt.

Die bisher mit der Redundanztheorie des Lernens erbrachten Forschungsergebnisse sind nur mathematische Formulierungen von ohnehin bekannten Sachverhalten. Von Cube und Gunzenhäuser behandeln in ihrer »mechanischen Didaktik« die Frage, wie man die Anzahl der Wiederholungen eines Textes herabsetzen kann, wie man also schneller und besser memorieren lernt: Beim Auswendiglernen von Telefonnummern ist die Gesamtzahl der Zeichen in Ziffernpaare zu zerlegen, usw. usw. Ein Skeptiker mag es trivial finden, aber das wäre natürlich kein Einwand gegen die mögliche Fruchtbarkeit des Ansatzes. Denn auch auf allen anderen Gebieten der naturwissenschaftlichen Betrachtungsweise waren die Anfänge ähnlich bescheiden. Die weitergehenden Konsequenzen sind klar erkennbar, wenn auch die Vorstellung, die kybernetische Didaktik werde schon in naher Zukunft der Schule effektive Instrumente zur Verbesserung ihrer Arbeit bieten können, einigen Optimismus verlangt.

Verhaltenssteuerung und Erziehung

Die heilsame Herausforderung der traditionellen Pädagogik durch die informationstheoretische Didaktik leidet nach dem gegenwärtigen Stand der Diskussion allerdings an einem schweren Handikap. Dabei ist nicht so sehr an emotionale Einwände gegen den Übergriff der Technisierung auf Erziehungsvorgänge zu denken. Manche Kybernetiker gefallen sich zwar in der Rolle dessen, der von blindwütigen Reaktionären umstellt und behindert ist, aber daran findet sich nicht viel Wahres. Wohl gibt es gelegentlich religiös, ethisch oder pädagogisch instrumentierte Klagerufe, insbesondere darüber, daß die bisher allein dem Menschen vorbehaltenen Qualitäten des Denkens und Lernens nun auch Maschinen zugesprochen werden; indessen handelt es sich dabei erstens um Rückzugspositionen, die nicht einmal mit ihrem eigenen Anspruch übereinstimmen, und zweitens um ein sachliches Fehlurteil. Denn nicht den Maschinen werden menschliche Eigenschaften appliziert, sondern umgekehrt, der Mensch wird in mechanischer Begrenzung gesehen, und zwar darum, weil das, was in bezug auf Maschinen sinnvoll »Lernen« heißen kann – »Verbesserung einer Arbeitsleistung gegenüber der vorhergehenden«[30] –, genau definierbar ist, nicht aber der Vorgang des menschlichen Lernens. Nun sollte der Sachverhalt als solcher nicht zu beanstanden sein, weil die Reduktion der komplexen Phänomene auf das Definier- und Berechenbare für jeden technologischen Fortschritt unerläßlich ist. Die Schwierigkeit entsteht erst dadurch, daß Kybernetiker sich der methodisch erforderlichen Problemverkürzung nicht voll bewußt sind und überdies in die pädagogische Wissenschaft eindringen mit einer auf Ignoranz gegründeten Mißachtung der bisherigen Arbeiten dieser Disziplin. Gerade dadurch wird die Einordnung des informationstheoretischen Ansatzes in die Didaktik gehemmt und erschwert, weil die Erziehungswissenschaftler vor eine doppelte Aufgabe gestellt sind: einerseits die neuen Aspekte zu assimilieren, andererseits zugleich den großen Horizont der pädagogischen Fragestellung gegen naheliegende Verkürzungen festzuhalten.

Eine erste kritische Darstellung dieses Zusammenhanges hat Werner S. Nicklis geleistet. Sie ist hier nicht zu referieren, vielmehr soll nur punktuell die Problematik illustriert werden. Informationstheoretisch beeinflußte Unterrichtsmodelle beginnen mit Hypothesen wie der oben von uns schon einmal zitierten: »Angenommen, irgendein Staat will, daß die Jugendlichen zu Nichtrauchern erzogen werden.« Nun könnte, nach den vorausgesetzten Regeln, ebenso gefordert werden, Raucher, Arbeitssklaven, Revolutionäre, brave Untertanen, Diebe oder Soldaten zu »erziehen«. Die Effektivität des jeweils intendierten Vorganges von Verhaltens- oder Bewußtseinssteuerung wird zum Kriterium, während die Frage des Rechtmäßigen, wie sie im Begriff der Erziehung zur Diskussion gestellt ist, entschwindet. Wir nehmen nun hier den Faden auf an einer Stelle, an der Karl Steinbuch, führender deutscher Kybernetiker, über Schuld und Verantwortung reflektiert.[31] Da Schuld Willensfreiheit voraussetzt, diese aber nicht erweisbar ist, folgert Steinbuch, daß ein Mensch keine Verantwortung im Sinne von Schuld tragen könne. Nun läßt die Tatsache, daß Freiheit theoretisch unerweislich, keinesfalls den Schluß zu, sie sei deshalb als nicht existent erwiesen – der negative Beweis ist ebenso metaphysisch wie der positive. Daran kann kein Zweifel bestehen; ebenso wenig daran, daß Freiheit, obschon theoretisch unbewiesen, dennoch Postulat der praktischen Vernunft zu sein vermag. Nun hat die neopositivistische, analytische Wissenschaftstheorie, der auch die Kybernetik verpflichtet ist, die Unterscheidung zwischen einem Reich der Notwendigkeit, in dem die unverbrüchliche Naturgesetzlichkeit walte, und einem Reich der Freiheit, in dem das Sittengesetz herrsche und dem demzufolge nicht kausale, sondern nur moralische Begriffe angemessen seien, als unwissenschaftlich abgewiesen. Eine solche Unterscheidung bringe nur »Scheinprobleme« hervor. Dieser These muß auch derjenige, der ihre positivistischen Voraussetzungen für verfehlt hält, etwas Richtiges einräumen.

In diesem Sinne hat Theodor W. Adorno gezeigt, inwiefern die idealistische Philosophie seit Kant dazu tendierte, die Idee der

Freiheit in einen Gegensatz zur einzelwissenschaftlichen Erforschung des Menschen zu setzen, dem die Leerheit der Sätze über
die Willensfreiheit bei den nichtkongenialen Nachfolgern dieser
Philosophie folgte; und in der Pädagogik, wo sie schließlich nur
noch deklamatorischen Wert hatten, erklären sie die heute
allenthalben zu konstatierende Bereitschaft, sich von solchen
Fragen gänzlich loszusprechen, sobald eine in sich stimmige, empirisch beweisbare Effektivität versprechende Didaktik auftritt.
Der Preis dafür aber ist eine prinzipielle Verengung der möglichen Problemstellungen innerhalb der empirischen Wissenschaften, die selber zu einer unhaltbaren Ideologie wird. Denn wenn
nur vom »Verhalten« des Menschen und dessen Gesetzmäßigkeiten, nicht mehr von Freiheit und Willen die Rede sein darf, dann
müßte man alle Bestimmungen des Ichs, »wie der Behaviorismus
tatsächlich plante, einfach zurückübersetzen in Reaktionsweisen
und Einzelreaktionen, die sich dann verfestigt hätten. Außer
Betracht bleibt, daß das Verfestigte neue Qualitäten hervorbringt gegenüber den Reflexen, aus denen es entstanden sein
mag...« So »setzt der positivistische Begriff der ›Reaktion‹ un-
vergleichlich mehr voraus, als er zugesteht: passive Abhängigkeit
von der je gegebenen Situation. Eskamotiert wird a priori die
Wechselwirkung von Subjekt und Objekt, Spontaneität schon
durch die Methode ausgeschlossen, im Einklang mit der Anpas-
sungsideologie, welche den Menschen, dienstfertig dem Weltlauf,
nochmals jenes Moment theoretisch abgewöhnt.«[32] Indem Adorno die verdeckten historischen und gesellschaftlichen Hintergründe des kategorischen Imperativs, also des von Kant einer
Kritik der praktischen Vernunft entrungenen Sittengesetzes,
aufdeckt, holt er mit einer Metakritik der praktischen Vernunft
die verunstaltete und schließlich zum Scheinproblem erklärte
Frage, ob Freiheit sei, als *Frage* für die wissenschaftliche Reflexion zurück. Adornos These, kein semantisches Tabu könne die
Probleme, die der Sache selbst impliziert sind, ersticken, finden
wir in der neueren Entwicklung der Sozialwissenschaften vielfach bestätigt, und zwar durchaus nicht nur bei Autoren, die sich
des Instrumentariums von Adorno und der Frankfurter Schule
der Soziologie bedienen. So wird beispielsweise die Rollentheo-
rie, die in der gegenwärtigen Soziologie eine Schlüsselstellung
einnimmt, von Ralf Dahrendorf mit genau jener kantischen
Unterscheidung zwischen Naturkausalität und Freiheit begründet, die nach positivistisch-analytischer Auffassung unzulässig
sein soll[33]; so stellt auch Bella K. Milmed in Amerika die Rück-

frage an die empiritische Wissenschaftsauffassung, inwieweit sie sich mit dem kantischen Problemniveau messen könne.[34] Entscheidend für unseren Zusammenhang ist dabei, daß diese um Handlungstheorie und Freiheitsantinomie[35] kreisende Erörterung keinesfalls das Nachhutgefecht einer überholten und vielfältig diskreditierten Philosophie gegen die modernen Erfahrungswissenschaften markiert, sondern aus deren Mitte selber hervorgeht, gewissermaßen schon im »Rücken des Positivismus« (Habermas) postiert ist. Daher kann es nicht wundern, daß die verpönten Fragestellungen selbst in der kybernetischen Literatur wieder auftauchen, wenn auch oft naiv und unzulänglich formuliert. Das zeigt sich exemplarisch bei Karl Steinbuch. Seine eben erwähnten Reflexionen über Schuld und Verantwortung entbehren der in den Sozialwissenschaften wiedergewonnenen Verbindung mit dem Problemhorizont der großen Philosophie; er ignoriert den Unterschied von *Beweisen* der theoretischen Vernunft und *Postulaten* der praktischen Vernunft, gerät dadurch in Widersprüche, die sich schließlich auch auf das bei den kybernetischen Didaktikern vorherrschende Verständnis von »Erziehung« übertragen. Denn Steinbuch fährt fort, im Interesse des gemeinsamen Lebens und seiner Ordnung müßten natürlich bestimmte »Fehlleistungen« mit »Nachteilen« quittiert werden – ganz unabhängig von einer Schuldfrage. Diese Überlegung gestattet ihm dann, eine identische Verhaltenssteuerung für Mensch und Automat ansetzen zu können. Insofern nämlich der »lernende Automat« auf Lust/Unlust programmierbar wird (Lust: = fixiere das Verhalten, das zu diesem Ergebnis geführt hat; Unlust: = ändere das Verhalten, das zu diesem Ergebnis geführt hat), kann er für Fehlleistungen mit Nachteilen (= Unlustinformationen) bedacht werden. »Automaten«, so heißt es bei Steinbuch, »welche solche inneren Funktionen besitzen, können dann *genauso erzogen werden wie Menschen*«.[36] Stellt man sich auf Steinbuchs Standpunkt, daß Freiheit, da theoretisch nicht erweisbar, nicht sei und demzufolge keine Veranlassung bestehe, von Moralität zu sprechen, so mag der Gedankengang kohärent erscheinen. Aber Steinbuch selbst kann ihn nicht festhalten; er wirbt für die allgemeine Anerkennung der Kybernetik mit dem Hinweis auf deren ideologiezerstörende Funktion, die dem deutschen Volke in der gegenwärtigen historischen Lage angemessen sei, da dieses Volk »schwere moralische Schuld« auf sich geladen habe.[37] Wo kommt jetzt die »moralische Schuld« her? – muß die logische Frage lauten. Warum die positivistische Wissenschaftsauffassung zu solchen Widersprüchen führt, die freilich nicht immer so handgreiflich und primitiv zu sein brauchen, werden wir weiter unten in anderem Zusammenhang noch einmal ausführlicher erörtern. Hier sei nur noch ein Blick auf den von Steinbuch für das Lust-Unlust-Schema reduzierten Erziehungsbegriff geworfen: Die Gesetze der Verhaltenssteuerung sind zunächst an Tieren gewonnen worden. Ihre Anwendung nennt sich Dressur. Hier trifft durchaus zu, was Steinbuch sagt, nämlich daß es keinen Sinn habe, von Schuld zu sprechen, sondern nur von Fehlleistungen, die mit Nachteilen quittiert werden. Es ist auch einzuräumen, daß Elternhaus, Sozialverbände und Schule faktisch mit Verhaltenssteuerung und Informationsübertragungen auf den Nachwuchs einwirken und einwirken müssen. Die Pädagogik hat diesen immens wichtigen Bereich stark vernachlässigt; der Nachholbedarf muß mit den Mitteln, die Kybernetik und Lernpsychologie bieten, ausgefüllt werden. Darin besteht die große Bedeutung einer informationstheoretischen Didaktik. Aber ihre Entfaltungsmöglichkeit wird gehemmt, wenn sie prätendiert, mit den ihr immanenten Prinzipien den ganzen Umkreis menschlichen Lernens im pädagogischen Verstande und damit den Sinn von Erziehung zu umfassen. »Das größte Problem der Erziehung ist, wie man die Unterwerfung unter den gesetzlichen Zwang (Verhaltenssteuerung!) mit der Fähigkeit, sich seiner Freiheit zu bedienen, vereinigen kann. Denn Zwang ist nötig. Wie kultiviere ich aber die Freiheit bei dem Zwange?«[38] Erziehung zur Moralität ist nicht Steuerung eines Menschen zu legalem Verhalten, sondern Freigabe von Gesinnung. Von daher ist aller Didaktik *eine* Problemstellung vorgegeben. Das heißt nicht, daß sie aus dieser ableitbar wäre, und erst recht nicht, daß sie sie als Alibi für den Verzicht auf kontrollierbare Sätze benutzen dürfte, wohl aber, daß sie ihr verpflichtet bleibt. Andernfalls müßte die Einheit von Theorie – im emanzipatorischen, nicht allein technologischen Sinne – und Praxis prinzipiell zerbrechen, Pädagogik ihr Ethos verlieren und tatsächlich das werden, was gelegentlich bereits definiert wurde, nämlich ein »Sammelbegriff für angewandte Wissenschaften, die sich mit der Veränderung von Verhaltensweisen beschäftigen«.[39]

3. Kapitel

Lerntheoretische Modelle

Allgemeine Kennzeichnung lern- oder lehrtheoretischer Modelle

Die bisher von uns skizzierten Ansätze in der gegenwärtigen Didaktik bezeichnen zugleich die extrem auseinanderliegenden Außenpositionen, bei denen zunächst nicht abzusehen ist, inwiefern sie auf den gleichen Sachverhalt bezogen sind, ja mehr noch, wie überhaupt ein Berührungspunkt genannt werden könnte. Denn die modernen informationstheoretisch-kybernetischen Modelle stehen den traditionell-bildungstheoretischen in scharfer Entgegensetzung gegenüber, sowohl hinsichtlich der jeweils beanspruchten Wissenschaftsauffassung als auch hinsichtlich der von der Didaktik aufzunehmenden Fragestellungen. Große und faszinierende Aussichten wird jeder Zeitgenosse, der am Fortschritt der dem Menschen verfügbaren Eingriffsmöglichkeiten in die von ihm selbst gewollten Handlungsprozesse interessiert ist, dem kybernetischen Ansatz als Versprechungen für die Zukunft zugestehen; er wird dabei vielleicht auch eine Entlastung empfinden gegenüber den anstrengenden und im Sinne der positivistischen Forschungspraxis nie fortschreitenden Spekulationen der Bildungsphilosophie. Andererseits sind ungelöste Probleme nicht aus der Welt zu schaffen, indem man sie ignoriert. Jedes dahingehende methodologische Arrangement verschiebt die Schwierigkeiten nur an eine andere Stelle, an der sie dann, wenn mitunter auch mit neuem Namen, wieder aufbrechen. Für die kybernetische Didaktik ist das evident: Würde Didaktik als Ganzes sich auf die hier verlangte Borniertheit einlassen, so müßte sie jene nur scheinbar wertneutrale Exaktheit im Dienste der bestehenden Herrschaftsstrukturen erlangen, die, wie wir in unserer Einleitung andeuteten, Siegfried Bernfeld schon im Jahre 1925 behauptete. Darauf wird sich die traditionelle Pädagogik nicht einlassen wollen. Deren Widerstand könnte man möglicherweise als das Rückzugsgefecht von Positionen einer ohnehin abgelaufenen Epoche übergehen. Aber auch moderne Richtungen der Erziehungswissenschaft, die gerade erst von der soziologischen Ideologiekritik gelernt haben, die gesellschaftlichen und ideologischen Implikationen aller pädagogischen Setzungen zu sehen, auch solcher, die sich auf empirisch belegte Tatbestände stützen können, werden hier nicht mitmachen wollen. Unter diesem Gesichtspunkt hatten wir die Prognose gewagt, der informationstheoretisch-kybernetische Ansatz in der Didaktik werde nur dann seine Möglichkeiten voll entfalten können, wenn er in einen seine eigenen Prämissen übergreifenden Horizont eingestellt werde.

Einen solchen größeren Horizont beanspruchen neuere Konzeptionen der Didaktik, die weder als bildungstheoretische zu bezeichnen sind, obschon sie einen Teil von deren Fragestellungen übernehmen, noch Informationstheorie und Kybernetik zu ihrer Grundlage nehmen, obschon sie den für Unterricht und Erziehung sich eröffnenden technischen Möglichkeiten den Weg bereiten wollen. *Eine* dieser Konzeptionen bezeichnet sich selbst als lerntheoretische, gelegentlich auch als »Berliner Schule der Didaktik«, dann als lehrtheoretische, schließlich, um die Verwirrung vollständig zu machen, auch als »kritische Didaktik«. Sie wurde von Paul Heimann begonnen, von dessen Schüler Wolfgang Schulz weitergeführt und erfreut sich heute großer Verbreitung. Die ursprüngliche terminologische Festlegung auf »Lerntheorie«, die sich aber, sollten Mißverständnisse vermieden werden, nicht halten ließ, erforderte von Anfang an klärende Vorbemerkungen. Denn selbstverständlich enthält eine jede Didaktik, ja jeder pädagogisch gemeinte Zusammenhang eine ausgesprochene oder unausgesprochene Vorstellung von »Lernen«, die im weiteren Sinne des Wortes als »Theorie« bezeichnet wird, zumindest von denen, die diese Vorstellungen teilen. So lassen sich in den Werken der großen Klassiker der Pädagogik, etwa bei Comenius, Rousseau, Pestalozzi, besonders aber bei Herbart, die jeweils maßgeblichen »Lerntheorien« identifizieren; ebenso bei den neueren Entwürfen der bildungstheoretischen Didaktik. Wenn indessen in der gegenwärtigen Diskussion ein didaktischer Ansatz als lerntheoretischer bezeichnet wird, so ist ein anderer Bedeutungssinn zu vermuten. Als erstes wäre an eine Didaktik zu denken, die sich streng an psychologische Lerntheorien anschlösse. Damit würden wir aber zwangsläufig auf die Theorie des Programmierten Unterrichtes und, nebst den notwendigen Einschränkungen, auf die informationstheoretisch-kybernetischen Modelle geführt. Aber auch eine weiter gefaßte »psychologische Didaktik«, wie sie beispielsweise Hans Aebli im Anschluß an Jean Piaget vertritt, ließe schwerlich den von uns gesuchten größeren Horizont erwarten. Tatsächlich ist der Zusammenhang zwischen der sich selbst als »lerntheoretisch« bezeichnenden Didaktik und der Lernpsychologie nicht so eng, daß man von einem unmittelbaren Anschluß oder gar einer Ableitung sprechen dürfte. Paul Heimann selbst sagt auch verhältnismäßig vorsichtig von der Begriffsbildung der von ihm vertretenen Didaktik, sie sei weniger an bildungstheoretischen als vielmehr an lerntheoretischen Auffassungen orientiert. Didaktik wird dabei verstanden als eine Theorie des Unterrichtes, die – der Intention nach – alle im Unterricht auftretenden Erscheinungen und Bedingungen der wissenschaftlichen Kontrolle unterwirft. Ein solches umfassendes Programm setzt von vornherein eine über den Unterricht und die sich in ihm vollziehenden Lernprozesse hinausgreifende Fragestellung voraus. Denn der Unterricht steht unter mannigfachen Bedingungen, die ihm vorgegeben sind und die man kennen muß, wenn die lückenlose Kontrolle erstrebt wird. So führt lerntheoretische Didaktik zu Untersuchungen über die personellen und materiellen Voraussetzungen schulischen Lehrgeschehens, über Schulziele von Schülern, Eltern und Lehrern, über Rollenproblematik und Statusunsicherheit der Lehrer, über Zielvorstellungen in Schulgesetzen und Lehrplänen, über Lehrtendenzen in Schulbüchern, über didaktische Trends in Schulordnungen und Unterrichtsentwürfen, über Probleme der Steuerung des Unterrichtsprozesses und der Effektivitätskontrolle sowie über die Beziehungen aller Einzelfaktoren zueinander. Dabei stützt sich diese Didaktik auf die Methodologie der empirischen Sozialforschung und bezieht alle thematisch einschlägigen Ergebnisse der Sozialwissenschaften in die Betrachtungen ein, ohne durch ein pädagogisches Eigenständigkeitspostulat behindert zu sein. Mit diesem Hinweis kommen wir dem Sachverhalt schon näher. Denn »Lerntheorie« als bestimmendes Kennzeichen dieses didaktischen Modells kann schon allein darum keine strenge Fixierung auf die Lernpsychologie bedeuten, weil die Problemstellungen zum großen Teil soziologischer oder sozialpsychologischer Art sind. Da die letzteren von der deutschen Pädagogik erst sehr spät und nur zögernd aufgenommen wurden, ist schon eher eine Kampfstellung zu vermuten, wie sie sich in dem oben angeführten Heimann-Zitat andeutete. Zwar rekurriert die lerntheoretische Didaktik *auch* auf die amerikanische Lernpsychologie, insbesondere in der Form, in der Heinrich Roth sie dem deutschen Leser zugänglich gemacht hat. Primär aber handelt es sich bei der Begriffsbildung um eine polemische Wendung gegen die bildungstheoretische Didaktik. Der Terminus »Lerntheorie« soll als erstes anzeigen, daß Didaktik nicht unter dem Primat des Bildungsbegriffes verstanden wird. Die Strukturen und Kategorien des bildungstheoretischen Ansatzes seien so allgemein, daß sie für den Schulalltag folgenlos blieben. Die reale Folge davon aber sei die Auslieferung des Unterrichts an didaktische Kompendier- und Hintertreppenliteratur. Es ist also zunächst ein rein pragmatischer Gesichtspunkt, unter dem der Bildungsbegriff als ungeeignet erscheint, auf ihm eine praktikable Didaktik zu entfalten, nämlich die behauptete Folgenlosigkeit des bildungstheoretischen Ansatzes. Damit wird der Bildungsbegriff aber nicht gänzlich ausgemerzt, auch nicht innerhalb der didaktischen Theorie – wie in den informationstheoretisch-kybernetischen Modellen –, sondern es wird ihm lediglich die zentrale Funktion bestritten und statt dessen ein abhängiger Stellenwert angewiesen. Jedenfalls räumt lerntheoretische Didaktik ein, daß sich die Zweckmäßigkeit didaktischer Maßnahmen nur von den Zielen her beurteilen läßt, zu deren Verwirklichung sie eingesetzt werden. Diesem Gesichtspunkt in der Didaktik gebührend Geltung verschafft zu haben, bezeichnet Wolfgang Schulz ausdrücklich als Verdienst von Erich Weniger und Wolfgang Klafki. Allerdings erhebt sich sogleich die von uns schon verschiedentlich berührte Frage, inwieweit die Wissenschaft überhaupt über »Ziele« verfügen kann. Es gibt Auffassungen, nach denen es die vornehmste Aufgabe der Erziehungswissenschaft ist, eine Übereinkunft über die Ziele herbeizuführen, ebenso aber auch entgegenstehende, die die Zielfrage ausklammern und einer metawissenschaftlichen, als Ideologie gekennzeichneten normativen Pädagogik zuweisen. Ein rein deskriptiver Ansatz muß es als Aufgabe einer wissenschaftlichen Didaktik ansehen, die erklärten wie tatsächlich erstrebten Ziele als Bestandteile der pädagogischen Wirklichkeit »Unterricht« zu beschreiben. Die lerntheoretische Didaktik läßt diese Frage nun zunächst auf sich beruhen und konstatiert demgegenüber, daß mit den Vertretern aller Ansätze darüber Einigkeit herzustellen sei, daß Unterrichtsziele, wie auch immer intendiert, erklärt und semantisch eindeutig umschrieben werden können. Eindeutige Angaben sind in der Tat, wie jedermann einräumen wird, die Voraussetzung dafür, die für ein Ziel aufgebotenen Argumente befragbar zu machen, um so eine empirische Bewährungskontrolle zu ermöglichen, also das Geforderte an dem tatsächlich Geschehenen zu messen. Jeder Lehrer befindet sich in dieser Lage, wenn er die ihm aufgegebenen Lehrplanformulierungen mit dem vergleicht, was sein Unterricht leistet. Manche Ziele entziehen sich freilich möglicher Erfolgskontrolle, teils prinzipiell, weil sie so allgemein, vage oder hochtrabend gefaßt sind, daß sie keine operationable Behandlung zulassen, teils nur faktisch für den Lehrer, weil sie sich auf ein gewünschtes Verhalten beziehen, welches der Lernende erst nach Ende seiner Schulzeit bewähren oder vermissen lassen kann. Auf diese Problematik der Zielangaben in Lehrplänen kommen wir unten in einem Kapitel über Lehrplantheorien zurück; hier bedeutet der Hinweis noch keine Einschränkung, weil der Lehrer auch in schlechten Lehrplänen wenigstens einige unmittelbar prüfbare Ziele für seinen Unterricht angewiesen bekommt oder aber diese sich mit seiner Unterrichtsplanung selber setzt. Mit welchen Mitteln und dementsprechend mit welcher Exaktheit der einzelne Lehrer einen solchen Vergleich durchführen kann, ist noch eine andere Frage, die wir hier nicht weiter verfolgen wollen. Zu vermuten ist, daß er sich in der Regel in erheblicher Selbsttäuschung über die Effektivität seines Unterrichts befindet. Gerade daraus ergibt sich die Notwendigkeit, objektive Instrumente der Leistungsmessung zu entwickeln und ihre Anwendung selbstverständlich zu machen. Indessen sind die Ergebnisse solcher und anderer Detailuntersuchungen nur dann nützlich, wenn ihre Stelle im didaktischen Strukturzusammenhang angebbar ist. Um diesen deutlich hervortreten zu lassen, ist eine der Folgerungen besonders wichtig, die die lerntheoretische Didaktik aus dem Angedeuteten gezogen hat. Im wesentlichen ist das die von Heimann und Schulz immer wieder eingeschärfte These von dem nicht hintergehbaren Implikationszusammenhang, der zwischen inhaltlichen und methodischen Entscheidungen besteht. Damit ist zweierlei gemeint, nämlich einmal, daß jede Unterrichtsmethode inhaltliche Vorentscheidungen enthält, auch wenn sie diese nicht sichtbar macht, und zum anderen, daß inhaltliche Zielsetzungen für den Unterricht nicht ohne Bezugnahme auf ihre mögliche oder ausbleibende methodische Durchsetzung sein können. Dieser Doppelgesichtspunkt, der Vorder- und Rückseite der gleichen Sache beleuchtet, muß noch weiter erläutert werden. Zuvor ist aber darauf aufmerksam zu machen, daß hier ein systematischer Grund für die vermittelnde Stellung des lerntheoretischen Ansatzes zwischen den Extremen zu suchen ist. Denn beide anderen Positionen finden sich gerade durch diese These gleichermaßen kritisiert: die informationstheoretische Didaktik, weil sie sich anheischig macht, Eingriffsmöglichkeiten in Lernprozesse und die optimalen Bedingungen der Informationsübertragung zu erforschen, ohne auf die Bedeutung der zu übermittelnden Informationen und ihre Inhaltlichkeit zu rekurrieren, vielmehr die so aufgebaute Didaktik den verschiedenen Zielsetzungen als Technologie anzubieten; die bildungstheoretische Didaktik, weil sie gerade umgekehrt die Inhaltsproblematik zu ihrem zentralen Thema macht, ohne der mit der Methodenfrage verbundenen Bewährungskontrolle *konstituierende* Bedeutung einzuräumen, diese vielmehr zu einem eigenen Gebiet macht, das erst nach Abschluß der didaktischen Erwägungen im engeren Gebiet zu bearbeiten sei.

Der Implikationszusammenhang von inhaltlichen und methodischen Entscheidungen

Der didaktische Implikationszusammenhang von inhaltlichen und methodischen Entscheidungen ist also offenbar von grundlegender Bedeutung; er soll darum im einzelnen erläutert werden. Gunther Eigler hat ihn am Beispiel von Herbart und Kerschensteiner illustriert, und zwar an die Adresse des Programmierten Unterrichts gerichtet, d. h. in der Absicht, die inhaltlichen Festlegungen der Methodenlehre anzuzeigen. Das Meisterstück der herbartianischen Pädagogik war die berühmt-berüchtigte Formalstufentheorie, die bis in die ersten Jahrzehnte des 20. Jahrhunderts hinein Schulstuben und Lehrerseminare beherrschte, dann von der pädagogischen Reformbewegung verpönt und fast völlig verdrängt wurde, heute aber im Zusammenhang des Programmierten Unterrichts neues Interesse gewinnt, weil sie eine Theorie der »kleinsten Schritte« enthält. Nach der Formalstufentheorie hat der Unterricht in einem Wechsel von Besinnung und Vertiefung zu erfolgen, und zwar gegliedert in vier Stufen: Stufe der Klarheit (die im Unterricht neu dargebotenen Vorstellungen müssen im einzelnen klar erfaßt werden), Stufe der Assoziation (das klar Erfaßte muß miteinander verbunden werden), Stufe des Systems (der neue Zusammenhang muß auf den Vorstellungskreis des Schülers bezogen werden), Stufe der Methode (der Lerngewinn muß durch Übung und Anwendung befestigt werden). Herbarts Schüler, die sogenannten Herbartianer, haben die Formalstufentheorie weiter entwickelt, differenziert und in gewisser Weise verfälscht. Der Unterschied zwischen Herbart und den Herbartianern braucht uns nicht weiter zu stören; denn unser Interesse gilt allein der Tatsache, daß die Formalstufentheorie im Zusammenhang der Herbartschen Lehre vom »erziehenden Unterricht« steht: Erzogen ist der Mensch, wenn sein Vorstellungskreis es ihm erlaubt, Willensverhältnisse sittlich zu beurteilen. Dieses Ziel kann nur durch Unterricht erreicht werden, weil nur durch ihn der Gedankenkreis in kontrollierbarer Weise gebildet wird; aber das Ziel erreicht jeder Unterricht nur, wenn er der psychologischen Einsicht in den Mechanismus der Vorstellungen folgt – das leistet die Formalstufentheorie. Unterricht und Erziehung sind hier, auf der Grundlage des vorausgesetzten Lernbegriffs, wechselseitig verbunden. »Und ich gestehe«, sagt Herbart, »keinen Begriff zu haben von Erziehung ohne Unterricht, so wie ich rückwärts keinen Unterricht anerkenne . . ., der nicht erzieht.« Überspitzt und etwas paradox formuliert, ließe sich sagen: Unterricht ist entweder Erziehung oder er ist nicht einmal Unterricht; und das Entsprechende gilt für die Erziehung, die entweder über Unterricht erfolgt oder überhaupt nicht. Wir sehen hier den fraglichen Implikationszusammenhang ganz deutlich: Die Unterrichtsinhalte werden den zu bildenden Interessen gemäß ausgewählt. Indem aber nun der Begriff des Interesses und zugleich der Prozeß seiner Bildung im Subjekt von den Gesetzen des Vorstellungsmechanismus her substituiert werden, ist die Methodenlehre unlösbar mit dem unterlegten Lernbegriff verbunden. Wer diesen Lernbegriff, aus welchen Gründen auch immer, preisgibt, kann die Formalstufentheorie nicht übernehmen. Wenn heute gelegentlich gesagt wird, der Programmierte Unterricht mit Lehrmaschinen, audio-visuellen Hilfsmitteln und anderen Apparaturen entlaste den Lehrer vom Unterricht, mache ihn aber zugleich frei für »erzieherische Aufgaben«, so läßt sich nicht gleichzeitig Herbarts Methodenlehre für die Programmierung verwenden. Denn Erziehung außerhalb von Unterricht ist, vom Standpunkt der Formalstufentheorie aus betrachtet, Unfug. Gunther Eigler hat den gleichen Zusammenhang ebenso an Kerschensteiners Arbeitsschulmethode aufgewiesen. Auch hier läßt sich zeigen, wie die Festlegung auf das Arbeitsschulprinzip nicht allein eine methodische Entscheidung ist, die für beliebige Zielsetzungen dienstbar gemacht werden könnte, sondern einen Lernbegriff enthält, der seinerseits mit ganz bestimmten erzieherischen Intentionen verbunden ist.

Auf der anderen Seite führen inhaltliche Entscheidungen auch zu unterrichtsmethodischen Konsequenzen. Als Beispiel können wir hier auf Erich Weniger zurückgreifen, der seine Arbeiten zur geisteswissenschaftlichen Didaktik mit einer Grundlegung des Geschichtsunterrichts begann (vgl. S. 28). In Auseinandersetzung mit psychologischen, strukturtheoretischen und enzyklopädischen Ansätzen versuchte er den Nachweis, daß die didaktische Funktion des Geschichtsunterrichts primär in der politischen Bildung zu sehen sei. Die bewußte Entgegensetzung des Zusammenhangs bisheriger Geschichte von Volk und Staat gegen die junge Generation als Trägerin künftiger Geschichte erschien hier als der Angelpunkt, von dem aus der Beitrag der Geschichtswissenschaft, die Rolle des Geschichtsbildes des Staates und der ihm nachgeordneten Bildungsmächte sowie die Grenzen der Subjektivität des Lehrers bestimmbar sind. Aber so sehr diese Geschichtsdidaktik an den inhaltlichen Fragen engagiert war, so blieb sie doch nicht für beliebige methodische Arrangements offen. Denn die Einheit der erlebten Geschichte, die Repräsentation der Kontinuität in Symbolen der vollendeten, unvollendeten und künftigen Möglichkeiten und Fehlentwicklungen war für Weniger allein greifbar in der Erzählung. Eine dahingehende unterrichtsmethodische Festlegung verteidigte er noch 1960 ausdrücklich auch für die gymnasiale Oberstufe.[40] Unter dem Gesichtspunkt der inhaltlichen Entscheidung wurden demgegenüber alle methodischen Formen des Arbeitsunterrichts, insbesondere der Quelleninterpretation und Quellenkritik, auf gelegentliche Übungen zur Beglaubigung im Dienste der Erzählung begrenzt.

Solche Analysen an geschichtlich bedeutsam gewordenen Methodenlehren und Fachdidaktiken ließen sich fortsetzen, doch bleiben sie im Verhältnis zu unserer Fragestellung allzu abstrakt. Wir wollen darum ein konkretes Unterrichtsbeispiel diskutieren. Das soll aber so angelegt sein, daß mit ihm erstens die kritische Stoßrichtung der lerntheoretischen Didaktik gegen den bildungstheoretischen Ansatz aufgenommen wird, zweitens der Implikationszusammenhang in einem begründeteren Lichte erscheint als in den Hinweisen unserer Autoren und drittens ein anschaulicher Hintergrund für einige weitere Aspekte gewonnen wird, die wir für die noch zu skizzierende Strukturanalyse des Unterrichts benötigen.

Das Unterrichtsbeispiel heiße »Tuberkulose«.[41] Wir erinnern uns daran, daß die lerntheoretische Didaktik den von den Bildungstheoretikern geltend gemachten Satz aufnimmt, demzufolge nur von den Zielen her die Zweckmäßigkeit didaktischer Maßnahmen zu beurteilen ist. Wird nun der mit Tuberkulose gemeinte

Sachverhalt analysiert, ergeben sich mannigfache Aspekte. Es ist leicht einzusehen, inwiefern das Thema medizinische, biologische, gesellschaftliche, historische, psychologische und literarische Gesichtspunkte enthält. Sie können aber keinesfalls alle in die besondere Zielsetzung einer Unterrichtseinheit eingehen. Um unterrichtsmethodische Erwägungen überhaupt beginnen zu können, müßte der dominierende Aspekt bekannt sein, müßte Klarheit darüber bestehen, von welcher Fragestellung aus das Ziel des Unterrichts und seine Intention bestimmt sein sollen. Für die Unterrichtspraxis wird ein Teil der gesuchten Antwort durch Schulart, Unterrichtsfach und lehrplanmäßigen Zusammenhang vorgegeben sein. Davon können wir jedoch absehen, einerseits, weil es in der Analyse gerade auch darauf ankommt, die verdeckten Vorentscheidungen bewußt zu machen, andererseits, weil solche Vorgaben eben nur einen Teil der Antwort enthalten. Wir befragen also die angedeuteten Aspekte des Themas »Tuberkulose« nach ihren möglichen Unterrichtszielen und isolieren sie, um das Problem deutlich hervortreten zu lassen, obschon wir wissen, daß nachher doch mehrere dieser Gesichtspunkte in eine Unterrichtseinheit eingehen können:

a) Eine medizinische Betrachtung des Themas hätte ihr Ziel in den Kriterien, die das Erkennen der Krankheit ermöglichen und die aus der Einsicht in die Ursache der Krankheit die Behandlungsmaßnahmen ableitbar machen. Indem man diese Intention formuliert, zeigt sich sogleich ein anderer Aspekt, nämlich der biologisch-bakteriologische, aufgrund dessen erst an die medizinische Fragestellung herangegangen werden kann.
b) Solche biologisch-bakteriologische Betrachtung müßte Art und Verhalten des Krankheitserregers und dessen physiologische Wirkung auf den menschlichen Organismus zum Gegenstand machen. Obschon das eine Voraussetzung für den medizinischen Aspekt ist, liegt doch eine völlig getrennte Fragestellung vor.
c) Noch deutlicher tritt der Unterschied entgegen, wenn das Thema als Politikum genommen wird. Tuberkulose hat bestimmte Voraussetzungen im gesellschaftlichen Leben, und als Volksseuche betrifft sie nicht nur das erkrankte Individuum. Als Thema des politischen Unterrichts würde das Ziel darin bestehen, Einsicht in die relative Ohnmacht des einzelnen und die daraus resultierende öffentliche Verantwortung zu geben. In diesem Fall hätte Tuberkulose keinen biologischen und nur einen sehr allgemein vorausgesetzten medizinischen Aspekt; der Schwer-

punkt läge vielmehr im Verhältnis von Individuum und Gesellschaft, für welches die konkrete Antwort angesichts einer solchen Krankheit ein Exempel ist, das über sich selbst hinausweist.

d) Demgegenüber verliert das Thema seinen politisch-gesellschaftlichen Bezug, sobald es im Rahmen einer Gesundheitslehre auftritt. Hier wäre das Unterrichtsziel zu suchen bei den Ansteckungsmöglichkeiten, den daraus zu folgernden Schutzmaßnahmen des einzelnen gegen Infektion sowie den ersten Anzeichen der Krankheit, die das rechtzeitige Aufsuchen des Arztes bewirken sollen. Der medizinische Aspekt spielt gewiß hinein, doch kann er sich nicht selbständig machen. Der Gesundheitslehre-Unterricht wird nicht zu einer differenzierten Behandlung der Heilverfahren vorstoßen wollen, sondern muß seine Aufgabe im hygienischen Bereich finden.

e) Nun wird man Tuberkulose unter keinem Aspekt bedenken können, ohne den Namen Robert Kochs zu nennen. Aber die Geschichte der Krankheit ist von so großer Bedeutung, daß das Historische geradezu eine eigene Fragestellung verdient, d. h., Tuberkulose könnte Thema im Geschichtsunterricht sein. Freilich ergeben sich auch hier verschiedene Akzentuierungsmöglichkeiten, je nachdem, wo das Ziel gesucht wird. Die Etappen im Kampf gegen die Seuche könnten auf ein Verständnis der modernen Bakteriologie und der wissenschaftlichen Eindämmung von Infektionskrankheiten zielen. Andererseits könnte auch der ethische oder religiöse Bereich gemeint sein, in dem nach dem Sinn des Übels in der Welt und nach moralischen Anstrengungen gefragt wird, die Krankheiten auszulösen vermögen.

f) Damit aber zeigt sich eine weitere inhaltliche Möglichkeit. Tuberkulose ist ein körperliches Übel, aber die Umstände ihres Verlaufs lassen die möglichen psychischen Wirkungen von Krankheit überhaupt deutlich hervortreten. Eine Interpretation von Thomas Manns »Zauberberg« im literarischen Unterricht beispielsweise könnte daran nicht vorbeigehen. Aber die Intentionen eines solchen Unterrichts würden nur wenig gemein mit dem haben, was in den vorhergehenden Punkten aufgeführt wurde.

Als Ergebnis halten wir fest, daß ein einzelnes und im Wortlaut identisches Thema verschiedene Möglichkeiten für inhaltliche Akzentuierung und damit auch für Unterrichtsziele bietet. Was hier an einem anspruchslosen Beispiel angedeutet wurde, ist auf dem Hintergrund sehr viel komplexerer Zusammenhänge der Grund dafür, daß der bildungstheoretische Ansatz die Didaktik im engeren Sinne auf die Inhaltsproblematik festlegt, ja geradezu Didaktik als Theorie des Lehrplans definiert. Tatsächlich ist unbestreitbar, daß ein Thema in seiner spezifischen Intention umrissen sein muß, bevor methodische Erwägungen ansetzen können; sofern anders verfahren wird, ist mit den methodischen Entscheidungen zugleich, und zwar unkontrolliert, eine der jeweils gegebenen inhaltlichen Möglichkeiten gewählt. Wird aber die bewußte Analyse durchgeführt, so stellt sich die Frage, unter Verwendung welcher Kriterien die Entscheidung zwischen den sich ergebenden Möglichkeiten zu fällen ist. Der bildungstheoretischen Didaktik zufolge müßte die Analyse bis zur definitiven Entscheidung über das Unterrichtsziel geführt werden, bevor die methodische Überlegung zu beginnen hat. Jedenfalls sind das Konsequenzen, wie sie sich aus neueren Beiträgen zur Unterrichtsvorbereitung aufdrängen. So einleuchtend das zunächst klingt, so ist es doch nicht voll haltbar. Der lerntheoretischen Didaktik gebührt das Verdienst, darauf aufmerksam gemacht zu haben; aber auch in anthropologischer Sicht wird der wechselseitige Zusammenhang betont, besonders die lernerschließende Funktion des Lehrens herausgestellt und demzufolge eine didaktische Ableitung methodischer Maßnahmen aus der vorweg entschiedenen Inhaltlichkeit problematisiert. Heimann und Schulz unterstützen diesen Aspekt durch eine analysierende Unterscheidung sehr verschiedener Ebenen innerhalb der Methodenlehre. Darauf wird an späterer Stelle zurückzukommen sein. Vorerst müssen wir versuchen, an unserem Beispiel nachzuweisen, daß und warum die notwendigen Entscheidungen nicht unabhängig von der Methode zu gewinnen sind. Die methodische Strukturierung des Unterrichts hat immer, ungeachtet aller sonstigen Differenzen der Verfahrensweisen, die individuell-subjektiven (anthropogenen) Voraussetzungen der Schüler mit dem objektiven Sachanspruch (der seinerseits sozio-kulturelle Bedingungen hat) zu vereinigen. Für unsere Zwecke wollen wir das die methodische Leitfrage nennen und sie für einige der angedeuteten inhaltlichen Möglichkeiten untersuchen. Soll unser Unterricht hygienisch akzentuiert sein, so würde die Thematik auf die Gefährdung des menschlichen Lebens durch Tuberkulose, auf die Möglichkeiten der Infektion, der Vorbeugung und auf erste Anzeichen der Krankheit festgelegt sein. Die methodische Leitfrage findet sich im Bild des von Krankheit befallenen Menschen, in

der daraus folgenden Frage nach Infektionsschutz und dies zurückbezogen auf die anthropogenen Voraussetzungen, die Gesundheit als erstrebens- bzw. erhaltenswert implizieren. Eine
oberflächliche Betrachtung möchte nun entsprechend dem zeitlichen Gang der Überlegung folgern, die methodische Leitfrage
sei erst nach Fixierung des Zieles aufgesucht worden. Tatsächlich
aber kann die methodische Leitfrage nicht aus dem Ziel deduziert sein. Denn das Ziel beschreibt den Unterrichtsgegenstand
in seiner intendierten Inhaltlichkeit, bringt damit keine auf das
Subjekt zu beziehenden Gesichtspunkte hervor, sondern fordert
sie für ihre unterrichtliche Realisierung. Die für das Ziel geforderten Voraussetzungen finden wir dann aber in der Leitfrage,
womit die gegenstandsbestimmende Funktion der Methode nahegelegt ist. Konkret: Keine hygienische Maßnahme ist gegenständlich bestimmbar, wenn nicht als Differenzierung der unter
der vorausgesetzten subjektiven Bindung an die Gesundheit gestellten Frage: Wie schütze ich mich vor Infektion? Nicht anders
wäre es mit einer literarischen Lektion. Das Unterrichtsziel
müßte auf eine Analyse der Gemeinsamkeit und Differenz im
psychischen Verhalten der Romanperson gegenüber der physischen
Krankheit unter Sanatoriums-Atmosphäre hinauslaufen. Was
aber könnte zu solcher Analyse veranlassen, wenn nicht die
methodische Leitfrage nach der anthropologischen Bedeutung
der Krankheit den »Gegenstand« schüfe? Unter der subjektiven Voraussetzung von Humanität bringt die Frage danach, wie
der Mensch als geistig-moralisches Wesen dem Verfall seines
Körpers standhält, überhaupt erst das intendierte Thema hervor. Gleichwohl muß die didaktische Analyse der Formulierung
der methodischen Leitfrage zeitlich vorausgehen; darin wird
man den bildungstheoretischen Ansatz bestätigen müssen. Aber
– und darin liegt die von lerntheoretischen Erwägungen intendierte berechtigte Korrektur – in der didaktischen Analyse ist
die Methode immer schon antizipiert, so daß ihre Ergebnisse die
immanente methodische Strukturierung erkennen lassen. Möglich, daß dafür der gleiche Grund zu beanspruchen ist wie für
den Satz Kants, unsere Erkenntnis entspringe zwar nicht der
Erfahrung, doch hebe sie erst mit dieser an.
Das von uns diskutierte Beispiel geht allerdings über die andeu-
tenden Hinweise von Heimann und Schulz teils hinaus, teils
bleibt es dahinter zurück. Denn die beiden Autoren sehen den
Implikationszusammenhang auf allen fünf Organisationsebenen
des Unterrichts (vgl. nächstes Kapitel) und Heimann noch be-

sonders bei dem bilateralen Status der modernen technischen Medien, deren Verwendung im Unterricht sowohl methodische als auch inhaltliche Folgen hat. Bis zu dieser vergleichsweise groben Verbindung ist unser Beispiel nicht entwickelt worden, vielmehr kam es darauf an, zu zeigen, daß schon in der um Lehrintention und Unterrichtsthematik kreisenden didaktischen Analyse der Ansatz für methodische Entscheidungen liegt. Was von uns als »methodische Leitfrage« bezeichnet wurde, wirkt zwar nur auf die erste Ebene der methodischen Entscheidungen, nämlich auf die Artikulation des Unterrichts (vgl. nächstes Kapitel), doch zeigt sich gerade hier die volle Konsequenz des von Heimann und Schulz Behaupteten. Insofern kann das Beispiel beanspruchen, die Kernthese der lerntheoretischen Didaktik zu verdeutlichen, wenn sich deren Vertreter selbst auch nicht so eindeutig geäußert haben.

Strukturanalyse des Unterrichts

Die Darstellung des didaktischen Implikationszusammenhangs von inhaltlichen und methodischen Momenten hat eine Fülle von Aspekten berührt, die in der einen oder anderen Weise den Unterricht bedingen. Dabei sind indessen noch keineswegs alle Gesichtspunkte zur Sprache gekommen. Didaktik als Wissenschaft vom Unterricht muß aber gerade auf eine vollständige Erfassung aller Faktoren Wert legen. Denn wenn Unterricht wissenschaftlich bearbeitet werden soll, müssen alle Bedingungen für den Erfolg des pädagogischen Handelns rational durchsichtig gemacht, d. h. lückenlos kontrolliert werden. Darum haben Heimann/Schulz das Modell einer Strukturanalyse entworfen, in dem versucht ist, in sechs Feldern den ganzen Umkreis des Phänomens »Unterricht« zu umgreifen; und zwar handelt es sich um vier Entscheidungsfelder und zwei Bedingungsfelder. Der Übersichtlichkeit halber bringen wir das Modell in einer schematischen Skizze.

Die *Intentionalität* des Unterrichts ist, wie wir auch in unserem Beispiel sahen, zur eindeutigen Themabestimmung unerläßlich. Sucht man nach einer Differenzierung möglicher Lernintentionen, so stößt man bald auf eine Gliederung, die der abendländischen Philosophie seit alters geläufig ist, nämlich auf die Unterscheidung in Erkennen (theoretisches Verhalten), Handeln (praktisches Verhalten) und Fühlen (ästhetisches Verhalten).

101

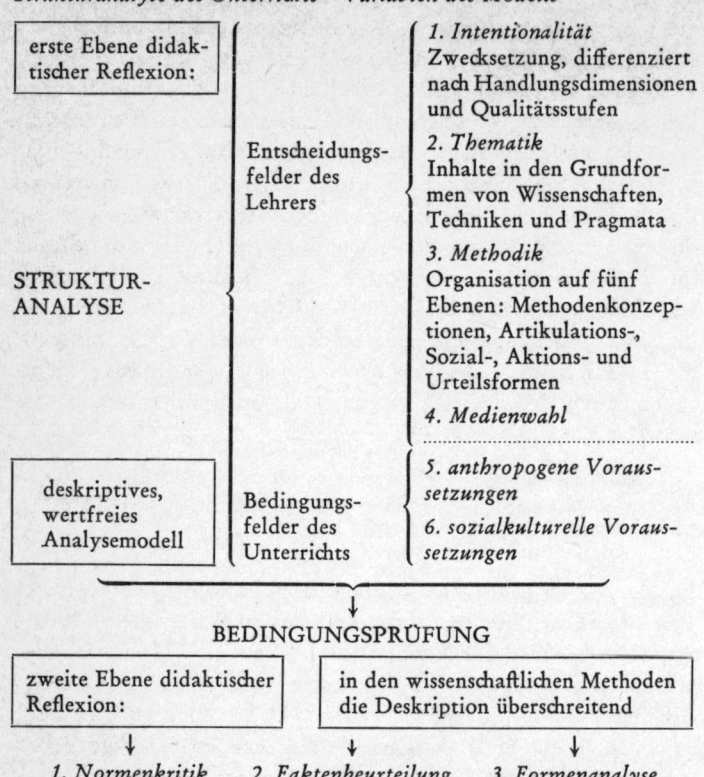

erste Ebene didaktischer Reflexion:	Entscheidungsfelder des Lehrers	*1. Intentionalität* Zwecksetzung, differenziert nach Handlungsdimensionen und Qualitätsstufen

STRUKTUR-ANALYSE

2. Thematik
Inhalte in den Grundformen von Wissenschaften, Techniken und Pragmata

3. Methodik
Organisation auf fünf Ebenen: Methodenkonzeptionen, Artikulations-, Sozial-, Aktions- und Urteilsformen

4. Medienwahl

deskriptives, wertfreies Analysemodell	Bedingungsfelder des Unterrichts	*5. anthropogene Voraussetzungen*

6. sozialkulturelle Voraussetzungen

↓

BEDINGUNGSPRÜFUNG

zweite Ebene didaktischer Reflexion:	in den wissenschaftlichen Methoden die Deskription überschreitend

↓   ↓   ↓

1. Normenkritik   *2. Faktenbeurteilung*   *3. Formenanalyse*

= Rationalisierung der vom Lehrer getroffenen (bzw. zu treffenden) Entscheidungen auf der Basis der Entscheidungsvoraussetzungen

Lerntheoretische Didaktik drückt das in stärker psychologisierenden Termini aus: Kognitiv-aktives, pragmatisch-dynamisches und affektiv-pathisches Verhalten. In der amerikanischen Forschung haben Bloom und Krathwohl für den Gesamtkomplex möglicher Lernintentionen den kognitiven, psychomotorischen und affektiven Bereich unterschieden. Diese Einteilungen stimmen natürlich nicht genau überein; sie differieren nach Maßgabe des jeweils vorherrschenden erkenntnistheoretischen, anthropologischen oder psychologischen Interesses. Besonders deutlich ist das bei der hier von uns jeweils an zweiter Stelle genannten Gruppe: Für die philosophische Tradition steht das praktische Verhalten unter moralischen Kategorien (Kants Kritik der praktischen Vernunft behandelt die Ethik), während dieses Verhalten mit der Bezeichnung »pragmatisch-dynamisch« wertfrei gesehen wird und die Motivation als psychologisches Datum unter die emotionale (affektiv-pathische) Dimension rückt; als »psychomotorisch« schließlich ist das praktische Verhalten nur noch physiologisch erfaßt. In diesem Fall muß dann der gesamte psychologische Aspekt des Handelns im affektiven Bereich subsumiert werden, wodurch sich hier auch wieder eine sehr erhebliche Differenz zu anderen Gruppierungen ergibt. Indessen treffen sich die Einteilungen darin, daß die menschlichen Möglichkeiten jeweils in drei deutlich unterscheidbaren Bereichen faßbar erscheinen. Wolfgang Schulz hat für die lerntheoretische Strukturanalyse noch eine quer zu den drei Dimensionen liegende Qualitätsstufung (Anbahnung, Entfaltung, Gestaltung) eingeführt, so daß die Unterrichtsintentionen mit insgesamt neun Kriterien bestimmbar sind.

Als zweites Entscheidungsfeld folgt dann die *Thematik*. Wenn das Unterrichtsziel auch erst aus der Verbindung von Thematik und Intention hervorgeht und überdies das »Denken über ›Inhalte als lehrbare‹ ... das Methodische und die Medienwahl«[42] impliziert, so ist der Inhalt der intendierten Lernprozesse doch ein sehr wichtiges und selbständiges Moment des Unterrichts. Die Inhaltsproblematik ist in jedem Fall der Drehpunkt, über den die Allgemeine Didaktik einerseits auf Lehrplantheorie, andererseits auf die Fachdidaktiken verweist und damit überhaupt erst konkret wird. Denn die Inhalte, mit denen die jeweiligen Lernziele erreicht werden sollen, sind nicht einfach aus einem unabhängig von Schule und Unterricht existierenden Sachzusammenhang abgeleitet, sondern in je spezifischer Weise zusammengesetzt und als Lehr- oder Bildungsinhalte strukturiert. Andernfalls bedürfte es keiner Didaktik im umfassenderen Sinne, sondern nur der Methodik, und dann ließe sich auch gegen den informationstheoretisch-kybernetischen Ansatz von dieser Seite aus nichts einwenden. Der Implikationszusammenhang von inhaltlichen und methodischen Entscheidungen hat uns indessen bereits eines Besseren belehrt. Andererseits bleiben die didaktischen Strukturen von der Eigengesetzlichkeit der in ihnen als Inhalte aufgenommenen Sachverhalte, seien sie nun Wissenschaften, Techniken oder Pragmata, nicht unberührt. Wäre ein Schulfach, wie gelegentlich fälschlich unterstellt, besonders im Bereich der Gymnasien und beruflicher Fachschulen, nur die Anpassung wissenschaftlicher oder technischer Inhalte an Altersstufe und Aufnahmefähigkeit bestimmter Schüler, so ließe sich mit der Allgemeinen Didaktik die Umsetzung aller Inhalte zu Lehraufgaben lösen. Da dies aber nicht der Fall ist, vielmehr die Rückwirkung der Inhalte auf die didaktischen Strukturen eigene Probleme entstehen läßt, ergibt sich an dieser Stelle der Ansatzpunkt für relativ geschlossene Detailuntersuchungen: die Fachdidaktiken. Davon abgesehen liegt das Kernproblem des Entscheidungsfeldes »Inhaltlichkeit« bei der »Transformation« der Inhalte auf die Stufe des »Lernpotentials«. Der Begriff »Lernpotential« steht hier, um den des »Bildungsinhaltes« zu vermeiden, weil unterstellt wird, die erforderlichen Entscheidungen stünden nicht unter bildungstheoretischen, sondern unter sozialkulturellen Prämissen. Innerhalb des auf die Inhalte wirkenden sozialkulturellen Bedingungsfeldes wird von Heimann und Schulz auch der »Bildung« eine gewisse Rolle eingeräumt, aber nur im Zusammenhang der gesellschaftlichen Mächte als Träger der Ideologienbildung. Damit werden wir uns weiter unten näher auseinandersetzen.

Das dritte Entscheidungsfeld ist die *Methodik*, deren Implikationszusammenhang mit den inhaltlichen und intentionalen Aspekten des Unterrichts uns bereits bewußt ist. Nun gibt es langanhaltende und weitreichende Kontroversen darüber, was eine Unterrichtsmethode sei.[43] Größtenteils waren und sind diese Auseinandersetzungen fruchtlos, weil aneinander vorbeigeredet wird, insofern verschiedene Gesichtspunkte gemeint sind. Lerntheoretische Didaktik hat das Verdienst, auf diese nebeneinander notwendigen und sich also nicht ausschließenden Ebenen, auf ihre mögliche Variabilität hingewiesen und so eine Ordnung ermöglicht zu haben. Im einzelnen ist das alles nichts Neues; jeder Aspekt für sich ist auch bei anderen Autoren nachweisbar. Aber die übersichtliche An- und Zuordnung haben Heimann und Schulz erbracht. Sie unterscheiden fünf Ebenen des Methodenproblems. An erster Stelle sind die Artikulations-Schemata zu nennen, die den Unterricht nach Lernphasen strukturieren. Heimann und Schulz formulieren die Möglichkeiten dieser Ebene sehr psychologisch, führen sie auch erst an zweiter Stelle an, nämlich nach den sogenannten »Verfahrensweisen«. Tatsächlich scheint die Artikulation aber in einem weiteren als nur psychologischen Sinne faßbar zu sein. Als Prozeß geistiger Aneignung verstanden, gehört die Artikulation des Unterrichts an die Spitze methodischer Erwägungen. Jedenfalls finden wir in der Geschichte der Pädagogik den Begriff der Methode vorwiegend auf diesen Prozeß bezogen. Darunter würden demnach beispielsweise fallen: Herbarts Formalstufentheorie, Kerschensteiners oder Gaudigs Phasen der Arbeitsschulmethode, Waltraud Neuberts Stufung des Erlebnisunterrichtes, das psychologische Artikulations-Schema von Heinrich Roth[44], aber auch die im Rückgriff auf Kant und Pestalozzi entwickelte erkenntnistheoretische Klimax von Voraussetzung, Denken und Zielsetzung.[45] Davon abzuheben sind dann auf einer zweiten Ebene verschiedene Verfahrensweisen, die den Unterricht ganzheitlich-analytisch, elementenhaft-synthetisch oder projektierend aufbauen und die nicht mit dem Artikulations-Schema unmittelbar konkurrieren, sondern selbst artikuliert werden. Als dritte Ebene schließen sich die Sozialformen des Unterrichts an, etwa die Organisation im Frontal- oder in verschiedenen Arten des Gruppenunterrichts.[46] Die vierte Ebene betrifft die Aktionsformen des Unterrichts in Vortrag, Frage, Gespräch, Demonstration, Schülerexperiment, Lernspiel usw.; und auf der fünften schließlich sind die Urteilsformen zu unterscheiden, mit denen der Lehrer seinem Unterricht einen bestimmten pädagogischen Stil aufprägt. Die methodische Organisation des Unterrichts verlangt Entscheidungen auf allen fünf Ebenen. Von einem Punkt aus lassen sich die Maßnahmen auf den anderen Ebenen nicht deduzieren, obschon sie andererseits auch nicht völlig unabhängig voneinander sind. Wer sich etwa im »Verfahren« auf die Projektmethode eingelassen hat, kann als Sozialform nicht mehr den Frontalunterricht wählen; wer die Aktionsform »Gespräch« bevorzugt, würde sich mit autoritären Urteilsformen selber behindern. Aber nur in dieser negativ ausschließenden Weise waltet der Zusammenhang, nicht positiv ableitend. Die Verwirrung in Diskussionen über Unterrichtsmethoden beruht im wesentlichen darauf, daß »Erfinder« und Parteigänger neuer Methoden sich nicht bewußt machen, auf welcher Ebene sie stehen, vielmehr den jeweils zur Debatte gestellten Aspekt für das Ganze halten und alle übrigen Momente unreflektiert implizieren. Damit hängen in der praktisch-pädagogischen Ausbildung manche Auseinandersetzungen zwischen Mentor und Referendar zusammen. Der Mentor zeigt sich beispielsweise liberal in der Frage der Sozialformen und auch der Aktionsformen des Unterrichts, variiert die verschiedenen Möglichkeiten und fordert dazu auch den jungen Lehrer auf, doch versteift er sich auf das ganzheitlich-analytische Verfahren, dekretiert also, jeder Unterricht müsse von einem Gesamteindruck ausgehen und diesen differenzieren und präzisieren. Der Referendar gibt sich alle Mühe, die Anweisungen zu befolgen, gleichwohl bleibt der Mentor unbefriedigt. Der Grund könnte dann darin liegen, daß der Mentor den differenzierenden und präzisierenden Gang seines Unterrichts mit einem Schema artikuliert, das ihm selbst nicht bewußt ist, darum auch nicht zur Debatte gestellt wird, während der Referendar ebenso unbewußt einer anderen Artikulation folgt und demzufolge die anschließende »Manöverkritik« auf falschen Ebenen ausgetragen wird. Eine methodische Analyse, die demgegenüber von vornherein alle fünf Ebenen befragt und damit bewußt macht, sichert die Möglichkeit rationaler Diskussion über die Gründe von Erfolg und Mißerfolg.

Als letztes Entscheidungsfeld heben Heimann und Schulz die *Medien* (= Unterrichtsmittel) als besonderes Strukturmoment von den Methoden ab. Das hängt zweifellos mit neueren technischen Möglichkeiten zusammen, wie sie durch Fernsehen, Sprachlabor, Lehrmaschine usw. gegeben sind. An sich gehört die Medienwahl natürlich zur methodischen Gestaltung des Unterrichts, und Schulz führt hier auch nur einen propagandistischen Grund für ein eigenes Entscheidungsfeld an, während Heimann die Medien ihres bilateralen Status wegen, nämlich mit ebenso starkem inhaltlichem wie methodischem Bezug ausgestattet, didaktisch interessant findet.

Exkurs: Ideologie und Ideologiekritik

Lerntheoretische Didaktik zeigt also in der Strukturanalyse des Unterrichts vier Entscheidungsfelder auf. Diese stehen unter dem Einfluß von zwei Bedingungsfeldern, wie sie durch die anthropogenen und die sozial-kulturellen Voraussetzungen gegeben sind. Beide Bedingungsfelder machen sich in zweifacher Weise geltend, nämlich einmal als Annahmen und Überzeugungen der Lehrer und derjenigen, die für die Organisation von Schule und Unterricht verantwortlich sind, also normierend, zum anderen durch die Kraft der Fakten selbst. Diese Unterscheidung ist jedoch nicht ausreichend. Denn der Unterricht trifft immer schon auf eine vorgegebene Erziehungswirklichkeit, die unter bestimmten historischen Bedingungen bereits eine normen- und faktenberücksichtigende Form hervorgebracht hat. Insofern ist dreifache Bedingungsprüfung erforderlich, die Heimann und Schulz als Normenkritik, Faktenbeurteilung und Formenanalyse bezeichnen. Die Unterscheidung von Normen, Fakten und Formen hat einen guten Sinn, ist aber nicht einfach hinzunehmen. Unter einem bestimmten Aspekt ist sie sogar problematisch. Paul Heimann weist selber darauf hin. Er definiert Fakten als objektive Tatbestände, die der subjektiven Meinungsbildung entrückt seien und sich auch ohne Bejahung oder gar Ablehnung im Unterricht durchsetzen. Dann schränkt er diese Feststellung aber als nur halbrichtig ein, weil es in Wahrheit doch nur unsere Auffassungen über diese Tatsachen seien, die wirksam werden, bzw. sie interpretieren das, was wirksam wird, mit unseren Begriffen, und also begreifen wir die Vorgänge mit den von uns angelegten Kategorien. Das gilt ganz besonders von den Unterrichtsformen und Methoden, die der entwerfenden Phantasie des Menschen entspringen. Daraus aber folgt, daß die sogenannten Fakten und die methodischen Formen ebenfalls eine normierende Kraft in sich tragen und darum gar nicht ohne weiteres von den »Normen« zu trennen sind. Hans Bokelmann hat darum – unabhängig von lerntheoretischer Didaktik – alle den Unterricht und die Erziehung beeinflussenden Faktoren Normen genannt, diese dann aber differenziert nach Sinn-Normen, die entweder ein Vernunftpostulat, eine Offenbarungswahrheit oder weltanschauliche Prämissen auf die Erziehung auslegen, nach Sachnormen, die sich als didaktisch-methodische Prinzipien darstellen, und nach Konditional-Normen, die den juristischen und ökonomischen Rahmen öffentlicher Erziehung abstecken. Für unseren Zusammenhang interessiert primär das Verhältnis der Sinn-Normen, die die Lerntheoretiker allein als Normen ausweisen, zu den Sachnormen, die sie als Fakten oder Formen bezeichnen. Im vierten Abschnitt unserer Einleitung hatten wir uns bereits ausführlich mit dem Problem einer »normativen Didaktik« auseinandergesetzt und dann anschließend, im Zusammenhang der bildungstheoretischen Modelle, mit der Auslegung von Sinn-Normen auf das Erziehungshandeln und ihre didaktische Relevanz. In der lerntheoretischen Didaktik gelten die Sinn-Normen als ideologieabhängig und sind insofern der für die gegenwärtige Diskussion so wichtigen Ideologiekritik ausgesetzt. Um die Bedeutung »permanenter Ideologiekritik«, wie sie Heimann und Schulz für die Didaktik fordern, richtig einzuschätzen, müssen wir uns zunächst vergewissern, was mit dem vielzitierten und dem jeweiligen Gegner billig anzuhängenden Ideologieverdacht gemeint sein kann. Ursprünglich, im Umkreis der französischen Aufklärungsphilosophie, bezeichnete der Terminus »Ideologie« dem genauen Wortsinne nach die Lehre von den Ideen, den Vorstellungen und Gedanken, im Gegensatz zu einer Lehre von den Naturerscheinungen. Allerdings gab es schon in der Frühaufklärung einen Vorläufer des im abwertenden Sinne zu verstehenden Ideologiebegriffs, wenn er auch noch nicht unter diesem Titel diskutiert wurde, nämlich die Vorurteils-Theorie. Diese suchte aufzuzeigen, wie die durch die Eigenart der menschlichen Erkenntnisorgane, durch die individuellen Merkmale des einzelnen, durch die Sprache und durch die Tradition ebenso wie durch Irrlehren bedingten Vorurteile den Erkenntnisprozeß behindern oder verfälschen. Der englische Philosoph Francis Bacon nannte diese Vorurteile »Idola«, also Götzenbilder. Aber Bacon behandelte die Vorurteile nur in erkenntnistheoretischer bzw. erkenntnispsychologischer Absicht. Erst im Laufe der Aufklärung erhielt der Zusammenhang seinen politisch-gesellschaftlichen Charakter, besonders durch die Einsicht, daß es bestimmte Lehrmeinungen über das zwischenmenschliche Zusammenleben gibt, die mit dem Anspruch göttlicher oder naturgesetzlicher Legitimation auftreten, sich dabei aber für bestimmte Gruppen der Gesellschaft, die Herrschenden, offensichtlich nützlich erweisen. Von da aus war es kein weiter Schritt zur Priestertrug-Theorie, also zu dem Vorwurf, die Religion sei eigens zur Verdummung und Verknechtung der unaufgeklärten Untertanen erfunden. Indessen ließ sich die Attacke auch bald herumdrehen; Napoleon I. machte davon Gebrauch, indem er seinerseits die Aufklärungsphilosophen als »Ideologen« beschimpfte, als Denker, die ohne Einsicht in die wirklichen gesellschaftlichen Lenkungsgesetze nur Hirngespinste, wenn auch gefährliche, verbreiteten. Indessen ist das Urteil, das den abwertenden Akzent zur Geltung bringt, nicht notwendig ein intellektuelles (Vorurteil, Wirklichkeitsfremdheit, Dummheit) oder ein moralisches (Betrug, Lüge). Das abwertende Urteil kann auch die zwangsläufige Abhängigkeit des Bewußtseins von bestimmten gesellschaftlichen Verhältnissen, insbesondere von den Produktionsverhältnissen, ausdrücken. So hat Karl Marx den Zusammenhang diagnostiziert: Die bürgerliche Klasse entwickelt als »Oberbau« zu dem von ihr hervorgebrachten kapitalistischen Wirtschaftssystem eine Ideologie der eigenen Rechtfertigung auf allen Gebieten des sogenannten Geisteslebens – Wissenschaft, Religion, Literatur, Kunst, Erziehung –, ohne daß diesen Menschen die Abhängigkeit ihres Denkens von der materiellen »Basis« bewußt wäre oder auch nur sein könnte. Ideologie ist dann das Zurückbleiben der bürgerlichen Gesellschaft hinter ihrem eigenen Anspruch kraft ökonomischen Gesetzes. Dies heißt: Die als vernünftige Kritik auftretende Legitimation dieser Gesellschaftsordnung ist falsches Bewußtsein, aber nicht etwa aus Trägheit, Hinterlist, Weltfremdheit oder anthropologischen Beständen, sondern aus Notwendigkeit. Damit hat sich der Ideologiebegriff dynamisiert; er ist *geschichtsphilosophische* Kategorie geworden und kann als solche sogar des abwertenden Sinnes entraten. Denn das Ziel der Ideologiekritik ist nun die soziale Revolution; deren Theorie, der dialektische und historische Materialismus, darf als Ideologie in positivem Sinne verstanden werden, weil sie die Versöhnung des Menschen mit sich selber nicht imaginiert, sondern im Einklang mit dem realen geschichtlichen Prozeß herbeiführen wird.

Generalisiert man den bisher verfolgten Entwicklungsgang des Ideologiebegriffs (und läßt man die Beanspruchung des Ideologiebegriffs auch für die marxistische Theorie der universellen Wahrheit außer acht), so ergibt sich folgendes Bild: Zu einem Komplex objektiv identischer Sachverhalte liegen unterschiedliche Urteile vor. Alle können nicht richtig sein; die falschen heißen ideologische, die richtigen basieren auf Vernunft, Wahrheit und Wissenschaft. Ideologiekritik ist dann die unter Beanspruchung des wahren Bewußtseins erfolgende Identifikation der Ideologie als falschem Bewußtsein durch Aufdeckung der Gründe für die Bewußtseinsverzerrung.

Indessen ist der Ideologiebegriff damit noch nicht hinreichend umrissen. Aus der Marxschen Feststellung, daß das falsche Bewußtsein Ausdruck gesellschaftlicher Bedingungen, nicht kognitiver oder moralischer Defekte der Individuen sei, sind auch nichtmarxistische Konsequenzen gezogen worden. Die Marxsche Figur des Ideologiebegriffs braucht nämlich nur ein Stück genereller gedacht und analytisch statt geschichtsphilosophisch genutzt zu werden. Dann ist *jede* Auslegung von menschlichem Selbstverständnis Ideologie. Das ist der Ideologiebegriff der Wissenssoziologie (Mannheim); er wird in mannigfacher Modifikation von den positivistischen Gesellschaftswissenschaften bevorzugt. Das unterscheidende Kriterium dieses Begriffsverständnisses liegt im Verhältnis zu allen auf Marx zulaufenden Positionen in seiner *Wertfreiheit*. Die Wertfreiheit ist logische Konsequenz der Ausweitung des Marxschen Urteils über die Ideologie der bürgerlichen Gesellschaft auf alle gesellschaftlichen Verhältnisse und Ordnungen; sie ist zugleich bürgerliche Entschärfung des marxistischen Ansatzes infolge der Neutralisierung des revolutionären

Gesichtspunktes. Von da aus erscheint die Situation zunächst entspannt. An Stelle des ermüdenden, nicht abschließbaren Kampfes von Positionen, die sich gegenseitig den Anspruch auf Wahrheit streitig machen müssen, tritt die Trennung der Bereiche: Ideologische und wissenschaftliche Aussagen beziehen sich überhaupt nicht auf die gleichen Sachverhalte. Während die wissenschaftlichen Aussagen auf prinzipiell beweisbare, d. h. intersubjektiv überprüfbare Sachverhalte fixiert sind – und das sind diesem Verständnis zufolge nur Aussagen über empirische Sachverhalte, über Kausalbeziehungen und Zweck-Mittel-Relationen –, finden die ideologischen Aussagen ihre legitime Domäne bei den nicht im strengen Sinne beweisbaren Sachverhalten, worunter dann Entscheidungen, Werte, Ziele, Zwecke und Normen subsumiert werden. Ideologiekritik kann nun nicht mehr als Demaskierung von falschem Bewußtsein definiert werden, vielmehr ergeben sich zwei andere Möglichkeiten. Als erstes ist Ideologiekritik das Instrument zur Einhaltung der säuberlichen Trennung, d. h. Kritik illegitimer Grenzüberschreitungen, und zwar sowohl im Falle von ideologischen Aussagen über empirische Sachverhalte wie anderseits im Fall (scheinbar) wissenschaftlicher Aussagen mit Wertakzent. Die zweite Möglichkeit ist dann die wertfreie wissenschaftliche Analyse von Ideologien oder einzelner ideologischer Aussagen auf innere Stimmigkeit, Funktion, Nutznießung usw., die aber den jeweiligen Geltungsanspruch auf sich beruhen lassen muß und auf diese Weise die Standortgebundenheit in jeder ideologischen Aussage einschärft.

So durchbricht Kritik in dem hier gekennzeichneten Sinne dogmatische Befangenheit, Vorurteil, Aberglauben und Traditionalismus einfach dadurch, daß die rationale Analyse ans Licht bringt, was es mit ihnen auf sich hat. Aber damit kann immer nur ein Teil der Ideologien aufgelöst werden. Entscheidungen müssen getroffen, Ziele und Normen gesetzt und begründet werden – das ist, nach analytischer Auffassung, Sache der Ideologien, womit dieser Begriff dann ganz wertfrei gefaßt ist. Freilich, wenn auch die Wissenschaft nach diesem Prinzip nicht die Gültigkeit ideologischer Sätze überprüfen kann, weil diese prinzipiell außerhalb der Wissenschaft liegen, so ist deren Anspruch doch durch die Analyse relativiert, insofern derjenige, der die Ideologie akzeptiert, sie nicht nur als das sieht, wofür sie sich ausgibt, sondern auch so, wie sie in der wertfreien wissenschaftlichen Analyse erscheint.

Das ist exakt das Ideologie-Verständnis, das zunächst für die lerntheoretische Didaktik maßgeblich war, bei Paul Heimann völlig eindeutig, bei Wolfgang Schulz durch andere Erwägungen immer etwas gebrochen. Ungeachtet dieser Differenz darf man aber konstatieren, daß die »permanente Ideologiekritik«, wie sie die lerntheoretische Didaktik der Strukturanalyse des Unterrichts einordnet, die wertfreie, wissenssoziologische Auffassung von Ideologie und Ideologiekritik unterstellt. Denn die Träger der Ideologienbildung sind definiert als die gesellschaftlichen Mächte und Weltanschauungsgruppen, die mit ihrem normbildenden Willen einen Druck auf Sinngebung und Zwecksetzung des Unterrichts ausüben. Hier fällt nach Heimann auch die Entscheidung darüber, ob bestimmte Lernvorgänge als »Bildung« interpretiert werden sollen oder nicht. Da diese Entscheidung als ideologische angesehen wird, die Didaktik aber Wissenschaft sein soll, ist der Bildungsbegriff kein möglicher Ansatz für die Didaktik, kann vielmehr nur in der Analyse des ideologischen Druckes als ein Moment unter anderen erscheinen. Wir sehen jetzt ganz deutlich den sachlichen Grund für das, was zunächst als eine mehr terminologische Differenz erschien: Die Inanspruchnahme des Begriffs »Lerntheorie« hängt eng zusammen mit dem Standort dieses Modells in der Ideologienfrage. Der wertfreie, von Heimann gewählte wissenssoziologische Ideologiebegriff verlangt für wissenschaftliche Bemühungen Begriffe, die möglichst normfrei sind. »Lernen« scheint dem sehr viel besser zu entsprechen als »Bildung«. Die für alles pädagogische Handeln erforderlichen normativen Entscheidungen sind demgegenüber in den Bereich der Ideologien verwiesen, den die Analyse nie auflösen kann, wohl aber aufklärt und so dem Bewußtsein vergegenwärtigt, insbesondere dem Lehrer die eigene ideologische Bedingtheit und die seiner Unterrichtsfächer und seines erzieherischen Verhaltens aufweist. Letzteres ist nicht so mißzuverstehen, als ob hier die Didaktik mit drohend erhobenem Zeigefinger den Lehrer in Bedrängnis bringen solle oder müsse, sondern gemeint ist, daß der Lehrer sich selber mit diesem Instrument über die ideologischen Implikationen seines eigenen Tuns Rechenschaft abzulegen habe. Gelingt das, so hindert die Didaktik denjenigen, der sich ihrer bedient, zumindest daran, unvermittelt in das Kampfgetümmel zu stürzen, lobende und tadelnde Urteile nach allen Seiten auszuteilen, bevor die Bedingungen der fraglichen Situation vollständig erfaßt sind.

Lerntheoretische Didaktik verfügt über unbestreitbare Vorzüge; sie erfreut sich großer Verbreitung. Gleichwohl kann das Modell seinen eigenen Anspruch nicht voll einlösen, und zwar aus prinzipiellen Gründen. Von diesen Gründen sollen hier drei angezeigt werden:

a) Lerntheoretische Didaktik beansprucht, »zur unvoreingenommenen Beobachtung des Unterrichtsgeschehens« anzuleiten, »zur Verarbeitung dieser Beobachtung zu einer Theorie, zu einem System widerspruchsfreier Aussagen, die durch intersubjektiv verfügbare Faktoren verifiziert oder falsifiziert werden könnte«. Um das leisten zu können, müßte die Didaktik ein begründeter Zusammenhang von Hypothesen über den Unterrichtsprozeß und seine Gesetzmäßigkeiten sein. Davon kann aber im Ernst nicht geredet werden. Denn die Kategorien der lerntheoretischen Didaktik sind nicht weniger, aber eben auch nicht mehr als *Klassifizierungen für Entscheidungen:* Die »Bedingungsfelder« sammeln die Voraussetzungen, die für das Handeln des Lehrers in den vier »Entscheidungsfeldern« maßgeblich sind oder doch sein könnten. Ein solcher entscheidungslogischer Bezugsrahmen ist sowohl für rückblickende Analyse als auch für vorausschauende Planung von Unterricht unerläßlich. Die Tatsache, daß es beim Auftreten der lerntheoretischen Didaktik Anfang der sechziger Jahre keinen brauchbaren Raster für Unterrichtsentscheidungen gab, der der Wissenschaftslage der Zeit und dem Bewußtseinsstand der jüngeren Lehrergeneration entsprochen hätte, war gewiß einer der Gründe für den Erfolg des Modells. Das darf aber nicht über den Unterschied täuschen: Wer sich z. B. im Entscheidungsfeld »Methode« von dieser Didaktik anleiten läßt, wird auf fünf Ebenen aufmerksam gemacht, auf denen zur vollständigen Planung unterrichtsmethodische Entscheidungen getroffen werden müssen; auch wird er auf wechselseitige Zusammenhänge hingewiesen, insbesondere auf die Implikation mit Inhaltsentscheidungen (vgl. oben S. 104 ff.). Indessen liefert die lerntheoretische Didaktik keine Rechtsgründe dafür, welche Entscheidungen nun unter welchen Bedingungen die besseren seien. Ob etwa auf der unterrichtsmethodischen Entscheidungsebene der »Verfahren« das ganzheitlich-analytische, das elementenhaft-synthetische oder das projektorientierte Verfahren vorzuziehen sei, wird nicht gesagt; und zwar bleibt die Antwort nicht deshalb aus, weil die Theorie an dieser Stelle noch nicht weit genug entwickelt wäre – solche Stellen gibt es in jedem Modell; sie bedeuten keinen Einwand, weil sich der Mangel ja bei Bedarf beheben läßt –, sondern weil sie außer dem Postulat der Zweckrationalität über kein Kriterium verfügt. Zur Beantwortung von Fragen dieser Art wäre vielmehr eine empirisch gehaltvolle Theorie des Unterrichts notwendig, die, wie Günter Hartfiel gezeigt hat[47], aus prinzipiellen Gründen mit einer Entscheidungslogik nicht identisch sein kann.

Diese Differenz war, so wenig sie von den Autoren der lerntheoretischen Didaktik selber erkannt wurde, folgenreich. Denn nicht allein konnten sehr unterschiedliche inhaltliche Optionen ihre Entscheidungen in dieser formalen Klassifikation unterbringen, sondern das Ganze konnte sogar als Modell der didaktischen Variablen für den formalsten aller didaktischen Ansätze dienen, für den informationstheoretischen (vgl. oben S. 64).

Mag das als Vorzug angesehen werden, so muß doch andererseits zur inhaltlichen Entfaltung der Didaktik eine von der Entscheidungslogik unabhängige Theorie zur Geltung gebracht werden. Eine solche Theorie würde dann freilich ihrerseits auf die Kategorien des entscheidungslogischen Bezugsrahmens korrigierend einwirken. Denn so, wie diese Kategorien (d. h. die definitorischen Festlegungen für Bedingungs- und Entscheidungsfelder) zunächst von Heimann und Schulz vorgestellt wurden, durften sie zu Recht als perspektivenreicher Entwurf, keinesfalls aber als hinreichend begründet angesehen werden. Insofern ist auch die Zielsetzung, »zur unvoreingenommenen Beobachtung« anzuleiten, widersprüchlich: Die Kategorien des entscheidungslogischen Bezugsrahmens, mit denen der Unterricht klassifiziert wird, sind ja selber eine solche »Voreingenommenheit«; möglicherweise eine begründbare, aber eben nicht durch das Schema selbst.

Daß es sich wahrscheinlich so verhält, läßt sich illustrieren an dem Punkt, der als Prüfstein jeder allgemeinen Didaktik zu gelten hat, nämlich an der Umsetzung in Fachdidaktik: Die allein den entscheidungslogischen Kategorien vertrauenden und als Exempla lerntheoretischer Didaktik vorgestellten fachlichen Unterrichtsbeispiele sind enttäuschend dürftig. Gehaltvolle fachdidaktische Entwürfe hingegen, die sich am Konzept der lerntheoretischen Didaktik orientieren, bringen ganz andere, den Rahmen erst ausfüllende und modifizierende Theorien mit ins Spiel, so Gunter Otto für die Didaktik der ästhetischen Erziehung, Frank Achtenhagen für den fremdsprachlichen Unterricht.

b) Werden das empirisch-analytische Wissenschaftsverständnis und der wissenssoziologische Ideologiebegriff konsequent durchgehalten, so besteht keine Möglichkeit, die Ideologien hinsichtlich der Verbindlichkeit ihrer Ansprüche zu unterscheiden. Die qualitative Differenz zwischen großer Philosophie, religiösem Glauben, weltanschaulichen Positionen, Gruppeninteressen, politisch-gesellschaftlichen Meinungen, Vorurteilen und Aberglauben ebnet sich ein. Obschon lerntheoretische Didaktik das kühle Pathos der Rationalität für sich beansprucht, kann sie doch nichts dagegen tun, von irrationalen Dezisionen in Dienst gestellt zu werden. Denn um unterrichten und erziehen zu können, sind Entscheidungen zu treffen: Nach Durchlaufen der lerntheoretischen Analyse werden sie nicht mehr vorwissenschaftlich-naiv sein, wohl aber nachwissenschaftlich-privat. Der Didaktiker *entscheidet* ideologisch; vor dieser Schwelle tritt der Erziehungswissenschaftler in ihm ab, jedenfalls dann, wenn die Erziehung als Ganzes, ihr Sinn und Ziel befragt ist. Diese Konsequenz hat Wolfgang Schulz dazu geführt, über Heimanns ausdrückliche Inanspruchnahme des wissenssoziologischen Ideologiebegriffs hinauszugehen und zu behaupten, die nähere Charakterisierung der Normen erlaube schließlich ein Urteil über ihre Verbindlichkeit.[48] In dieser Absicht wechselte er dann zwangsläufig den Ideologiebegriff. Er bezog sich im fraglichen Zusammenhang auf Hans-Joachim Lieber, der mit den Mitteln der dialektischen Wissenschaftstheorie und dem Rückgriff auf Kant und Marx den Wahrheitsanspruch für einen geschichtsphilosophisch gefaßten Begriff der Gesellschaft erneuert und gegen Ideologie als falsches Bewußtsein abgrenzt. Damit hatte sich Schulz in einen Selbstwiderspruch begeben: Denn es ist logisch nicht möglich, beide Ideologiebegriffe im gleichen Begründungszusammenhang zu verwenden. Indessen ist der Widerspruch nicht Ausdruck einer unkorrekten Argumentation eines einzelnen Autors, sondern eher einer immanenten Unstimmigkeit positivistisch-analytischer Wissenschaftsauffassung überhaupt. Ein dahingehendes Urteil ist freilich selber durch wissenschaftstheoretische Parteinahme bestimmt. Es muß darum begründet und zugleich – im Interesse einer umfassenden Gesprächsfähigkeit der Didaktik innerhalb von Basiskonflikten und Theorienstreit – relativiert werden. Damit kommen wir zum dritten Grund für die Grenzen des Modells.

c) Lerntheoretische Didaktik setzt mit ihrem ersten analytischen Schritt voraus, daß eine rationale Abklärung unterrichtlicher Vorgänge und daran anschließend deren technologische Strukturierung vernünftig sei. Damit ist ein Begriff von Vernunft impliziert, der mit den beanspruchten wissenschaftstheoretischen Prämissen nicht begründet werden kann. Denn nach analytischer Auffassung ist jede Entscheidung ideologisch, auch die für den Wert der Rationalität. Die modernen, neopositivistisch orientierten Handlungswissenschaften, die dieser analytischen Auffassung folgen, zeigen aber zugleich, inwiefern Rationalität allen anderen Werten übergeordnet ist, nämlich weil sie das erfolgreichste Mittel zur Verwirklichung von Werten und Zielen ist. Darum tendieren die so angelegten Wissenschaften dazu, den jeweiligen Arbeitsbereich, in unserem Falle die Didaktik, im Prinzip aber das gesamte gesellschaftliche Leben, nach Maßgabe technologischer Rationalität zu organisieren.[49] Die Parteinahme für Rationalität scheint demzufolge doch nicht als unbeweisbar ideologisch, sondern als begründbar, intersubjektiver Prüfbarkeit zugänglich, unterstellt zu sein. Mit dieser zwar nicht eingestandenen, aber notwendigen Annahme verfällt das Modell im Kampf gegen die Irrationalität der den Menschen unvernünftig bindenden Wertsysteme selbst dem Dogmatismus. Für lerntheoretische Didaktik folgt daraus: Entweder wird der Unterricht rein technologisch aufgefaßt und beliebigen außerpädagogischen Zwecken für die Durchsetzung ihrer jeweiligen Intentionen bereitgestellt; oder aber diese Didaktik diktiert im Namen der Wertfreiheit dogmatisch die eigenen Werte der technologischen Rationalität. Diese unbefriedigende Alternative hängt mit der Tatsache zusammen, daß der wertfreie Ideologiebegriff, wie ihn die lerntheoretische Didaktik unterstellt, aus dem wertenden hervorgegangen ist und auch zu ihm zurückkehrt. Darum muß eine Rückfrage gestellt werden nach dem erkenntnisleitenden Interesse von Erziehungswissenschaft. Solche Rückfrage kann und darf kein Zurück bedeuten hinter die angezeigten Fortschritte des lerntheoretischen Modells, insbesondere kein Zurück zur traditionellen geisteswissenschaftlichen Pädagogik in ihrer ursprünglichen Gestalt: Sie steht am Ausgang ihrer Epoche. Wohl aber fragt sich, ob nicht im allerdings uneingelösten Versprechen des bildungstheoretischen Ansatzes das gesuchte emanzipatorische Interesse festgehalten und kritisch gemacht werden könnte. Wenn die Didaktik mit dem lerntheoretischen Implikationszusammenhang in fruchtbarer Spannung zu halten wäre zwischen Bildungstheorie und Kybernetik, müßte sie sich des Dogmatismus der alten Wertsysteme ebenso entschlagen wie der positivistischen Auskunft von der angeblichen Wert- und Zweckfreiheit wissenschaftlicher Forschung und der damit verbundenen Ausblendung ihrer politischen Funktion. Dann aber könnte Didaktik bei Nutzung aller planenden und steuernden Möglichkeiten der technischen Zivilisation die bisher immer wieder gescheiterte und als utopisch verworfene Anstrengung in sich aufnehmen, nämlich die intellektuellen Kräfte der Gesellschaft über die handelnden gesellschaftlichen Subjekte zu befreien zu ihrer wahren Möglichkeit, und zwar durch Aufklärung, nicht durch sozialtechnische Bewußtseinsmanipulationen.

Wolfgang Schulz selber hat der lerntheoretischen Didaktik ein dahingehendes Programm gewiesen, jedenfalls insoweit, als er die revidierte Fassung der »Berliner Schule« verpflichtet auf »Kompetenzsteigerung in Verbindung mit Emanzipationsförderung als solidarische Hilfe«.[50] Eine Didaktik, die sich als Wissenschaft mit den Zielen einer politisch-pädagogisch pontierten Praxis identifiziert und die sich an den Interessen derjenigen zu orientieren sucht, für die der Unterricht veranstaltet wird, kann man füglich als eine engagierte bezeichnen. Ein solches Engagement, wie es der geisteswissenschaftlichen Didaktik aus methodologischen Gründen unumgänglich war (vgl. oben S. 29–36), konnte Schulz ursprünglich nur ironisch kommentieren als »sympathiegeladenes und damit voreingenommenes Nachdenken über junge Leute«.[51] Nach der »Revision« erklärt er dieses Engagement nicht nur für eine notwendige Ergänzung der Theoriebildung, sondern geradezu zu deren »Bestandteil«.[52] Damit ist aber nicht, wie nach dem hier Vorausgegangenen vermutet werden könnte, die empirisch-analytisch orientierte Wissenschaftsauffassung verlassen. Sie wird vielmehr ebenso ausdrücklich bestätigt, wie sie sich auch einer immanenten Interpretation der neueren Abhandlungen zur lerntheoretischen Didaktik erschließt. Ein solches Konzept – Engagement an den Zielen der Praxis und gleichzeitig Bindung an einen objektivierenden, das Engagement ausschließenden Wissenschaftsbegriff – wäre nur dann stimmig, wenn diese Didaktik aus einem ideologischen Teil bestünde, der »Emanzipation«, »Solidarität« und »Kompetenz« als Zielvorgaben rechtfertigt, und einem im engeren Sinne wissenschaftlichen Teil, der instrumentalistisch die für die fraglichen Ziele empfehlenswerten Mittel bereitstellt.

Da Schulz eine entsprechende wissenschaftstheoretische Klarstellung vermissen läßt, vielmehr in der Sache einen unbestimmten Schwebezustand bevorzugt – was einen energischen Tonfall nicht ausschließt –, bietet er einer streng standpunktorientierten Kritik gute Angriffsflächen. Die faktische Annäherung bildungstheoretisch-geisteswissenschaftlicher und lern- bzw. lehrtheoretischer Modelle kann dann in ihrer Äußerungsform als prinzipienloser Pragmatismus und in ihrer gesellschaftlichen Funktion verschwörungstheoretisch gedeutet werden, so z. B. von Breyvogel.[53] Damit aber drohen berechtigte kritische Rückfragen unsinnig zu werden, nämlich hinter den bereits erreichten Stand von Einsichten zurückzufallen. Denn wenn die wissenschaftstheoretische Kritik sich nicht damit begnügt, reflektierend die Problematik des jeweiligen wissenschaftlichen Vorgehens aufzudecken, muß sie eine gleichsam vorentworfene Stringenz lückenlos einklagen. Kritik fordert dann implizit eine Leistung von der Didaktik, die nur dogmatisch eingelöst werden könnte. Denn wenn die didaktische Theorie nicht die ihren Modellansätzen zugrunde liegende wissenschaftstheoretisch-methodologische Spannung produktiv auffangen, sich also selber nicht in dieser Spannung zwischen Bildungstheorie und Kybernetik sehen kann, dann müßte sie eine Superwissenschaft sein: sie müßte den nicht abgeschlossenen (und prinzipiell nicht abschließbaren) Wissenschaftsprozeß als letzte Instanz entscheiden; das aber ist nur möglich durch eine dogmatische Bindung an Weltanschauungspositionen, d. h. durch Erneuerung normativer Didaktiken im unkritischen und unwissenschaftlichen Sinne. Da das Gegenteil das hier zur Geltung gebrachte Interesse ausmacht, darf der Hinweis auf die Grenzen des lerntheoretischen Modells nicht als ein Versuch gewertet werden, Rezeption und Weiterentwicklung dieses Ansatzes zu behindern, sondern er soll dazu ermutigen, ihn kritisch in den übergreifenden Problemhorizont einzustellen. (Zum Verhältnis von wissenschaftlichem Wahrheitsanspruch und didaktischer Unentschiedenheit gegenüber Theorienstreit vgl. unten S. 179 f.)

4. Kapitel

Die Lehrplantheorie der geisteswissenschaftlich-bildungstheoretischen Didaktik

Begriffliche Vorklärungen: Lehrplan – Lehrplantheorie – Curriculum

Der Lehrplan ist die geordnete Zusammenfassung von Lehrinhalten, die während eines vom Plan angegebenen Zeitraumes über Unterricht, Schulung oder Ausbildung vom Lernenden angeeignet und verarbeitet werden sollen. Eine solche Zusammenfassung ist nur möglich, wenn jeweils maßgebliche Lernziele und Teillernziele fixiert und in inhaltliche Anforderungen umgesetzt sind. Das »Planmäßige« im Ausdruck »Lehrplan« setzt das beabsichtigte Lehren in Gegensatz zum unreflektierten, zufälligen Verhalten. Man kann freilich fragen, ob Erziehung und Unterricht als völlig planloses Handeln überhaupt denkbar seien. Denn Erziehung ist immer ein Versprechen auf die Zukunft, ein Handeln auf weite Sicht. Schon lange bevor die ausdrückliche pädagogische Frage nach Chancen und Risiken einer partiellen Vorwegnahme des Schicksals auftauchte, gab es im Bewußtsein von Zusammengehörigkeit und Geschlechterfolge die Verpflichtung der älteren Generation für das kommende Leben der jüngeren. Aber das Erziehungsziel war auf frühen Stufen der Menschheitsentwicklung nicht eigens als solches gesetzt, vielmehr selbstverständlich und unbefragt gegeben mit den Überzeugungen, dem Verhalten, der Sitte und dem Glauben der älteren Generation, ebenso auch die Erziehungsmittel in den vorgegebenen Strukturen zwischenmenschlicher Beziehungen. Damit war zweifellos eine Planmäßigkeit verbunden, vielleicht sogar eine sehr strenge und konsequent eingehaltene Regelhaftigkeit der erzieherischen Eingriffe; und diese Regelhaftigkeit war gewiß keine bewußtlose. Denn die Praxis der Erziehung konnte ja nur konstant gehalten werden bei einem Wissen von der Erziehung, welches von einem Geschlecht zum anderen weitergegeben wurde. Gleichwohl wird bei alledem schwerlich von einem »Lehrplan« in dem von uns angegebenen Sinne die Rede sein können, darum nicht, weil die Vorgänge eingebunden waren in die allgemeine Ordnung des Lebens. Lehrpläne gibt es erst, seitdem Erziehung fragwürdig wurde, seitdem sich auf der Stufe der

Hochkultur, bei größerer Arbeitsteilung und gegliederter Gesellschaft, die überlieferten, unbefragten Formen problematisierten und eine bewußte Frage nach Erziehungszielen und nach den Bedingungen des erzieherischen Erfolgs herausgebildet war.[54]

Was aber kann nun Lehrplan*theorie* heißen? Wenn wir von unserer obigen Festlegung ausgehen, Lehrplan als die von Lernzielen bestimmte, auf einen längeren Zeitraum bezogene Zusammenfassung von Lehrinhalten zu verstehen, dann könnte mit »Lehrplantheorie« als erstes der jeweilige Begründungszusammenhang gemeint sein. Denn es ist evident, daß ein Lehrplan das durch ihn vorweg bedachte Lehrgeschehen mit zahlreichen Begründungen sichern muß. Das wird jedenfalls dann erforderlich sein, wenn ein solcher Plan gegenüber der herrschenden Praxis etwas Neues präsentiert, aber auch, wenn ein traditioneller Lehrkanon gegenüber Kritik und Reformabsichten behauptet werden soll. In diesem Sinne hat Josef Dolch »Lehrplantheorie« verstanden. Sein Buch über den Lehrplan des Abendlandes ist die Darstellung einer über zweieinhalb Jahrtausende reichenden Geschichte von Begründungen für Kontinuität, Veränderung und Neuansatz, beginnend bei der enkyklios paideia, der Theorie der griechisch-hellenistischen Bildung, wie sie sich in den philosophischen Auseinandersetzungen zwischen Platon, Isokrates und Aristoteles herausstellte, bis hin zu Georg Kerschensteiner, der als Münchner Stadtschulrat um 1900 einen neuen Lehrplan der Naturlehre, Geographie und Geschichte für die Volksschuloberstufe zu bearbeiten hatte. Zur Verteidigung seiner Reformanordnungen verfaßte Kerschensteiner eine kleine Schrift »Betrachtungen zur Theorie des Lehrplans«, in der sich eine zweite Möglichkeit für das Verständnis von »Lehrplantheorie« andeutet. Bevor Kerschensteiner seinen Lehrplan inhaltlich begründete, suchte er sich nämlich darüber Rechenschaft abzulegen, was in einem Lehrplan alles enthalten sein müsse: eine notwendige und hinreichende Zahl von Unterrichtsfächern, ihr Gewicht im Stundenausmaß, räumliche und zeitliche Anordnung der Fächer, Inhaltsbestimmung und Auswahl innerhalb der Fächer, Gliederung der Inhalte und wechselseitige Verknüpfung der einzelnen Fächer. Darüber hinaus versuchte er die Bedingungsfaktoren zu bestimmen, von denen die Lösungen der Lehrplanproblematik abhängig seien, und er nannte hier das Bildungsideal der Zeit, die Schulverhältnisse im Lande, die psychologischen Voraussetzungen des Lernens und die subjektive Komponente bei dem Lehrplanverfasser. Wie das im einzelnen zusammenhängt, ist hier nicht wichtig. Interessant hingegen ist an diesem Vorgang, daß ein Lehrplanverfasser die Lehrplanbedingungen reflektiert. Denn damit tritt eine zweite Möglichkeit für das Verständnis des Begriffs Lehrplantheorie in unseren Blickkreis. Als erste Möglichkeit hatten wir gesagt, eine Lehrplantheorie sei die inhaltliche Begründung für einen Lehrplan, als zweite Möglichkeit können wir jetzt hinzufügen: Lehrplantheorie heißt die Bemühung, die Bedingungen für die Aufstellung eines Lehrplanes in den Griff zu nehmen, also kritisch zu durchdenken, an welche Voraussetzungen ein Lehrplan gebunden ist, welche Schritte für eine Lehrplankonstruktion zu durchlaufen sind, welche Ansprüche an die Begründungen gestellt werden müssen, welche Methoden anwendbar sind und welchen Kriterien der fertige Lehrplan zu genügen hat. Für unsere weiteren Ausführungen ist nur diese zweite Bedeutung von Lehrplantheorie maßgeblich, wenn es auch zur Illustration hin und wieder erforderlich ist, auf einige inhaltliche Aspekte von Lehrplänen einzugehen.

Der überlieferte europäische Lehrplan war bestimmt durch das System der septem artes liberales, der sieben freien Künste (Grammatik, Rhetorik, Dialektik, Arithmetik, Geometrie, Musik und Astronomie). Es war der in einer langen Entwicklung kodifizierte Kanon der hellenistischen Bildung, der vom nachkonstantinischen Christentum übernommen wurde und in seinen Überresten bis heute nachwirkt. Als »frei« waren diese Disziplinen bezeichnet, weil sie eines »freien Mannes«, im Gegensatz zum Sklaven, würdig sein sollten; im Mittelalter aufgrund eines sprachlichen Mißverständnisses als »Buchwissenschaften« verstanden, später humanistisch umgedeutet zu dem Medium, kraft dessen der Geist zu sich selber befreit werde. Es ist kein System von Lehrinhalten bekannt, das eine größere Konstanz über die Zeiten hinweg bewahren konnte. So treffen wir auch in der gegenwärtigen Diskussion noch auf Argumente, die die Lehrplanreform in diesen Traditionszusammenhang einstellen. Josef Dolch vermutet, der uferlose Enzyklopädismus des Gymnasiums in unserer Zeit könne am ehesten überwunden werden durch die Rückkehr zum Ursinn der enkyklios paideia, dem allen Gebildeten Gemeinsamen.[55] In die gleiche Richtung tendiert Josef Derbolav, der die »unkündbare Partnerschaft mit der exemplarischen Bildungswelt der Antike« in der didaktischen Grundstruktur eines grammatisch-literarischen Studiums im Sinne der artes verbürgt glaubt und der demzufolge den Begriff des

Exempels synonym setzt mit dem des Klassischen, also die unter dem Stichwort vom »exemplarischen Lernen« gefaßten Reform- und Konzentrationsbemühungen auf die artes-Überlieferung zurückführt.[56] Diese, hier nur beispielsweise angeführten Hinweise beleuchten die legitimierende Kraft, die die Tradition in der Lehrplanfrage behalten hat. Das hängt allerdings auch damit zusammen, wie wir im weiteren noch näher sehen werden, daß bisher keine wirklich ausgeführte, Konstruktion und Entwicklung aus systematischen Gründen ermöglichende Lehrplantheorie aufgetreten ist, vielmehr erst in jüngster Zeit dahingehende Ansätze versucht werden.

Das Begriffswort für den so erstaunlich zählebigen Kanon der artes liberales war indessen nicht »Lehrplan«. Während des Mittelalters dominierten die Termini studium und ordo, später traten ratio, formula und institutio hinzu, zuletzt, im 16. und 17. Jahrhundert, auch curriculum. Dieses Wort setzte sich schließlich durch im Zeitalter des Barock, als im Zusammenhang mit der Entdeckung der »didactica« Auswahl und Anordnung der Lehrinhalte problematisiert wurden und man nach einem Ausdruck suchte, der das sich Wiederholende, das Alljährliche bezeichnete. Curriculum heißt dem lateinischen Wortsinne nach Zeitabschnitt, Ablauf – so verstanden als Lebenslauf: curriculum vitae –, aber es bedeutet auch Alljährlichkeit. Die Barockdidaktiker benutzten dann zahlreiche Wendungen wie curriculum in artibus, de curriculo scholastico und de curriculo academico. Im deutschen Sprachraum ging der Begriff curriculum im Laufe des 18. Jahrhunderts wieder verloren, d. h. von dem Augenblick an, da sich die Aufklärung durchsetzte und neue Konzeptionen vorgelegt wurden unter dem Titel von »Plänen«: Schulplan, Unterrichtsplan, schließlich auch Lehrplan. Im angelsächsischen Sprachraum hat sich demgegenüber curriculum gehalten, und von dort kehrt der Begriff gegenwärtig in die deutsche Pädagogik zurück. Stark beeinflußt, wenn nicht gar ausgelöst ist diese Entwicklung von einem ursprünglich für den Deutschen Bildungsrat geschriebenen, später publizierten und eine lawinenartige Wirkung auslösenden Text (vgl. unten S. 163 ff.) von Saul B. Robinsohn: »Bildungsreform als Revision des Curriculum«; sachlich nahegelegt ist sie durch das Interesse, welches Bildungsforschung und Schulpolitik in der Bundesrepublik an der Strategie von Schulreformplänen in den angelsächsischen und skandinavischen Ländern nehmen, an den entsprechenden Bemühungen in der UNESCO und der OECD, wo überall die englische Sprache das wissenschaftliche Verständigungsmittel ist. Dabei handelt es sich nicht allein um eine Begriffsauswechslung; denn Curriculum umfaßt heute gegenüber Lehrplan einen weiteren Inhalt und ist stärker konstruktiv als traditionalistisch bestimmt. Die von John Dewey stark beeinflußte amerikanische Reformpädagogik der ersten Hälfte des 20. Jahrhunderts erbrachte Veränderungen in der Schule, die es unmöglich machten, curriculum weiter im Sinne des Wortes Lehrplan zu verstehen. Denn der Lehrplan ist sowohl in seinen Zielangaben als auch in der Verteilung der Themen und Inhalte eine Anweisung für den Lehrer, im Unterricht einer bestimmten Schule und eines bestimmten Faches die gekennzeichneten »Stoffe« zu behandeln. Nachdem die amerikanische Schule aber dazu übergegangen war, dem Schüler ein Angebot zu unterbreiten, aus dem er wählen konnte, jeder einzelne Schüler also sein individuelles curriculum hatte, und überdies nicht nur die im Unterricht vermittelten Inhalte, sondern der ganze Umkreis der Sozialerfahrungen, die ein Schüler in der Schule sammelt, in die Planung einbezogen waren, mußte curriculum etwas anderes heißen: nicht mehr Lehrplan, sondern Lernplan, »the sum total of experience that are sponsored by the school«.[57] Inzwischen hat sich die Auffassung vom Curriculum in den USA nicht unerheblich verändert. In gewisser Hinsicht ist eine Rückwendung zu den Inhalten zu konstatieren, eine Präzisierung des Erfahrungsbegriffs in Richtung auf Methodologie und elementare Arbeitsformen der Wissenschaften, vor allem aber werden Entwicklung und Reform der curricula als wissenschaftliche Forschungsaufgabe im technologischen Sinne verstanden, als ein systematisches Konstruieren und Herstellen, welches viele Detailuntersuchungen, Fallstudien und Experimente verlangt, keinesfalls von einem einzelnen, seiner Intuition, seiner glücklichen Hand oder seinem pädagogischen Genius vertrauenden »Lehrplanverfasser« geleistet werden kann. Da dieser Impuls durch die angelsächsischen Vorbilder mit dem Terminus curriculum in die deutsche Pädagogik eintritt, ist anzunehmen, daß Theorie der Curriculumentwicklung sich dafür festsetzen wird, obschon auch nichts dagegen spräche, den Begriff Lehrplantheorie entsprechend auszulegen. Daß und inwiefern eine solche Auslegung der innerhalb der geisteswissenschaftlichen Didaktik hervorgetretenen Lehrplantheorie erforderlich ist, wird im weiteren zu begründen sein.

Im 1. Kapitel hatten wir die Strukturen der bildungstheoretischen Didaktik skizziert, vorwiegend in der Form, wie sie innerhalb der geisteswissenschaftlichen Pädagogik Erich Weniger und Wolfgang Klafki entwickelten, in ähnlicher Weise auch von anderen Autoren weitergeführt und bis in unsere Gegenwart nachdrücklich vertreten wird. Methodologisch sind für dieses Modell vier Richtpunkte ausschlaggebend, nämlich erstens der Ausgang von der Erziehungswirklichkeit, hier also von der vorgegebenen didaktischen und unterrichtsmethodischen Situation der Schule, zweitens dann die Auffassung und Deutung dieser Situation als historisch gewordener, drittens die Komplexität, also die gegen die älteren normativen Systeme gerichtete Annahme, daß der Gesamtzusammenhang nie von einem einzelnen Faktor oder von wenigen obersten Postulaten ableitbar sei, vielmehr immer als Resultat eines vielschichtigen Spannungsgefüges erscheine, und schließlich viertens die Begriffsbildung in der Fühlung mit der Praxis und ihrem Sprachgebrauch. Der letztere Gesichtspunkt hängt unmittelbar am geisteswissenschaftlichen Theorieverständnis, insofern ein stufenweiser Aufbau der pädagogischen Theorie von der Rationalität der erzieherischen Handlung über das Selbstverständnis der Praktiker bis zu wissenschaftlicher Analyse und Kritik schon durch den Ausgang von der Erziehungswirklichkeit gefordert ist. Als bildungstheoretisch qualifiziert sich diese Didaktik durch die Funktion, die innerhalb ihrer Strukturen dem Bildungsbegriff zugewiesen wurde. An seiner Stellung ist abzulesen, wie ältere bildungstheoretische Konzeptionen als mögliche Basis für Didaktiken ausscheiden mußten: Verneint ist die Ableitung von subjektiven Faktoren, von psychologischen oder anthropologischen Bedingtheiten des Menschen, verneint aber ebenso und erst recht die Ableitung aus inhaltlichen Prämissen, aus Setzungen bestimmter Wertpyramiden, die »Bildung« substantiell sehen und dazu tendieren, einen Kanon von Inhalten zu umschreiben, der die »Gebildetheit« eines Menschen ausmachen soll. Nachdem die prinzipielle Problematik eines normativ-ableitenden Verfahrens eingesehen war, konnte die geisteswissenschaftliche Didaktik zur Begründung einer Lehrplantheorie nur noch eine Ausgangsfrage stellen: Wie kommen die in der Schulwirklichkeit anzutreffenden und diese weithin reglementierenden Lehrpläne zustande, und welches sind die den Lehrplan gestaltenden Kräfte? Die erste, noch sehr allgemein gehaltene Antwort darauf lautet bei Erich Weniger: Lehrpläne sind das Ergebnis des Kampfes gesellschaftlicher Mächte. Diese Antwort widerspricht in sehr spezifischer Weise, was bis dahin als Begründung für die Setzungen und Forderungen der Lehrpläne behauptet wurde, nämlich daß die im Plan kodifizierten Inhalte abgeleitet seien von höchsten Werten, vom sittlich-religiösen Endzweck der Erziehung, daß sie Ausdruck seien einer bewegenden pädagogischen Konzeption – darum auch nur gelängen, wenn sie von einem einzelnen Lehrplanverfasser entworfen würden –, daß sie der psychologischen Interessenverzweigung des Kindes und heranwachsenden jungen Menschen folgten oder was sonst immer noch behauptet sein mochte. Bei Weniger finden wir demgegenüber als ersten Satz dasjenige positiv ausgedrückt, was in einer Analyse älterer Lehrpläne nur kritisch gegen deren Begründungsanspruch zu wenden ist. Denn solche Ansprüche halten nicht, was sie versprechen; im Rahmen unserer Einleitung (S. 18 ff.) kennzeichneten wir normative Didaktiken und zeigten den Grund für die Unmöglichkeit, die behauptete Deduktionskette ohne Inkonsequenzen durchzuführen. Es ist klar, daß der gleiche Grund auch für die Brüchigkeit eines normativ abgeleiteten Lehrplans gilt; insofern brauchen wir jetzt nicht noch einmal ein speziell auf den Lehrplan bezogenes Beispiel zu diskutieren. In der Tat führt die Analyse der geisteswissenschaftlichen Didaktik auch hier zu dem Ergebnis, daß die Anweisungen nicht aus den beschworenen Prämissen abgeleitet sind, sondern daß die angegebenen Lehrinhalte und deren Gewicht innerhalb des Lehrplanes sehr genau die Interessen der gesellschaftlich Mächtigen widerspiegeln. Diese Einsicht setzte Weniger nun positiv an die Spitze der Theorie des Lehrplans: Lehrpläne sind Ergebnis gesellschaftlicher Kämpfe, bleiben auch nach ihrer Kodifizierung Gegenstand solcher Auseinandersetzungen. So ist es seit jeher gewesen, und anders kann es auch nicht sein, denn, so begründete Weniger seine These, der Lehrplan gibt an, was im Unterricht gelten soll, und daher muß jeder gesellschaftliche Faktor, der dauernd und in der Breite auf die Jugend wirken will, versuchen, Anerkennung und Stellung in den geltenden Lehrplänen zu gewinnen. Diese Antwort wirft jedoch die weitere Frage auf, wer in diesem Kampf um Berücksichtigung im Lehrplan entscheide, welche Ansprüche anerkannt, welche abgewiesen werden bzw., auf einen Punkt reduziert, welches der regulierende Faktor sei.

Weniger suchte die Antwort zunächst in der Analyse von Positionen, die sich selber diese Rolle zuschreiben, aber nicht oder nicht mehr zu erfüllen vermögen. Insgesamt sind es fünf mögliche Regulierungsfaktoren, die der Prüfung nicht standhalten, von denen uns aber nur noch einer zu interessieren braucht. Nach Wenigers Auffassung mißlingt jeder Versuch, als regulierenden Faktor im Lehrplan Kirche, Beruf, Philosophie, ein auf einheitlicher weltanschaulicher Grundlage basierendes Bildungsideal oder die Wissenschaft zu erklären. Wir wollen hier allein den Ansatz bei der Wissenschaft aufgreifen, weil nur dieser Strang in die neuere Diskussion hineinführt, während die anderen Aspekte nach rückwärts in die Vergangenheit weisen. Im Verlauf unserer Darstellung gegenwärtiger Didaktik haben wir mehrfach die problematische Zuordnung von Schulfächern und Fachwissenschaften berührt. Viele Wissenschaften sind überhaupt nicht im Lehrplan vertreten, und innerhalb der Wissenschaften gibt es den Streit der Richtungen. Besonders eingehend untersuchte Weniger den Zusammenhang für den Geschichtsunterricht und kam zu dem Resultat, daß zu keiner Zeit die Geschichtswissenschaft der beherrschende Faktor für die Gestaltung des Geschichtsunterrichts gewesen sei, daß sie auch nie die Notwendigkeit eines solchen Unterrichts zu begründen vermochte, schon gar nicht mit einer gegenüber kritischen Bedenken stärkeren Durchschlagskraft, so daß das Motiv und damit die didaktische Zielstellung an anderer Stelle gesucht werden mußte. Und was für den Geschichtsunterricht gilt, bestätigt sich auch an allen anderen Unterrichtsfächern. Vom Standpunkt der Wissenschaft sind die Lehrpläne ein Mosaik historischer Zufälle: Die Reste der alten artes-Tradition sind deutlich erkennbar; die Kirchen sind durch den Religionsunterricht repräsentiert, reglementieren diesen oft unter Umgehung der theologischen Wissenschaft, greifen noch über den Religionsunterricht hinaus in andere Fächer, auf katholischer Seite bis in die Naturwissenschaften; moderne Disziplinen wurden zum Teil, aber durchaus nicht vollständig, unter dem Druck bestimmter Ausbildungserfordernisse in Lehrpläne aufgenommen, ohne mit den alten Bestandteilen systematisch verbunden zu werden; erzieherische Notlagen in Familie und Gesellschaft haben neue und nicht direkt auf einzelne Wissenschaften zu beziehende Schulfächer erzwungen. Demgegenüber könnte eine Lehrplantheorie die These aufstellen, die Wissenschaft habe zwar bisher nicht regulierend gewirkt, doch solle sie diese Funktion übernehmen. Dazu aber müßte ein allgemein anerkanntes System der Wissenschaften bestehen – das war nach Wenigers Auffassung nicht der Fall –, und überdies müßte die Wissenschaft entgegenstehende Interessen brechen können. So führt die Untersuchung schließlich zu dem Satz: »Träger des Lehrplans und regulierender Faktor ist, seit es Lehrpläne im modernen Sinne gibt und bis zur Gegenwart hin, der Staat.«[58] Das kann in doppeltem Sinne verstanden werden. Zunächst einmal handelt es sich um eine Tatsachenfeststellung: Die öffentlichen Schulen unterliegen der Jurisdiktion des Staates, ihre Lehrpläne werden von der staatlichen Verwaltung erlassen. Jede Lehrplantheorie, die diesen Sachverhalt ignoriert, wäre wirklichkeitsfremd, zur praktischen Sterilität verurteilt. Aber das ist nur die erste, oberflächlichste Bemerkung, die daran anzuschließen ist. Denn das Problem stellt sich sogleich in dem weiteren Sinne, ob der Staat diese Funktion rechtens innehat, bzw. genauer, unter welchen Bedingungen er diese Funktion rechtens ausübt, nicht nur formal-rechtlich legitimiert, sondern auch sachlich kompetent. Ganz abstrakt ließe sich denken: Es mag so etwas wie eine pädagogische Theorie des Lehrplans und der Lehrplankonstruktion entwickelt werden; in dieser Theorie brauchte der Staat gar nicht als regulierender Faktor vorzukommen, sondern ihm würde das wissenschaftlich gesicherte Instrument übergeben mit der Empfehlung, nach Maßgabe der vorgegebenen Einsichten seines Amtes zu walten. Nun wissen wir schon, daß die geisteswissenschaftliche Didaktik eine solche Antwort jedenfalls nicht in *dem* Sinne zur Hand hat und nicht haben kann, als ob aus allgemeinen Prinzipien, seien es nun eine Hierarchie angeblich objektiv gültiger Werte, eine psychologisch-anthropologische Theorie der Bildsamkeit oder ein auf die Schule übertragbares System der Wissenschaften, Lehrpläne entwickelt werden können. Solche Versuche müssen zu unredlichen Folgerungen führen, nämlich den aus inhomogenen Bestandteilen zusammengesetzten Lehrplan mit bewußtseinsverfälschenden Begründungen zu versehen und so die in ihm enthaltene Interessenlage zu verdecken. Wenigers Theorie des Lehrplans zielt demgegenüber gerade darauf ab, die tatsächlich wirksamen Kräfte in ihrem Spannungsverhältnis aufzudecken. Und ebenso wie seine Eingangsthese vom Lehrplan als Ergebnis gesellschaftlicher Machtkämpfe gleichsam durch die falschen Begründungen der normativen Konzeptionen hindurch der Realität abgelesen ist, so findet er auch das Strukturprinzip, das in jedem Lehrplan nachweisbar ist: drei Schichten, die es gestatten, auf ihre Bedingungen zurückzuschließen.

Eine *erste* Schicht konzentriert die rivalisierenden gesellschaftlichen Ansprüche auf gemeinsame Überzeugungen, was sie im politischen Konsens ausdrücken. Nur solange bei allen Differenzen hinsichtlich der Normen und Ziele doch bestimmte Aufgaben als gemeinsame anerkannt werden, ist ein Lehrplan möglich. Weniger hat dafür den außerordentlich mißverständlichen Begriff des Bildungsideals benutzt, und er verband damit, wie alle Vertreter der geisteswissenschaftlichen Pädagogik seiner Generation, Vorstellungen, die heute einer ideologiekritischen Relativierung ausgesetzt sind. Allerdings ist bei Weniger mit »Bildungsideal« nicht etwa die Ableitung des Lehrplans aus einer einheitlichen Weltanschauung gemeint – wir hatten oben bereits erwähnt, daß diese Möglichkeit zu den fünf negativ ausgeschiedenen gehört –, sondern der Hinweis darauf, inwiefern sich die analysierenden Feststellungen von der regulierenden Funktion des Staates rechtfertigen lassen, so nämlich, daß der Staat die konkurrierenden Bildungsideale der gesellschaftlichen Mächte überhöht, ihnen den Raum zur Entfaltung sichert und damit die übergreifende Gemeinsamkeit bewahrt. Ist schon die Wendung vom Bildungsideal problematisch genug, so macht die Verknüpfung mit dem Staat die Sache noch schwieriger. Denn der auf die Spitze getriebene Staatsoptimismus findet seinen Ausdruck schließlich in dem Satz: »Alle anderen Mächte müssen sich, um Bildungsmächte zu werden, eine Transposition ihrer Ziele und Gehalte in die Form der zweckfreien Bildung gefallen lassen, der Staat selber aber *ist* diese zweckfreie Form der Bildung in der Begegnung der Bildungsmächte und der Generationen im Lebensraum der Schule.«[59] Die an dieser Stelle erforderliche Kritik, die, wenn auch noch ganz auf dem Boden des geisteswissenschaftlichen Theorieverständnisses verbleibend, von Wenigers Schüler Klafki begonnen wurde,[60] ist von großer Wichtigkeit, sofern dieser Lehrplantheorie noch ein aktuell-systematisches Interesse zukommen soll. Darum muß gefragt werden, ob die weiteren Bestimmungen der Lehrplantheorie auch dann haltbar und diskutabel bleiben, wenn die überhöhte Auffassung vom Bildungsideal und dessen Rückbeziehung auf den Staat entfällt. Klafki verfolgt die mit dieser Frage angedeutete Richtung, indem er das »Ideal« herunterinterpretiert zum Begriff des Gefüges von Lehraufgaben, der Konzentration der Ansprüche auf gemeinsame Überzeugungen. Das liegt um so näher, als Weniger selbst in diesem Zusammenhang gelegentlich von der »Ortsbestimmung der Gegenwart« sprach. Das Ergebnis solcher Ortsbestimmung im Lehrplan durchzusetzen, ist freilich die Aufgabe des Staates. Da aber der Staat durchaus nicht interesselos gegenüber Erziehung und Schule ist, weder ist er das faktisch, noch könnte er das von seinem Anspruch her sein, so muß er in der Lehrplantheorie in unterschiedlicher Funktion zweimal vorkommen: einmal als ein Interessenvertreter, der neben Kirche, Wirtschaft, Wissenschaft, politischen Parteien, Gewerkschaften, berufsständischen Organisationen und Familie um Wirkung und Nachwuchs besorgt ist, sich aber die Umsetzung seiner Ansprüche in bildungsgerechte Formen gefallen lassen muß; der bevorzugte Ort, *diesen* Anspruch des Staates zu berücksichtigen, sind Geschichtsunterricht und politische Bildung; andererseits aber muß er die Regulierungsfunktion ausüben und demzufolge im Lehrplan eine angemessene Lagerung der gesellschaftlichen Kräfte ermöglichen.

Wir sehen hier noch einmal sehr deutlich, daß und wiefern die geisteswissenschaftliche Didaktik eine bildungstheoretische ist. Nach dem von ihr bewirkten Sturz der normativen Systeme hat sie die Pädagogik zurückgeführt auf einen nur noch formal umschreibbaren Bildungsbegriff, auf einen Punkt, von dem aus keine Inhalte ableitbar sind und von dem aus sich auch keine Rechtsgründe für eine *nur* pädagogisch legitimierte Auswahl von Lehrinhalten ergeben. Das alles ist als bewußtseinsverfälschende Substitution zurückgewiesen. Gleichwohl tritt die Didaktik hier mit einer spezifisch pädagogischen Norm auf, mit dem Anspruch nämlich, *vorgegebene* inhaltliche Forderungen an die Erziehung zu prüfen und in bildungsgerechte Formen zu übertragen, in denen sie ihren bedingungslosen Durchsetzungswillen verlieren. Denn der als Maßstab beanspruchte Begriff der Bildung bricht die von den objektiven Mächten geltend gemachten Forderungen, in denen diesen die Repräsentanz im Lehrgefüge nur unter dem Preis eingeräumt wird, auch die eigene Infragestellung und Problematisierung zuzulassen. Wenn nun aber der Staat als Verwalter und Organisator des öffentlichen Unterrichtswesens, als regulierender Faktor der Lehrplanentwicklung zugleich auch um seiner eigenen Stabilität und Kontinuität willen ein Eigeninteresse als Macht unter konkurrierenden Mächten hat, wer könnte ihn dann zwingen, sich in der didaktischen Realisierung seines Anspruches dem Urteil der pädagogischen Normativität zu unterwerfen? Wenigers Antwort darauf lautet: nur der Staat selbst, indem er die Freisetzung einer solchen pädagogischen Instanz sichert, indem er sich selbst in seiner Machtausübung beschränkt, indem er seine Legitimität nur unter Wahrung der pädagogischen Sachkompetenz ausspielt. Der historische Hintergrund dieser wohlmeinenden Hoffnung war bei Weniger die Erinnerung an den Staat als Bundesgenossen im Kampf der Lehrerschaft gegen die geistliche Schulaufsicht. Und Weniger glaubte zwei konkrete Indizien dafür angeben zu können, daß der Staat tatsächlich zu solcher Selbstbeschränkung gewillt sei, einerseits die akademische Lehrerbildung, die die Rückgabe der unterrichtsmethodischen und in bestimmten Grenzen auch der didaktischen Freiheit nach sich zieht, andererseits, als Erfüllung der aus der akademischen Lehrerbildung resultierenden Konsequenzen, die Ersetzung der starren und alle Einzelheiten bis zu methodischen Vorschriften regulierenden Lehrpläne durch weitgefaßte Richtlinien oder Rahmenlehrpläne. Mit diesen Hinweisen wird man sich indessen kaum zufriedengeben dürfen. Zwischen der juristischen Legitimität des Staates als Verwalter des Unterrichtswesens und der Respektierung einer dem Staat gegenüber relativ freien pädagogischen Verantwortung liegt eine Spannung, die mit den gekennzeichneten administrativen Maßnahmen nicht aufgehoben sein kann. Erich Weniger sah durchaus die Möglichkeit des Mißbrauches, besonders nach den Erfahrungen mit dem Nationalsozialismus, aber er leitete daraus lediglich die Notwendigkeit einer pädagogischen Kritik bestimmter Staatsauffassungen ab. Für die Didaktik als Wissenschaft stellt sich aber noch eine andere Frage, nämlich ob und inwiefern die Vorstellung von einer dem Staat oder den gesellschaftlichen Kräften gegenüber, die den Staat tragen, selbständigen pädagogischen Verantwortung berechtigt ist. In dieser Frage liegt das Problem der wissenschaftlichen Dignität von Bildungstheorie. Denn es könnte ja sein, daß die relative Selbständigkeit des pädagogischen Denkens frommer Selbstbetrug sei, daß in Wahrheit eine solche Argumentation nur dazu diene, die staatliche Omnipotenz zu verschleiern. Denn die Selbstbeschränkung des Staates in pädagogischer Hinsicht, durch noch so viele Indizien bestätigt, bliebe scheinbar, wenn die pädagogische Instanz, der er sich unterwirft, nur die Reproduktion seiner Interessen in pädagogischer Sprache wäre. Diese Frage ist nicht identisch mit der von Weniger für wichtig erachteten, heute aber kaum noch interessierenden, nach der relativen Autonomie der Pädagogik gegenüber anderen Wissenschaften, vielmehr ist sie allein darauf zu beziehen, ob Erziehungswissenschaft als emanzipatorische oder nur als technologische Disziplin betreibbar ist. Davon unberührt jedoch bleibt Wenigers analysierende Feststellung über die erste Lehrplanschicht. Selbst wenn der Staat seine administrative Funktion dazu ausnützt, die gesellschaftlichen Konflikte zu verharmlosen, seine eigenen Interessen durch einseitige Machtausübung zu fördern, und wenn die Pädagogik dafür eilfertig beschönigende Ideologien beiträgt, so leistet gleichwohl die erste Lehrplanschicht die Konzentration der Kräfte im Lehrgefüge. Selbstverständlich wäre in solchem Fall auch die Rede von »gemeinsamen Überzeugungen« unredlich, aber als Ausdruck des ideologischen Selbstverständnisses der politisch Mächtigen bliebe die erste Schicht durchaus in ihrer zentrierenden Funktion. Eine ideologiekritische Analyse des Lehrplans hätte hier ihren dankbaren Ansatzpunkt.

Eine *zweite* Lehrplanschicht nennt Weniger die der »geistigen Grundrichtungen und der Kunde«. Hier setzen sich die Entscheidungen der ersten Schicht um in die vom Lehrplan vorgeschriebenen Inhalte mit der mehr oder häufig auch weniger begründeten Hoffnung, die den Zielen zugeordneten Unterrichtsfächer würden das Erwünschte bewirken können. (Die Frage der Effektivität, die bei dieser Zweck-Mittel-Beziehung zu stellen ist, wurde von der geisteswissenschaftlichen Lehrplantheorie kaum berührt – es wird nur konstatiert, daß die zweite Schicht diesen Umsetzungsauftrag hat.) Zugleich aber schiebt sich in der zweiten Schicht ein Gesichtspunkt in den Lehrplan ein, der von der vorgegebenen Aufgabenkonzentration nicht ableitbar ist. Denn hier macht sich eine wie auch immer im einzelnen verstandene Theorie der Bildsamkeit geltend. Sie leistet die Zuordnung der Unterrichtsfächer zu den Grundrichtungen menschlichen Verhaltens, gleicht Einseitigkeiten aus und vergrößert das Potential gegenüber den Möglichkeiten, die die erste Schicht bezeichnet.

Die *dritte* Lehrplanschicht schließlich ist die der Kenntnisse und Fertigkeiten, die teils innerschulische Voraussetzungen für die durch die beiden oberen Schichten geforderten Lernprozesse sind, teils Propädeutik für außerschulische Aufgaben, mit denen noch einmal die objektiven Mächte ihren Anspruch im Lehrplan durchsetzen.

Diese drei Schichten, auf die jede Lehrplananalyse stößt, gestatten es, auf ihre Bedingungen zurückzuschließen. Die Lehrplantheorie weist solche Bedingungen in zwei deutlich unterscheidbaren Gruppen von Faktoren auf; auf der einen Seite diejenigen Bedingungsfaktoren, die als die um den Lehrplan und seine Inhalte konkurrierenden gesellschaftlichen Kräfte zu bezeichnen sind, Weniger nannte sie »objektive Mächte«, auf der anderen Seite die sozialen und anthropogenen Voraussetzungen des Lernens, die Umwelt der Jugend und die Schule als Bildungsmacht. Geisteswissenschaftliche Lehrplantheorie hat für alle Faktoren einen Ort im Gefüge ausgewiesen, doch war ihr Interesse unterschiedlich engagiert. Der Einfluß der sozialen Faktoren auf Lehrplan und Schulorganisation ist durchweg vernachlässigt worden, insbesondere der ganze Zusammenhang von Bildungsbarrieren und Begünstigungen, Fixierungen und Vorurteilen, Schulerfolg und Sozialstatus, wie er von der soziologischen Forschung erst in jüngerer Zeit aufgedeckt wird. Dieser Aspekt führt uns noch zu einer letzten Bemerkung, die die Lehrplantheorie erst vollständig macht: Unsere Einsichten über die soziokulturellen und psychologischen Bedingungen der Jugend werden über die Wissenschaften vom Menschen ermittelt. Sie sind nicht mehr unmittelbar erfaßbar. In einem strengen Sinne war das auch früher nie möglich, wohl aber konnte sich die Pädagogik mit einfacheren Verfahren begnügen. Das gleiche gilt auch für die Ansprüche der objektiven Mächte. Die Wissenschaft müßte innerhalb der Lehrplangestaltung die Funktion der exakten Feststellung, Formulierung und Vermittlung dessen haben, was die objektiven Mächte von der Erziehung wollen und – als Korrelat dazu – die Erfassung der Bedingungen, unter denen die Ansprüche in Lehre und Unterricht realisierbar sind. Weniger hat diese Funktion der Wissenschaft nicht gesehen, weil sie zu seiner Zeit kaum wahrgenommen wurde. Demgegenüber führt er die Wissenschaft einmal als Macht unter konkurrierenden Mächten auf, insofern Wissenschaft zu ihrer Regeneration und Nachwuchsgewinnung bestimmte Anforderungen an das Unterrichtswesen stellt; zum anderen spricht er von der Wissenschaft als Wahrheitskriterium für die Unterrichtsfächer, deren didaktische Intentionen zwar nicht von den Wissenschaften ableitbar seien, die aber unter dem Postulat der sachlichen Richtigkeit nicht gegen den jeweiligen Stand der Wissenschaft verstoßen dürfen. Wenn in der folgenden Skizze der geisteswissenschaftlichen Lehrplantheorie auch eine dritte Funktion der Wissenschaft, die der Datenermittlung, eingesetzt ist, so geht sie über das hinaus, was Weniger ausführte. Gleichwohl ist diese Ergänzung erlaubt und bleibt systemimmanent, weil sie in der Logik der angedeuteten Linie liegt, von Wolfgang Klafki auch ausdrücklich beansprucht wird. Klafki bemerkt in diesem Zusammenhang

Schematische Skizze der geisteswissenschaftlichen Lehrplantheorie

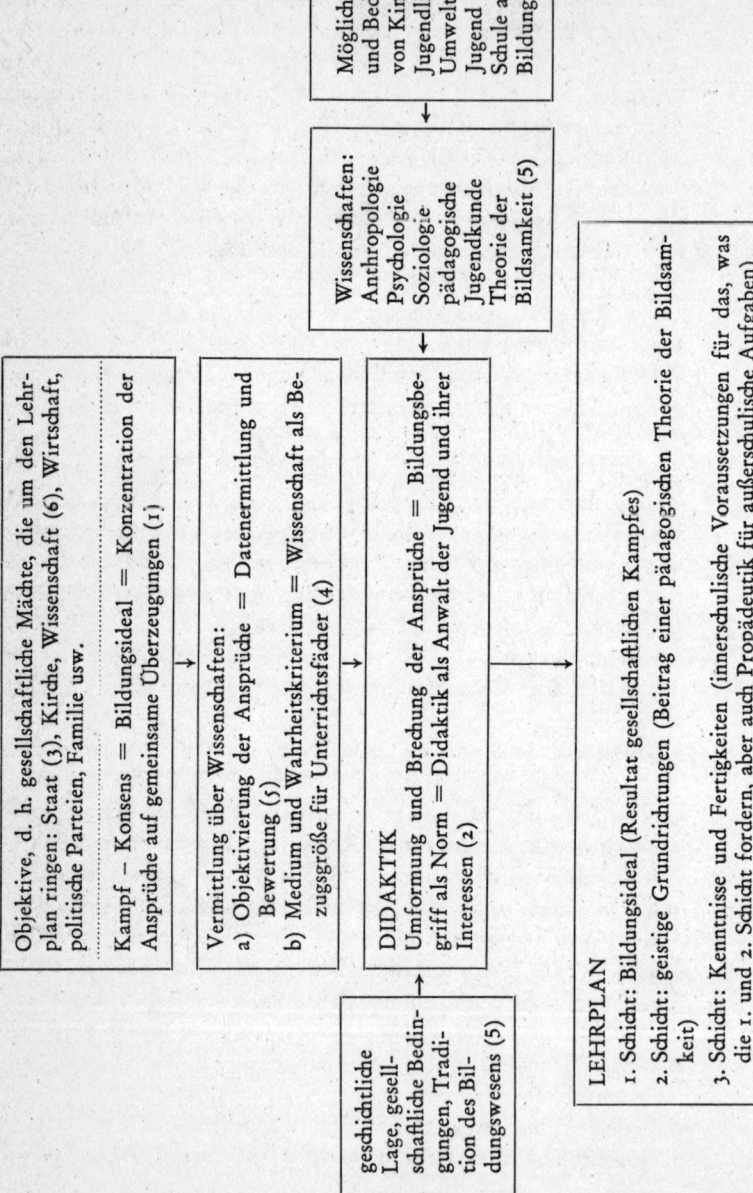

Anmerkungen zur Skizze der geisteswissenschaftlichen Lehrplantheorie:

Drei Funktionen des Staates

(1) Staat als Organisator des öffentlichen Bildungswesens und damit auch des Lehrplans – in dieser Funktion reguliert der Staat den Kampf der gesellschaftlichen Mächte um die Nachwuchsbildung und repräsentiert selbst das als Konsens ausgegebene Resultat, das er über seine Administration exekutiert.

(2) Staat als Garant pädagogischer Sachkompetenz – in dieser Funktion räumt der Staat der Pädagogik eine relative Eigenbedeutung ein, jedenfalls dann, wenn er sie nicht vollständig zu funktionalisieren trachtet. Nur unter dieser Voraussetzung kann eine bildungstheoretische Didaktik wirksam werden und sich zu einer Lehrplantheorie auslegen, bzw. diese Auslegung wirksam werden lassen.

(3) Staat als Macht unter Mächten – in dieser Funktion steht der Staat gleichgeordnet neben den gesellschaftlichen Gruppen, die er organisiert und zum Konsens nötigt. In dieser gleichgeordneten Stellung sucht der Staat sich selbst angemessen in der Jugendbildung repräsentieren zu lassen: Geschichtsunterricht, politische Bildung.

Drei Funktionen der Wissenschaften

(4) Wissenschaft als Medium und Wahrheitskriterium – in dieser Funktion wird die Wissenschaft oder doch ein von ihr abgeleiteter oder an ihr orientierter Inhalt zum Unterrichtsgegenstand. Will der Staat sich der Jugend gegenüber repräsentiert sehen (3. Funktion) über Geschichte, so wird der Inhalt dieses Unterrichts über die Geschichtswissenschaft vermittelt. Daß der Staat diese Bedingung einräumt (ausgedrückt in der akademischen Lehrerbildung und in Rahmenlehrplänen statt detaillierter Einzelanweisungen), ist Ausdruck der 2. Funktion.

(5) Wissenschaft als Instanz zur Objektivierung der Ansprüche und Bedingungen – in dieser Funktion ermittelt die Wissenschaft die tatsächlichen Ansprüche der gesellschaftlichen Mächte an die Erziehung (im Gegensatz zu bloßen Meinungsäußerungen von Interessenvertretern), ebenso auch die Bedingungen, unter denen Kinder und Jugendliche dem Bildungsprozeß ausgesetzt sind, ebenso auch die historisch-gesellschaftlichen Bedingungen, unter denen die Didaktik ihre Umsetzungsaufgabe erfüllt.

(6) Wissenschaft als Macht unter Mächten – in dieser Funktion greift die Wissenschaft im Interesse ihrer eigenen Nachwuchssicherung in den Kampf um den Lehrplan als Partei ein (Forderungen der Universitäten an das Schulwesen, insbesondere an die inhaltlichen Bestimmungen und Anforderungen für die Reifeprüfung).

kritisch, daß Weniger noch zwei Formen der Erfassung der Erziehungswirklichkeit als schlüssig ansah, die heute nur als erste und ganz vorläufige Zugänge erscheinen können: Erinnerung (an erfahrenen Unterricht als Schüler oder Lehrer) und Anschauung (unmittelbare Beobachtung von Schule und Unterricht).

Die Funktion der Wissenschaften

Erich Weniger erörtert die Funktion der Wissenschaften innerhalb der Lehrplangestaltung dreimal, einmal negativ, zweimal positiv; negativ hinsichtlich der Ableitung des Lehrplans von einem System der Wissenschaften, positiv hinsichtlich der Stellung der Wissenschaften als objektiver Bedingungsfaktoren und als Wahrheitskriterium für allen Unterricht. Negativ also verläuft die Untersuchung der Frage, ob der Lehrplan aus einem System der Wissenschaften ableitbar sei und ob die Schulfächer reduzierte Entsprechungen der Fachwissenschaften seien. Diese Auskunft ist doppelt begründet: Als erstes wird das Vorhandensein eines allgemein anerkannten Systems der Wissenschaften, in dem jede relevante Position ihren eindeutigen Platz hätte, bestritten. Ein solches System könne es nicht mehr geben, seitdem sich ein dynamisches und undogmatisches Verständnis von Wissenschaft durchgesetzt habe. Nun mag der letztere Satz richtig sein und dennoch die damit gestützte These problematisch erscheinen. Denn unter den Bedingungen einer fast vollständigen Verwissenschaftlichung aller Lebensbereiche könnte der Übergang von der »Bildungsschule« zur »Wissenschaftsschule« (Theodor Wilhelm) wohl nahegelegt sein, damit auch eine Einebnung des Unterschiedes zwischen didaktischen Fragestellungen und wissenschaftlichen Verfahrensweisen. Gleichwohl wirken dahingehende neuere Entwürfe – jedenfalls bei einem ersten Zusehen – wie ungewollte Bestätigungen der Wenigerschen Auffassung. Wir wollen das an einigen Beispielen diskutieren. Heinrich Roth erklärt die Wissenschaft zum ausschlaggebenden Faktor der Lehrplanreform[61] und weist den Einwand, dieser Bezugspunkt sei zu eng, müsse vielmehr Leben, Weltanschauung oder Religion heißen, zurück, weil heute nur noch eine Chance bestehe, Menschen und Welt zu einen, nämlich über jene Rationalität, die an den Wissenschaften zu denken gelernt hat. Bei der Konkretisierung dieser These für die Lehrplanreform greift Roth dann auf Karl Jaspers' »Die Idee der Universität« zurück und auf die hier enthaltene Gruppierung der Wissenschaft nach drei großen Horizonten (philosophisch-philologisch-historische Disziplinen, Sozialwissenschaften, Naturwissenschaften). Für eine Lehrplanüberprüfung ist eine solche Betrachtungsweise hilfreich. Indessen kann sie nicht verdecken, daß in Jaspers' Deutung ein Weltanschauungselement liegt, also genau das, was Roth als Orientierungspunkt abgewiesen hatte. Und mit der stillschweigend vollzogenen Unterstellung, dieses mit drei »Horizonten« und entsprechend deutlich unterscheidbaren Methoden der Erkenntnisgewinnung charakterisierte System ergäbe sich aus der Wissenschaftsentwicklung selbst und müsse darum zwangsläufig die angemessene Orientierung des Lehrplans sein, wird etwas unterschlagen, was Erich Weniger für die Lehrplantheorie ans Licht gebracht hatte. Vor allem nämlich dieses, daß eine solche Auffassung von der Funktion der Wissenschaften bestimmten gesellschaftlichen Interessen entspricht, anderen aber nicht oder in geringerem Maße und darum in der Analyse der konkurrierenden Bedingungsfaktoren diskutiert werden müsse, nicht aber als verbindlich gesetzt werden könne. Zu einem ähnlichen Ergebnis führt die Analyse entsprechender Kapitel in Theodor Wilhelms großangelegter »Theorie der Schule«. Einerseits bestreitet er die Legitimität selbständiger didaktischer Fragestellungen gegenüber den Fachwissenschaften, andererseits zieht er die didaktischen Fragen in den Problemzusammenhang der Einzelwissenschaften hinein, die Frage nach dem »aufschließenden«, »repräsentativen« oder »typischen« Charakter wissenschaftlicher Inhalte, ja sogar die Frage nach der Bedeutung »für den Menschen«. Indem Wilhelm so die Didaktik den Fachwissenschaften substituiert, erweist sich seine Argumentation als ein Mißverständnis bzw. als richtig nur in bezug auf eine mißverständliche Auslegung der bildungstheoretischen Didaktik. Denn wenn es kein Fachwissenschaftler als einen »Verstoß gegen die wissenschaftliche Objektivität« betrachtet, »seinen Gegenstand denjenigen Fragestellungen« auszusetzen, die »der Bildungsdidaktiker bisher für sein ausschließliches Vorrecht hielt«[62] – (ein optimistisches, wenn auch wünschbares Urteil) – und wenn weiter »die Didaktik aus einer Paraphrase der Bildungsidee zu einer Domäne pädagogischer Wissenschaft geworden« ist, während gleichzeitig die Fachwissenschaften aus in ihnen selbst liegenden Gründen auf die Didaktik verwiesen werden, so ist das lediglich ein Urteil gegen den Eigenständigkeitsanspruch der geisteswissenschaftlichen Pädagogik. Dieser Anspruch ist, wie wir schon weiter oben vermerkten, nur historisch zu verstehen, heute uninteressant, und wo er noch auftreten sollte, ist er schnell als ideologischer Rest dekuvriert. Gehen die Einwände von Wilhelm, aber auch wohl von Roth, in *diese* Richtung, so wird ihnen kaum jemand widersprechen wollen. Didaktische Entscheidungen unabhängig von der jeweils zuständigen Fachwissenschaft zu treffen, und dies auch noch aus »Prestigegründen« einer sich »autonom« verstehenden Pädagogik, wäre in der Tat anachronistisch. Indessen verschwindet hinter der berechtigten Polemik gegen die »Bildungsideologie« das sachliche Problem. Wenn der Mathematiker, Biologe, Historiker oder Philologe nach der Lehrbarkeit seiner Wissenschaft fragt, wenn er über Voraussetzungen und Methoden seiner Disziplin reflektiert, wenn er die politisch-gesellschaftliche Funktion seiner Forschungen bestimmt, behandelt er keine mathematischen, biologischen, historischen oder philologischen Probleme, sondern didaktische bzw. wissenschaftstheoretische. Das ist der Unterschied! Ihn sehen und als Aufgabe formulieren, heißt nicht, den Fachwissenschaftler auszuschalten, sondern ihn zu einem Überschreiten der Fachborniertheit herauszufordern. Doch selbst dann, wenn die Zuordnung der Fachwissenschaften zu Unterrichtsfächern der Schule kraft einer den Fachwissenschaften immanenten Didaktik so gradlinig wäre, wie Wilhelm unterstellt, könnte sich die Lehrplantheorie noch nicht zufriedengeben. Denn es bliebe ja noch immer die Frage übrig, welche Wissenschaften eine schulpädagogische Entsprechung erhalten sollen und welche nicht. So kommt auch Wilhelm zu dem Urteil, die Auswahl der Lehrinhalte erfolge durch »Vorentscheidungen«, die teils fachwissenschaftlicher, teils weltanschaulicher Art sind und das »didaktische Feld in vieler Hinsicht überschreiten«,[63] wobei das »didaktische Feld« offenbar in dem engeren, fachspezifischen Sinne verstanden werden soll. Sofern Didaktik aber, wie Wilhelm in einem oben zitierten Zusammenhang ausführt, zu einer Domäne der Wissenschaft geworden ist, und das soll doch wohl heißen, selber zu einer wissenschaftlichen Disziplin, müßte sie für den ganzen Umkreis der zu treffenden »Vorentscheidungen« einen Bezugsrahmen schaffen, in welchem alle Bedingungen ihren Stellenwert haben. Da diese Aufgabe in Wilhelms Konzept, um stimmig bleiben zu können, ignoriert wird, erscheint Wenigers These im Ansatz als angemessener. Die Stellung der Fachwissenschaften in der Lehrplantheorie sehr bescheiden als Macht unter konkurrierenden Mächten zu veranschlagen, ist zweifellos unzureichend, doch auf jeden Fall festzuhalten, um den Blick für die übergreifenden Organisationsprinzipien offen zu haben. Erich Weniger spricht, wie bereits angedeutet, noch von einem zweiten Aspekt, mit dem eine positive Rolle der Wissenschaften im Lehrplan zu bezeichnen ist, nämlich von der Wissenschaft als Wahrheitskriterium für die Unterrichtsfächer und ihre Fachdidaktiken. Das will sagen: In keinem Unterricht darf gelehrt werden, was wissenschaftlich unhaltbar und falsch ist. Auch das ist eine bescheidene Bestimmung, und tatsächlich korrespondiert sie einer These, die noch zur negativen Erörterung gehört, daß nämlich die didaktischen Intentionen, die Zielsetzungen des Unterrichtes nicht von den entsprechenden Fachwissenschaften ableitbar seien. Diese für die Lehrplantheorie ebenso wie für jede Fachdidaktik gravierende These hatte Weniger aufgrund eines analytisch-historischen Vorgehens gewonnen. Durch den Rückgang auf die Geschichte der Unterrichtsfächer und die Motive ihrer Entwicklung konnte er zeigen, daß es kein Schulfach gibt, welches durch eine wie immer korrespondierende Fachwissenschaft eindeutig motiviert wäre, sondern stets durch andere Kräfte, die sich allerdings im Laufe des 19. und 20. Jahrhunderts immer mehr der Wissenschaften als Instrument ihres Durchsetzungswillens bedienten oder aber zu solcher Disziplinierung gezwungen wurden. Weniger nahm dieses Resultat als gesichertes didaktisches Strukturprinzip in die Lehrplantheorie auf, so als ob erstens dasjenige, was historisch geworden, nun auch sachlich legitimiert sei und zweitens, damit die Funktion der Wissenschaften auf das »Wahrheitskriterium« begrenzt sei. Um uns damit kritisch auseinandersetzen zu können, müssen wir zunächst noch einmal das relative Recht dieser Auffassung im Kontrast zu abweichenden Versuchen verdeutlichen. Wolfgang Kramp ist es gelungen, Wenigers These in einer scharfsinnigen Studie zu erhärten.[64] Kramp führt seine Überlegungen durch, indem er eine Denkschrift der Arbeitsgemeinschaft »Deutsche Höhere Schule« über Bildungsauftrag und Bildungspläne der Gymnasien auf die Stichhaltigkeit ihrer fachdidaktischen Aussagen überprüft. Diese Denkschrift ist für das fragliche Problem hervorragend geeignet, weil die Arbeitsgemeinschaft den fachwissenschaftlichen Sachverstand von insgesamt 19 gelehrten Gesellschaften vereinigt und sich hier die von Wilhelm unterstellte, den Fachwissenschaften immanente Didaktik zeigen müßte. Die Denkschrift geht von einem der geisteswissenschaftlichen Didaktik genau entgegengesetzten Standpunkt aus, indem sie Bildung material-szientistisch als »geistig-seelische Formung« durch wissenschaftliche Inhalte bestimmt und alle didaktischen Aussagen der Wissenschaften vorbehält, denen die jeweiligen Inhalte entnommen sind. Eine Koordinierung fachspezifischer Aussagen über die Lehrziele der Schule und ihre Fächer ist aber nur unter Bezugnahme auf einen allgemeinen Maßstab möglich. Es bedarf also eines organisierenden Faktors für den Lehrplan. Darum dekretiert die Denkschrift kurzerhand, das allgemeine und den Lehrplan organisierende Bildungsziel sei die Summe der fachlichen Bildungsziele. Begründet wird das mit einem historisch falschen Rekurs auf Wilhelm von Humboldt, doch wäre der logische Kurzschluß auch dann gegeben, wenn die Historiker besser aufgepaßt hätten. Denn der organisierende Faktor des Lehrplans gibt ja überhaupt erst an, welche Fächer gelehrt werden sollen, so daß er unmöglich aus deren Summe gewonnen werden kann, ganz abgesehen davon, daß der Leser sofort fragen muß, welcher Fachwissenschaft dieser Satz – (daß das allgemeine Bildungsziel die Summe der fachlichen Bildungsziele sei) – wohl entnommen sein könnte. Nun hat Kramp Zug um Zug aufgezeigt, wie dieser Mangel nicht nur den Eingangssatz der Denkschrift belastet, sondern in allen Aussagen über die Lehrziele der einzelnen Unterrichtsfächer wiederkehrt, dergestalt nämlich, daß kaum einer der Sätze, die da über die Intentionen, Ziele und Möglichkeiten der Fächer geschrieben worden sind, den zugeordneten Fachwissenschaften, vielmehr samt und sonders einer Laienphilosophie und unreflektierten Gymnasiallehrerpädagogik entstammen. Kramps Analyse der fachwissenschaftlich inspirierten Denkschrift bestätigt demzufolge Wenigers These insoweit, als die Fachwissenschaften selbst keine verbindlichen Sätze hervorbringen über den organisierenden Faktor im Lehrplan und über die Intentionen, bestimmten Fächern im Lehrplan einen Platz anzuweisen, anderen aber nicht. Ob Weniger nicht nur historisch, sondern auch systematisch im Rechte war, die Wissenschaft auf die Funktion des Wahrheitskriteriums zu beschränken, ist damit freilich nicht entschieden bzw. eher schon zweifelhaft. Denn bei Kramp – und nicht nur bei ihm, sondern bei fast allen neueren Arbeiten zur Fachdidaktik – deutet sich ein Gesichtspunkt an, der ein erhebliches Stück über Weniger hinausgeht. Die Frage nach Konstruktion und Reform der Lehrpläne, der in ihnen enthaltenen Fächer, deren Zusammenhang und deren Grenzen, Auswahl, Anordnung und Vermittlung der Lehrinhalte, wird weder von den den Schulfächern korrespondierenden Fachwissenschaften befriedigend beantwortet werden können noch von der allgemeinen Didaktik, sondern nur von einer wissenschaftlich betriebenen Fachdidaktik, die die Fachwissenschaften auf pädagogisch formulierte Fragen antworten läßt. Dazu aber ist die geisteswissenschaftliche Didaktik in der von Weniger ursprünglich konzipierten Form nicht in der Lage, weil sie sich auf die Auslegung des je Vorgegebenen verlassen mußte. Darum hatten wir die Skizze der Lehrplantheorie über Weniger hinausgehend um eine dritte Funktion der Wissenschaft erweitert. In dieser Erweiterung waren indessen nicht die den Unterrichtsfächern korrespondierenden Fachwissenschaften gemeint, sondern die Wissenschaften vom Menschen, die Sozialwissenschaften, die die exakte Feststellung, Formulierung und Vermittlung dessen, was die gesellschaftlich relevanten Faktoren von Schule und Unterricht wollen, zu leisten haben, ebenso wie die Aufklärung der sozialkulturellen und anthropogenen Bedingungen des Lernens. Setzt man nun diese Erweiterung ein, so ändert sich der ganze Zusammenhang in der auch von Heinrich Roth und Theodor Wilhelm beabsichtigten Weise, insbesondere dadurch – und das ist nur ein Beispiel –, daß jetzt eine Problematik sichtbar wird, die in der geisteswissenschaftlichen Didaktik verdeckt blieb: Die Angaben über Lehrinhalte, wie sie als Resultat des politisch-gesellschaftlichen Konsens und der didaktischen Umsetzung identifiziert werden und damit die Unterrichtsfächer bestimmen, sind noch keine Lehrziele im nachprüfbaren Sinne. Denn wenn die Ansprüche und Inhalte, die der Unterricht zu realisieren hat, operationabel sein sollen, so müssen sie in verhaltenstheoretisch formulierten Fähigkeiten und Fertigkeiten ausgedrückt werden. Diese Aufgabe, das gewünschte Verhalten als Resultat des jeweiligen Lernprozesses zu bestimmen, führt indessen bald zu der Einsicht, daß die gleichen global angegebenen Ansprüche sehr verschieden reduzierbar sind und daß diese Reduktionen Abstand oder Nähe des Unterrichts zur Wissenschaft markieren. Wenden wir dieses Verfahren auf unser Schulwesen und unser Ausbildungswesen an, so zeigt sich, wie in der graduell unterschiedlichen Reduktion der gleichen oder ähnlichen Lehrplanformeln ein konservatives Herrschaftsinstrument liegt. Daß nämlich, wie Heinrich Roth es ausdrückt, die verschiedenen Abstraktionsebenen für Wissen und Können, etwa von der rein dinglich-manipulierenden Handlungsebene über die noch anschaulich-verbale Ebene bis zur gedanklich-abstrakten des wissenschaftlichen Denkens und dementsprechend die graduelle Stufung vom Denken als Nachvollzug zum Denken als problemlösendem Verhalten zugeordnet sind der Dreigliedrigkeit des allgemeinbildenden Schulwesens (Volksschule – Mittelschule – Gymnasium) und der daran anschließenden Dreigliedrigkeit der berufsausbildenden Institutionen (praktische Lehrlingsausbildung mit Berufsschule – Fachschule – Hochschule). Von der differenzierenden Zuordnung intellektueller Fähigkeiten zu den didaktischen Zielsetzungen sagt Heinrich Roth, es sei *auch* eine Frage der Anlagen und Anstrengungen, aber ebensosehr und wahrscheinlich noch mehr eine solche des Angebotes, der Zumutung und der Lernhilfe.[65] Nun ließe sich einwenden, in Wenigers Didaktik sei das gleiche angesprochen. Denn »Bildsamkeit« wird hier nicht so sehr als naturhaft vorgegeben, vielmehr als pädagogisch bewirkt und »gestiftet« angesehen. Aber da Weniger diese These rein geisteswissenschaftlich begründete, übersah er, was heute das Entscheidende wird, nämlich daß das Stiften von Begabung, daß Schulerfolg und Leistung nicht allein von Können und Engagement des einzelnen Lehrers abhängen, sondern von schichtspezifischen Barrieren und Begünstigungen. Für diese Gesichtspunkte, die der geisteswissenschaftlichen Didaktik noch nicht zugänglich waren, hat die soziologische Literatur den Begriff des Sozialcharakters eingeführt.[66] Mit »Sozialcharakter« ist das Resultat des umfassenden Sozialisationsprozesses gemeint, der über die von Elternhaus, Schule, Massenkommunikationsmitteln, Vergnügungsindustrie und Berufsausbildung ausgehenden Wirkungen das Hineinwachsen des Kindes und Jugendlichen in die Gesellschaft vermittelt. Für sozialschichtspezifische Unterschiede im Schulerfolg sind vor allem drei Sozialisationsfaktoren verantwortlich: die Technik der Disziplinierung, der Modus des Sprachgebrauchs und die Leistungsmotivation. Das ist ein Problemkreis für sich, der hier nicht im einzelnen zu erörtern ist und von der Lehrplantheorie wegführen würde, der aber in seinen Resultaten eine stark modifizierende Wirkung auf eine konstruktive Lehrplantheorie haben muß. Denn soziologische und sozialpsychologische Forschungen der angedeuteten Art decken auf, daß Schularten und d. h. Lehrpläne Wirkungen haben, die weder von den objektiven Mächten als Forderung genannt noch auch von den didaktisch formulierten Lehrplanschichten ausgewiesen werden und die von der beanspruchten Norm des Bildungsbegriffs mit seiner verbal behaupteten Tendenz auf die Mündigkeit des Subjekts verschleiert werden. Darin liegt die ideologische Gefährdung aller bildungstheoretischen Didaktik, daß sie zwar nicht notwendig, aber möglicherweise ihre Intentionen als die Realität versteht, schöne Lehrplanformeln und Präambeln schon als die Einlösung des Versprochenen mißversteht und dadurch von der tatsächlichen Differenz zwischen Anspruch und Wirklichkeit ablenkt. Demgegenüber ist die wissenschaftliche Erforschung der soziokulturellen Determinanten des Lernens ein modifizierender Faktor in der Lehrplantheorie, weil von hier aus – zusammenfassend formuliert – gezeigt werden kann[67]

erstens, daß die Ungleichheit der Bildungschancen im bestehenden Schul- und Ausbildungssystem der Bundesrepublik Deutschland eine hinreichend belegte Tatsache ist, obwohl keine der um den Lehrplan konkurrierenden Mächte solche Ungleichheit fordert, in der Regel vielmehr das Gegenteil proklamiert;

zweitens, daß Kinder aus der Unterschicht im bundesdeutschen Schul- und Ausbildungssystem am stärksten diskriminiert werden, obschon kein Bedingungsfaktor solche Diskriminierung fordert, und

drittens, daß die Hauptursache der Diskriminierung in der Eigenart der gegenwärtigen Schule als einer Mittelschichteninstitution zu suchen ist, die den besonderen Sozialcharakter der Arbeiterkinder nicht genügend berücksichtigt, eine Ursache, die der geisteswissenschaftlichen Didaktik nicht in den Blick geriet, weil sie aufgrund ihrer methodologischen Prämissen darauf begrenzt war, in der Analyse falsche Ableitungen und bewußtseinsverfälschende Erschleichungen der Lehrpläne aufzudecken, nicht aber zu erforschen, was die Lehrpläne tatsächlich bewirken und welche Bedingungen diesen Wirkungen zugrunde liegen.

Seitdem aber solche Untersuchungen möglich geworden sind, erweist sich die tatsächliche Funktion von Schule und Lehrplan, selbstverständlich unter anderem, auch als eine in den Zielen nicht ausgewiesene sozial-konservative, die die bestehende soziale Schichtung bewahrt und festigt, den Wandlungen aber entgegenwirkt. Durch diese Erwägung, die wir der geisteswissenschaftlichen Lehrplantheorie hinzufügten, indem eine dritte Funktion der Wissenschaften eingesetzt wurde, insbesondere die Aufgabe der Sozialwissenschaften für die Erfassung der Bedingungsfaktoren, kommt der ganze Strukturzusammenhang in Bewegung. Zwar bleibt richtig, daß das Modell nur erweitert, nicht prinzipiell verändert wird, aber die Wirkungen solcher Erweiterungen verändern die Möglichkeiten der Lehrplantheorie insofern, als von der analytischen Funktion zu einer konstruktiven übergegangen wird. Von diesem Augenblick an wird der Didaktik bewußt, daß die Sprache der Lehrpläne auch nach genauer Analyse der ausgedrückten Intentionen noch immer eine in den Ansprüchen der Mächte überhaupt nicht ausgewiesene Wirkung vertuschen kann. Daraus die entsprechenden Konsequenzen zu ziehen, ist eine Aufgabe, die die Lehrplantheorie erst in unserer Gegenwart zaghaft beginnt. Bis die Lehrplantheorie konstruktiv ist in dem Sinne, daß gesicherte und erprobte Schritte angebbar sind, die durchlaufen werden müssen, wenn für neue Aufgaben ein Lehrplan erstellt oder für traditionelle Fächer der Lehrplan reformiert werden soll, wird noch ein weiter Weg sein. Sicher ist indessen, daß die dem Schulfach korrespondierende Fachwissenschaft nicht nur als das Wahrheitskriterium fungiert, sondern in ihrer Nähe oder Entfernung zum Unterricht als Gradmesser für die von den bisherigen Lehrplänen (und auch von der geisteswissenschaftlichen Lehrplantheorie) verschleierte Reduktion der Lernebenen in den den Sozialschichten zugeordneten Schultypen. Davon unberührt allerdings bleibt – und das scheint eine haltbare und kaum widerlegbare These Erich Wenigers zu sein –, daß die Fachwissenschaften nicht die Schulfächer motivieren, daß vielmehr die Intentionen allein didaktisch aufweisbar und diskutierbar sind.

Kritik der geisteswissenschaftlichen Lehrplantheorie vom Standpunkt der Curriculum-Forschung

Erich Weniger hatte dem Staat innerhalb der Lehrplantheorie eine entscheidende Rolle zugewiesen. Aus dem analytisch gewonnenen Befund, daß der Staat als Organisator des öffentlichen Unterrichtswesens die Instanz sei, die den Konsens der konkurrierenden Ansprüche herbeiführt und für die erste Lehrplanschicht als Konzentration der Aufgaben durchsetzt, hatte er ein Kriterium für die Rechtmäßigkeit des staatlichen Vorgehens abgeleitet. Dieses Kriterium hängt eng zusammen mit dem Charakter der von ihm vorausgesetzten Didaktik als einer bildungstheoretischen. Wenn die geisteswissenschaftliche Didaktik auch auf alle inhaltliche Präskription des Lehrplans, wie sie der alten normativen Pädagogik nahelag, verzichtete, so hielt sie eben doch am Bildungsbegriff fest; darum nämlich, um über die Bildungsfunktion vorgegebener Inhalte, über deren motivierende Wirkung und über die Erlernbarkeit von Denkstrukturen etwas aussagen zu können, und d. h. im vorliegenden Fall, um den Lehrplan unter Berücksichtigung der Ansprüche der objektiven Mächte pädagogisch strukturieren zu können. Demgemäß ergab sich das Kriterium der Rechtmäßigkeit staatlichen Verhaltens in der Lehrplanfrage darin, daß der Staat einerseits ein ehrlicher Makler bei der Herbeiführung des Konsens der konkurrierenden Ansprüche sei und daß er andererseits diesen Konsens und d. h. auch sich selbst die Transposition durch die Didaktik gefallen lasse. Ein äußeres Zeichen für eine dahingehende staatliche Selbstbeschränkung sah Weniger in zwei eng zusammenhängenden Erscheinungen, nämlich in der akademischen Lehrerbildung und in der Ersetzung der starren Lehrpläne durch Richtlinien und Rahmenlehrpläne. Saul Robinsohn hat demgegenüber eingewandt, eine derartige Freiheit bestehe so lange nicht, wie sie von den um den Lehrplan konkurrierenden Mächten nicht in bildungspolitischen Formen aktualisiert werde und solange die »Erziehung« als Erziehungswissenschaft hierzu nicht die notwendigen Instrumente zur Verfügung stelle.

Bevor wir prüfen, welche Rückwirkungen diese Kritik auf die Lehrplantheorie haben muß, ist als erstes festzustellen, daß der angesprochene Sachverhalt zweifellos richtig gesehen ist. Die geisteswissenschaftliche Didaktik war ein großer Fortschritt gegenüber den normativen Systemen, weil sie es erlaubte, jenseits von bewußtseinsverfälschenden Konstruktionsvorstellungen die tatsächlich auf den Lehrplan wirkenden Kräfte zu sehen und zu analysieren. Aber über diese Analyse hinaus war mit diesem Ansatz nur noch die didaktische Transposition der vorgegebenen Inhalte zu leisten, wie sich das ausdrückte in der lang anhaltenden Diskussion um das Exemplarische, das Fundamentale, das Repräsentative, über den fruchtbaren Moment im Bildungsprozeß und schließlich, dies alles zusammenfassend, über das »Kategoriale«, nicht aber waren hier Methoden entwickelt, mit denen der gesellschaftliche Konsens über die Kriterien dessen zu gewinnen war, was gelehrt und gelernt werden soll. Darum sind die Lehrplanreformen der letzten Jahrzehnte in Ergänzungen und Modifikationen der im großen und ganzen konstant gebliebenen Unterrichtsinhalte steckengeblieben und nie zu einer umfassenden Curriculum-Revision übergegangen, weil das Bestehende und das Gewicht der Tradition gegenüber nur vage artikulierbaren Änderungswünschen stärker sind. Weniger hatte gesagt, daß in der ersten Schicht des Lehrplans die Lagerung der geistigen Kräfte in der Gesellschaft zum Ausdruck käme, aber er hat nie

anzugeben vermocht, wie eine Überprüfung möglich sei, also ein
Vergleich der Lehrplanentscheidungen der ersten Schicht mit der
tatsächlichen Lagerung der Kräfte in der Gesellschaft; sondern,
weil er im Gegenzug zu den normativen Systemen erkannte, daß
Lehrplanentscheidungen keine Deduktionen aus pädagogischen
Normen seien, vielmehr Resultat gesellschaftlicher Machtkämpfe, setzte er voraus, daß dieses Resultat zugleich angemessener
Ausdruck der Kräftelagerung sei. Daß das wahrscheinlich nicht
so ist, darauf deutet schon empirisch die unsicher-verschwomme-
ne, zumeist jeder Operationalisierung ermangelnde Ausdrucks-
weise der Rahmenlehrpläne hin. Dieses Übel ist gewiß nicht nur
und wahrscheinlich nicht einmal primär auf die Borniertheit oder
gar Bösartigkeit der Kultusverwaltungen zurückzuführen, sondern genau auf den Punkt, den Robinsohn bezeichnet, nämlich
daß die Didaktik für eine systematische Revision des Lehrgefüges der ersten Schicht bisher keine methodischen Möglichkeiten bereitgestellt hat.
Nun könnte man meinen, dieser Mangel sei kein prinzipieller
Einwand gegenüber der geisteswissenschaftlichen Lehrplantheorie, vielmehr lediglich ein akzidenteller, wenn auch mit einem
entschiedenen Aufforderungscharakter, das Versäumte nunmehr
nachzuholen. Robinsohn ist demgegenüber anderer Auffassung.
Denn er sieht die Ursache des Mißstandes, die Ursache des Ver-
sagens der Didaktik gegenüber dem geschichtlich Sanktionier-
ten, in dem hier vorausgesetzten Theoriebegriff, jener Auffassung von Theorie, die nichts anderes ist als Hermeneutik der
Erziehungswirklichkeit, die Auslegung der Praxis. Denn unter
dieser Prämisse muß Didaktik sich darauf beschränken, bei einem vorgefundenen Kanon von Lehrgehalten und Wissenschaften anzusetzen und die immanenten Ziele dadurch zu formulieren, daß sie die vorgegebenen Inhalte identifiziert und die Bedingungen ihrer Transposition in den Unterrichtsvorgang klärt.
Daher führe der Kreis hermeneutischer Sinngebung niemals zu
einer Theorie der Lehrplan*entscheidungen*. Robinsohns Einwand
ist außerordentlich interessant und für die gegenwärtige erziehungswissenschaftliche Diskussion bedeutsam, allerdings nicht
darum, weil hier Kritik an der Position der geisteswissenschaftlichen Pädagogik geübt wird. Das ist heute nicht besonders aufregend, gehört vielmehr zum guten Ton; die geisteswissenschaftliche Schulrichtung findet sich in Bedrängnis und leidet
allenthalben an Auflösungserscheinungen. Was aber Robinsohns
Kritik gegenüber anderen Einschränkungen hervorhebt, ist die

Richtung, in die sie zielt. Denn in Bedrängnis findet sich die geisteswissenschaftliche Didaktik vorwiegend darum, weil ihr von erfahrungswissenschaftlich-positivistischen Positionen der Vorwurf gemacht wird, am Bildungsbegriff und damit an einem Wertgesichtspunkt, an Inhaltsproblematik und Entscheidung festgehalten zu haben, was angeblich wissenschaftlich unzulässig sei. Robinsohn aber formuliert den entgegengesetzten Einwand[68], nämlich daß die geisteswissenschaftlich Pädagogik viel zu weit zurückgewichen sei, so daß die relative Eigenständigkeit pädagogischer Gesichtspunkte nur eine Illusion geblieben sei, daß sie die je vorfindlichen, insbesondere aber die nationalen Ziele mit pädagogischen Akzenten versehe oder das eigentliche Erziehungsgeschehen in den pädagogischen Situationen und Institutionen suche, den bildungstheoretischen Auftrag in die didaktische Transformation der Inhalte verlege und hierauf beschränke. Daß Robinsohns Einwand tatsächlich in die entgegengesetzte Richtung weist, zeigt sich auch an seinem Hinweis auf die zunächst paradox klingende, tatsächlich aber erweisliche Verbindung der geisteswissenschaftlichen Position mit positivistischen Tendenzen. Robinsohn nennt an dieser Stelle Heinrich Roth, der ein Kontinuum erziehungswissenschaftlicher Tradition konstatiert, indem er es als Verdienst der geisteswissenschaftlichen Schule bezeichnet, die Erziehungswirklichkeit als das tragende Fundament der Erziehungswissenschaft entdeckt zu haben; heute, so meint Heinrich Roth, gehe es nur noch um den Ausbau der erfahrungswissenschaftlichen Methoden zur Steuerung dieser Wirklichkeit, also darum, die intuitive Hermeneutik der Erziehungswirklichkeit auf erfahrungswissenschaftliche Grundlagen zu stellen (ebenso Hans Thiersch[69]). Kein Wunder, so sagt Robinsohn dazu, wenn dieser unmittelbare Übergang dann in der Position einer erziehungspsychologischen Schule Ausdruck findet, die Bildungsziele einteilt in *selbständige,* welche letztinstanzlichen Charakter haben und nicht durch rationale Akte, sondern nur durch wertende Wahl oder Setzung bestimmt seien, und in *abhängige* Bildungsziele, zu denen allein die Psychologie sich äußern könne und müsse, weil sie instrumentalen Charakter besäßen. Diese Konsequenzen haben wir in der Darstellung des informationstheoretischen und des lerntheoretischen Ansatzes im einzelnen aufgewiesen und in ihren wissenschaftstheoretischen Prämissen begründet. Wenn Robinsohn auf die in diesen Zusammenhängen von uns angedeutete Möglichkeit eines Paktes moderner empirischer Verfahren mit irrationalen Dezisionen hinweist und dabei gleichzeitig vermerkt, die Wurzeln dafür lägen im geisteswissenschaftlichen Ansatz von Anbeginn, so ist klar, daß er weder zurück will zu den Deduktionen der normativen Systeme, noch gegen die Anwendung empirischer Verfahren polemisiert, noch auch die Struktur der geisteswissenschaftlichen Lehrplantheorie als Ganzes verwirft, sondern daß es darum geht, Raum zu schaffen für wissenschaftlich gelenkte Rationalisierung bildungspolitischer Entscheidungen, um so die Bildungsreform als Revision des Curriculum leisten zu können.

Exkurs: Die Sprache der Lehrpläne

Geisteswissenschaftliche Lehrplantheorie ist, wie hoch oder gering man ihre Verdienste einschätzen mag, zu keinen konstruktiven Aussagen vorgestoßen, die den Verfassern von Lehrplänen als Instrumente hätten dienen können. Wohl haben immer Erziehungswissenschaftler Reformen von Schulorganisation und Lehrplänen unmittelbar beeinflußt, besonders dann, wenn sie zugleich in der Administration tätig waren – so beispielsweise Georg Kerschensteiner. Aber auch Erich Weniger differenzierte die Didaktik auf dem ihm am nächsten liegenden Fachgebiet des Geschichtsunterrichtes bis zu Richtlinien, die dem Niedersächsischen Kultusministerium 1948 bei der Beratung neuer Lehrpläne vorlagen. Ebenso war Wolfgang Klafki Mitte der sechziger Jahre an der Erarbeitung von Grundsätzen, Bildungsplänen und Richtlinien zur Neuordnung der Hauptschule in Nordrhein-Westfalen maßgeblich beteiligt, später dann auch bei den größeres öffentliches Interesse erregenden Versuchen in Hessen, eine basisnahe Curriculum-Entwicklung in Gang zu setzen. Das letztere Beispiel verweist allerdings schon in eine neue Phase, in die der Lehrplanentwicklung unter den Bedingungen von Curriculum-Kommissionen, Wissenschaftlichen Begleitungen und Großinstituten der Bildungsforschung. Obschon sich heute hinter oft aufwendigen Bezeichnungen mitunter doch sehr schlichte, den traditionellen Mustern der Administration verhaftete Verfahren verbergen,[70] kann man doch sagen, daß es in der Bundesrepublik wahrscheinlich keine Schulverwaltung mehr gibt, die neue Lehrpläne in Kraft setzt, ohne zuvor führende Vertreter der didaktischen Theorie, der Fachwissenschaften und Schulpraktiker konsultiert zu haben.
Diese Entwicklung ist aber von der geisteswissenschaftlichen Di-

daktik nicht besonders gefördert worden. Denn das Charakteristikum der Hilfe, die die geisteswissenschaftliche Didaktik bisher zu leisten vermochte, liegt darin, daß einerseits die Faktoren der Lehrplanentwicklung analytisch aufgedeckt und bewußt gemacht wurden, andererseits die Vertreter dieser Didaktik zu konkreten Fragen eigene Entwürfe beisteuerten. Solche Entwürfe standen und stehen immer – durchaus im Einklang mit der geisteswissenschaftlichen Theorie – im Zusammenhang der die Praxis beherrschenden Tendenzen, bemühen sich, das zu Bewußtsein gebrachte Selbstverständnis der Praktiker progressiv weiterzuentwickeln. Das dafür unerläßliche Engagement überspringt notwendigerweise eine Reflexionsstufe, nämlich genau die, welche Kriterien für eine Konstruktion des Lehrplans allgemein definieren müßte. So kommt es, daß die geisteswissenschaftliche Lehrplantheorie keine Auskunft darüber gibt, welche wissenschaftliche Verbindlichkeit die Sätze haben können, mit denen der Lehrplan seine Ziele formuliert, unter welchen Bedingungen das jeweils Geforderte überprüfbar ist, welche Fragen Schritt für Schritt beantwortet sein müßten, um die Anweisungen nicht nur verbal, sondern in ihrer sachlichen Substanz miteinander vereinbar zu halten, welche Variablen innerhalb des Bedingungsgefüges bestimmte Alternativen zulassen oder fördern usw. Dieser Mangel bedeutet, daß die Wissenschaft den für die Lehrplanformulierung Verantwortlichen im Stich gelassen hat. Insofern ist erziehungswissenschaftliche Kritik von Lehrplänen zwangsläufig eine selbstkritische Rückfrage an die Didaktik[71], nicht etwa ein Vorwurf an die Adresse der Kultusministerien. Denn ein dahingehender Vorwurf wäre erst dann berechtigt, wenn ein von der Wissenschaft entwickeltes praktikables Instrument vorliegen würde, von der Verwaltung jedoch ungenutzt bliebe. Die von uns im folgenden zitierten, aus den fünfziger und sechziger Jahren stammenden Formulierungen aus Lehrplänen verschiedener Bundesländer, Schularten und Unterrichtsfächer können demzufolge nicht zu dem Zweck ausgesucht sein, um die Verfasser lächerlich zu machen, sondern um als Abschluß des Kapitels »Geisteswissenschaftliche Lehrplantheorie« zu illustrieren, warum bei den neuen Ansätzen für eine konstruktive Lehrplantheorie immer auch die Sprache der Lehrpläne, der Grad ihrer Operationabilität eine Rolle spielt.

Ernst Topitsch fand bei einer sprachkritischen Analyse von Lehrplänen Formulierungen für die Grundschule, nach denen das Kind, indem es beim Lernen auf die Grenzen seiner Möglichkeiten stoße, die Grenzen menschlichen Wissens erkenne, es damit schweigen lerne vor dem »Unverstandenen« und Ehrfurcht erlange »vor den letzten Geheimnissen des Seins«. Topitsch kommentierte diese Formulierung ironisch als schlechten Scherz: »Der Lehrer stellt eine etwas schwierigere Aufgabe und Fritzchen Müller schweigt vor dem Unverstandenen.« Bedenklicher scheint demgegenüber die Tendenz vieler Lehrpläne, gesellschaftliche Normen zu stabilisieren, indem sie über Analogieschlüsse mit dem Anspruch von Naturgesetzen ausgerüstet werden. Topitsch zitiert aus dem Physiklehrplan der Volksschuloberstufe: »Der Nachweis unabänderlicher Naturgesetze, denen auch der Mensch unterworfen ist, ... führt den Schüler zur Anerkennung von Ordnung und Gesetz ... Aus der Anerkennung der Naturgesetze und aus der Ehrfurcht vor Schöpfer und Geschöpf aber entspringt das Verantwortungsbewußtsein gegenüber den Mitmenschen.«[72] Topitsch wies darauf hin, wie hier zwei völlig verschiedene Gebrauchsweisen des Wortes »Gesetz« vermengt sind. Auf Naturerscheinungen bezogen, wird »Gesetz« in deskriptiver, wertindifferenter Form gebraucht und bezeichnet Regelmäßigkeiten, welche einer Anerkennung durch den Menschen weder fähig noch bedürftig sind; bezogen auf den sozialen Bereich der sittlichen und rechtlichen Konventionen bezeichnet »Gesetz« Vorschriften, die der Mensch befolgen oder verletzen, anerkennen oder ablehnen kann. Der gutgemeinte pädagogische Sprung von den physikalischen Gesetzen zu moralischen Handlungsanweisungen ist schlechterdings unvertretbar.

Beide von Topitsch aufgegriffenen Beispiele waren aus Berliner Bildungsplänen entnommen. Inzwischen hat der Senator für Schulwesen begonnen, neue »Rahmenpläne für Unterricht und Erziehung in der Berliner Schule« zu erlassen, die sich vorteilhaft von den älteren abheben; in Sprache und Lernzielbestimmung ist der Einfluß des lerntheoretischen Modells der Didaktik deutlich sichtbar. Ähnliches gilt auch für andere Bundesländer. Selbstverständlich handelt es sich dabei nie nur um Formulierungen. Die politisch brisanten Auseinandersetzungen, die Anfang der siebziger Jahre um Rahmenrichtlinien für Gesellschaftslehre und Deutschunterricht in Hessen und Nordrhein-Westfalen entbrannten und schließlich Wahlkämpfe mitbestimmten,[73] machten das für jedermann deutlich. Aber diese extremen Fälle demonstrierten nur, was Erich Weniger gegenüber harmonistischen Deutungen eingeschärft hatte, nämlich daß Lehrpläne Gegenstand des gesellschaftlichen Kampfes seien. Daß dieser Kampf auch über die sprachlichen Formulierungen geführt wird, ist nicht erstaunlich. Denn die Sätze übergreifender Sinnvergewisserung, oft als Leerformeln oder Slogans diskreditiert, erfüllen die Funktion der Konsensbildung und stehen daher bei verändernden Eingriffen zur Disposition. Aber das Ausmaß solcher kaum operationalisierbarer (zum Begriff »Operationalisierung« vgl. Kapitel 5) Leerformeln ist auch ein Kriterium dafür, wie ernst oder unernst es den Verfassern mit der Realisierung ist. Darum präsentieren wir hier in der Form einer negativen Dokumentation einige Exempel, deren Schwächen einen speziellen Kommentar überflüssig machen, die aber doch verdeutlichen, daß und warum die Curriculum-Forschung Einfluß auf die Formulierungen, in denen Lehrpläne abgefaßt werden, zu nehmen sucht:

Bildungsplan für Mittelschulen: »Die Schüler sind in Ehrfurcht vor Gott, im Geiste der christlichen Nächstenliebe, zur Brüderlichkeit aller Menschen und zur Friedensliebe, in der Liebe zu Volk und Heimat, zu sittlicher und politischer Verantwortlichkeit, zu beruflicher und sozialer Bewährung und zu freiheitlicher demokratischer Gesinnung zu erziehen. Erziehung und Unterricht erfolgen auf der Grundlage christlicher und abendländischer Kulturwerte und sind durchdrungen vom Geiste der Duldsamkeit und der sozialen Ethik.«[74]

Volksschule, Erdkundeunterricht: »Der Erdkundeunterricht soll Liebe zu Heimat und Vaterland wecken und den Schüler bereit und fähig machen zu tätiger und verantwortungsvoller Mitarbeit in der Gemeinschaft unseres Volkes ... Die Himmelskunde kann zur Ehrfurcht vor dem Schöpfer und der Größe und Ordnung des Weltalls erziehen.«[75]

Gymnasium, Mathematikunterricht: »Oberstes Ziel des mathematischen Unterrichts ist es, diesen Wesensgehalt der Mathematik verstehen und erleben zu lassen. Auf dem Weg zu diesem Ziel wird vom Schüler ausdauernde, gewissenhafte und zuchtvolle Arbeit gefordert. Phantasie und Intuition müssen zusammenwirken mit kritischer Haltung und Fähigkeit zu Anschauung und Abstraktion. Das Bewußtsein, daß das gewaltige mathematische Lehrgebäude ein in Jahrtausenden geschaffenes gemeinsames Werk vieler Völker ist, und die Erkenntnis, daß der Übertragung der mathematischen Denkweise auf andere Bereiche Grenzen gezogen sind, mögen den Schüler zu Ehrfurcht und Bescheidenheit erziehen.«[76]

Volksschule, Musikunterricht: »Der Musikunterricht soll also im Rahmen einer Bildung, die den ganzen Menschen und alle seine Kräfte erfaßt, das Kind durch die Musik zur Musik erziehen ... Durch die Musik werden die gemüthaften Kräfte des Kindes entwickelt und veredelt. Die Musizierfreudigkeit der Schüler ist so zu pflegen, daß die Liebe zur Musik das ganze Leben hindurch lebendig bleibt. Musik steigert das Lebensgefühl und hat gemeinschaftsbildende Kraft.«[77]

Mittelschule, Lateinunterricht: »Die Erlernung der lateinischen Sprache dient der Erfassung der antiken Kulturwerte, die durch die Vermittlung der Römer die abendländische Kultur in stärkstem Maße gestaltet haben. Das Ziel, die wichtigsten Werke lateinischer Schriftsteller im Original zu lesen, wird sich in dem begrenzten Rahmen der Mittelschule naturgemäß nicht verwirklichen lassen; doch enthält der formalbildende und logische Charakter der lateinischen Sprache so viele Bildungskräfte, daß ihre Erlernung auch bei begrenzter Zielsetzung wertvoll ist.«[78]

Kaufmännische Berufsschule: »Erziehungsziel der Kaufmännischen Berufsschule ist die Höherführung der Schüler zu geistig selbständigen, urteilsfähigen Persönlichkeiten, aber auch zu Menschen mit Herz und Gemüt, mit Ehrgefühl und Liebe zu ihrem Beruf, mit sozialem Verständnis, freiheitlich-demokratischer Staatsauffassung und sittlich-religiöser Grundhaltung.«[79]

Berufsschule, Betriebswirtschaftsunterricht: »Die Betriebswirtschaftskunde soll ... den Sinn des Wirtschaftens vermitteln. Der Schüler muß erkennen, daß die Arbeit dem Betrieb dient und der Betrieb im Dienste der Wirtschaft und der Volksgemeinschaft steht. Wenn auch Gewinn zu erzielen eines rechten Kaufmanns Pflicht ist, so stehen doch Leistung, Verantwortung, Arbeitsehre, Dienst am Ganzen über diesem Gewinnstreben ...«[80]

Berufsfachschule, Deutschunterricht: »Ein Einblick in die Entwicklung der deutschen Sprache und Literatur soll ihnen Wesen, Wert und lebendiges Wirken einer Sprache zeigen, sie an die bedeutendsten deutschen Dichterpersönlichkeiten und ihre wichtigsten Werke heranführen, sie für das gute Buch gewinnen, ihren Geschmack ausbilden und verfeinern und sie schließlich zu allem Schönen, Sauberen und Guten hinwenden. Die erzieherischen Möglichkeiten, die Deutsch als Unterrichtsfach und als Unterrichtsprinzip bietet, sollen in der rechten Weise genutzt werden, so daß die Einheit der Persönlichkeit in der harmonischen Entwicklung von Intellekt und Gemüt stets angestrebt wird.«[81]

Höhere Handelsschule, hauswirtschaftlicher Unterricht: »Durch die Zusammenarbeit im praktischen Unterricht und die Ausübung der Ämter werden bei den Schülerinnen Pflichttreue, Verantwortlichkeit, Selbstlosigkeit, Kameradschaftlichkeit, Reinlichkeit, Sparsamkeit und Ordnungsliebe geweckt und gefördert.«[82]

Berufsschule, Fachunterricht im Holzgewerbe: »Das Bearbeiten des Holzes bietet Gelegenheit, das Wirken der Natur durch Erfahrungen und Einsichten bei der Arbeit zu erkennen und die Auswirkungen und Grenzen eigenen Denkens und Handelns zu ermessen. Dabei erfährt der junge Holzwerker aber auch, daß sein Tun erst dann sinnvoll ist, wenn es mit den Naturgesetzen und der menschlichen Ordnung in Einklang steht.«[83]

5. Kapitel

Lernzielorientierter Unterricht

Vorbemerkungen

Mit der geisteswissenschaftlichen Lehrplantheorie hatten wir noch eine relativ geschlossene Gesamtkonzeption angetroffen, wie sie von einem einzelnen Didaktiker entworfen, konkret ausgeführt und angewendet werden konnte. Die spezifischen Grenzen dieser Lehrplantheorie sind mit diesem Verfahren eng verbunden. Daher ist es nicht erstaunlich, bei neueren Versuchen, die von einer Fülle erfahrungswissenschaftlich durchgeführter Forschungen und Detailuntersuchungen ausgehen, dementsprechend auch nur in Teamarbeit vorangetrieben werden, zunächst nicht mehr als einzelne Aspekte kennenzulernen, die Bausteine für eine noch ausstehende konstruktive Konzeption sein mögen. Ausgangspunkt derjenigen amerikanischen Forschungen, die wir als erstes zu berücksichtigen haben, war der gleiche Mangel, den auch wir hinsichtlich der Lehrplanformulierungen konstatierten: Die überhöhten, darum unklaren und vielfältig auslegbaren Zielangaben bezeichnen weder eindeutig, was gelernt werden soll, noch erlauben sie eine wie auch immer geartete Überprüfung der Ergebnisse. Die Kontrollen, die tatsächlich in Schulen und Hochschulen laufend in Gestalt von schriftlichen Klausuren, Arbeitsaufgaben und mündlichen Prüfungen vorgenommen werden, können nur partiell auf die Zielangaben des Lehrplans zurückbezogen werden; selten sind sie vergleichbar mit den Leistungen anderer Klassen oder gar Klassen anderer Schulen mit gleichen Lehrplänen, geschweige denn mit Klassen von Schulen mit differierenden Lehrplänen, etwa um zu prüfen, welche Lehrpläne mehr und welche weniger realisierbar sind.

Vor dem Hintergrund der sich aus diesem Tatbestand ergebenden Fragen sind die neueren Bemühungen um den »lernzielorientierten Unterricht« und eine entsprechende Abfassung von Richtlinien und Lehrplänen zu sehen. In der amerikanischen Forschung ging der Anstoß zu dieser Entwicklung von Arbeitsgruppen aus, die beauftragt waren, an Colleges und Universitäten Prüfungen durchzuführen und auszuwerten. Um diese Aufgabe sachgerecht und das hieß hier: unter möglichst weitgehender Zurückdrängung von nur subjektiven Einschätzungen zu lösen, schien es erforderlich, ein Instrumentarium für eindeutige Definitionen und Abgrenzungen von Lernzielen zu schaffen. Am bekanntesten ist der Versuch der von Benjamin S. Bloom geleiteten Forschungsgruppe geworden, die ihr Instrument als »taxonomy of educational objectives« bezeichnet hat.

Diese Taxonomie von Lernzielen ist aber nur ein Aspekt; er muß eingebracht werden in eine ganze Reihe weiterer, relativ unabhängig voneinander entstandener, letztlich aber gleichsinnig wirkender Anstöße zu einer Revision der bisher praktizierten Art, Lern- und Unterrichtsziele zu formulieren. Um die Detailbeiträge dieser Diskussion der gleichen Problemstellung zuordnen zu können, muß man sich vier Schlüsselfragen beantworten, nämlich:

– Was bedeutet es, Lernziele als beabsichtigte *Verhaltensänderungen* zu formulieren?

– Welche Konsequenzen hat die Forderung, alle Lernziele *operationalisiert* zu fassen?

– Warum sollen Lernziele *dimensioniert* werden?

– Warum sollen Lernziele *hierarchisiert* werden?

Operationalisierung, Dimensionierung und Hierarchisierung von Lernzielen

Lernzielorientierung ist als generelles Programm an keine wissenschaftstheoretische Position gebunden, faktisch aber sind die unter diesem Stichwort wirksam gewordenen Bemühungen fast ausschließlich der behavioristischen Psychologie verpflichtet (vgl. 2. Kapitel, S. 57 ff.). Ausgehend von der hier maßgeblichen Grundthese, derzufolge nur die Fremdbeobachtung dem Reiz-Reaktions-Schema und der von daher aufweisbaren Gesetzmäßigkeit vertraut werden darf, ist als Kriterium brauchbarer Lernzielbeschreibungen gesetzt, immer ein beobachtbares Verhalten angeben zu können, welches als Merkmal des Lernerfolges gelten soll. Damit wird nicht die Möglichkeit wichtiger und erstrebenswerter Lernziele geleugnet, die zu komplex sind, als daß ihnen ein einzelnes Verhalten als Lernzielmerkmal zugeordnet werden könnte. Aber das zu entwickelnde Instrument soll gerade dazu dienen, komplexe Ziele in so viele Teilziele zerlegbar zu machen, bis jedes einzelne Element einem beschreibbaren Verhalten korrespondiert.

Um uns das Gemeinte mit einem ersten Hinweis zu verdeutlichen, greifen wir einige Beispiele von Robert Mager auf, der sich mit Lernzielbestimmungen im Zusammenhang des Programmierten Unterrichtes beschäftigt. Er unterscheidet schon zwischen den Worten, die bei Lernzielbeschreibungen zulässig und die ihrer Vieldeutigkeit wegen untunlich seien. Abgewiesen werden etwa: Wissen, Verstehen, wirklich Verstehen, zu würdigen wissen und ähnliches mehr; bevorzugt werden: Auswendighersagen, Lösen, Aufzählen, Vergleichen, Schreiben und ähnliches mehr. Mager fragt, ob die in fast jeder Lernzielangabe auftauchende Wendung, der Schüler solle am Ende des Lernprozesses etwas Bestimmtes wissen oder für diese Bereiche Verständnis haben, auf »Auswendighersagen«, »Lösen«, »Konstruieren« oder eine weitere Möglichkeit bezogen sei. Er illustriert diese Frage, indem er der Zielstellung des Musikunterrichtes, »Musikverständnis zu entwickeln«, fünf Verhalten alternativ zuordnet:[84] Der Lerner

a) seufzt ekstatisch, wenn er Bach hört;
b) kauft Schallplatten im Werte von 500 Dollar;
c) beantwortet 95 Auswahl-Antwort-Fragen zur Musikgeschichte richtig;
d) schreibt einen Aufsatz über die Bedeutung von 37 Opern;
e) sagt: »Mann, glaub mir, ich bin Fachmann, es ist einfach großartig.«

Die offenbar ironisch gemeinten Zuordnungen sollen zeigen, daß die erstrebenswerte Zielsetzung des Musikunterrichtes viel zu ungenau ist, um an einem Verhalten überprüfbar zu sein. Ob und inwieweit sie in beschreibbare Verhaltensweisen auflösbar ist, die als Summe »Musikverständnis« ausmachen oder jedenfalls als Annäherung gelten dürfen, ist die Frage nach der Leistungsfähigkeit einer Lernzielbestimmung.

Ist also das Lernziel definiert als die sprachliche Fassung einer Verhaltensänderung, die durch den Lernvorgang bewirkt werden soll, so muß das Lernziel scharf unterschieden werden vom Lernergebnis. Denn während die Ergebnisse eines Lernprozesses entsprechend den hier gemachten Voraussetzungen nur insofern erfaßt werden, als sie beobachtbare Tatsachen sind, drücken die Lernziele die Vorstellung von erwünschten Ergebnissen aus. Da nun der exakt kontrollierbare Vergleich zwischen Ziel und Ergebnis der erklärte Zweck der ganzen Veranstaltung ist, müssen die Lernziele so formuliert werden, daß sie auch tatsächlich auf die Lernergebnisse bezogen werden können, d. h., sie müssen operationalisiert werden.

Der Begriff »Lernziel-Operationalisierung« wird freilich im erziehungswissenschaftlichen Sprachgebrauch zweideutig verwandt. Es kann damit gemeint sein eine sprachlich eindeutige Formulierung von beobachtbaren Verhaltensweisen oder ihrer Elemente, die als Ergebnis des Lernprozesses kontrollierbar sein sollen; es kann aber auch in einem sehr viel engeren Sinne die Angabe der Operationen, mit denen das als Ziel geforderte Verhalten meßbar ist, gemeint sein, ebenso wie unscharfe Vermengung beider Bedeutungen. Für Kommissionen, Ausschüsse und Lehrerkollegien, die an lernzielorientierter Formulierung von Lehrplänen und Richtlinien interessiert sind, ist zunächst nur die weitere Begriffsbedeutung maßgeblich. Hilbert L. Meyer schlägt in seinem Trainingsprogramm zur Lernzielanalyse vor, die Operationalisierung im weiteren Sinne als Angabe der beobachtbaren Elemente einer nicht unmittelbar beobachtbaren Verhaltensdisposition zu definieren, und führt als Beispiel den Operationalisierungsversuch einer Gruppe von sechs Lehrern auf, die das Lernziel »Lösung quadratischer Gleichungen« in drei Schritten kleinarbeitete:[85]

»Erster Schritt: Die erste Zielformulierung wird zu einem genauer eingegrenzten Grobziel präzisiert:

›Lösung einer gemischt-quadratischen Gleichung mit Hilfe einer binomischen Ergänzung‹.

Zweiter Schritt: Im zweiten Schritt wurde im Blick auf das Verhalten, das der Schüler zeigen soll, eine Ausdifferenzierung des Lernzieles in drei Teilaspekte vorgenommen:

1. ›Der Schüler soll die Lösungsformel auf Gleichungen vom Typ $ax^2 + bx + c = 0$ anwenden.‹

2. ›Der Schüler soll die Lösungsformel *herleiten* können und den zugehörigen Algorithmus *bezeichnen*.‹

3. ›Der Schüler soll die quadratischen Aussageformen als Disjunktionen linearer Aussageformen *interpretieren* können.‹

Dritter Schritt: Weitere Zergliederung der drei Teilaspekte in Feinziele. Die Aufgliederung des ersten Teilaspektes ergab:

›Der Schüler soll:

1. eine quadratische Gleichung als solche *erkennen* können,

2. die Gleichung *normieren* können,

3. die Diskriminante *bestimmen* können,

4. mit Hilfe der Diskriminante die *Entscheidung* über die Anzahl der Elemente der Lösungsmenge *fällen* können,

5. die Lösungsmenge *angeben* können.‹«

An diesem Beispiel ist leicht ablesbar, daß das Operationalisierungspostulat weder einen Hinweis darauf gibt, wann der Prozeß als beendet anzusehen ist, noch in welche Richtung er eigentlich getrieben werden soll. Denn dem Beispiel könnten ebenso weitere Schritte hinzugefügt wie andere Richtungen gewiesen werden. Die dafür maßgeblichen Gesichtspunkte, nämlich welche Funktion die operationalisierten Lernziele erfüllen sollen und welchen inhaltlichen Kriterien sie genügen müssen, sind natürlich nur hermeneutisch bestimmbar. Sofern man sich dessen bewußt ist und nicht etwa annimmt, durch die Operationalisierung könne die Auswahl der Lernziele vorgenommen und zugleich auch noch legitimiert werden, so erbringt dieses Verfahren eine schnellere Verständigung über den intentionalen Gehalt eines Curriculums, eine bessere Erfolgskontrolle und eine präzisere Artikulation der Zielvorstellungen, damit eine leichtere Orientierung der Unterrichtsmedien, insbesondere der Lehrbücher an Lehrplänen und Richtlinien. Auf der anderen Seite ergeben sich zwangsläufig Weiterungen. Denn wenn Lehrpläne durch die Operationalisierung der Sprache die frühere Stoffbezogenheit verlieren, bedürfen sie neuer Einteilungs- und Strukturierungsmerkmale: Die Lernziele eines Lehrplans können dimensioniert und hierarchisiert werden.

Oben war bereits Blooms »taxonomy of educational objectives« erwähnt worden. Unter Taxonomie versteht man im allgemeinen die Einordnung von Lebewesen oder anorganischen Stoffen in systematische Einheiten aufgrund ihrer verwandtschaftlichen Beziehungen. Auch Bloom und Mitarbeiter meinen mit »taxonomy« ein Klassifikationsschema; aber selbstverständlich sind sie sich klar darüber, daß »educational objectives« nicht nach den gleichen Gesichtspunkten wie biologische oder physikalische Gegenstände zu klassifizieren sind, daß vielmehr eine spezifische Vorbedingung zu stellen ist, die die Klassifizierung ermöglicht. Sie besteht – ganz allgemein gesagt – darin, daß eine Taxonomie nicht allein einer realen Ordnung der durch die Begriffe repräsentierten Phänome entsprechen, sondern auch mit den theoretischen Erkenntnissen auf dem jeweiligen Gebiet übereinstimmen muß. Bloom folgerte daraus, daß eine Taxonomie der Lernziele psychologischer Kritik standzuhalten habe.

Obschon dieser Anspruch nicht eingelöst werden konnte, hatte das Unternehmen doch größere Wirkungen auf die Praxis der curricularen Lernzielfassung. Die Taxonomie war für drei Zielbereiche vorgesehen: für den kognitiven, den affektiven und psychomotorischen Bereich – (Übereinstimmung und Differenz mit ähnlichen Einteilungen haben wir bereits im 3. Kapitel, S. 102 ff. behandelt). Diese Bereiche bieten sich für eine Dimensionierung an, weil einerseits jede beliebige Lernzieldefinition mindestens einem der drei Bereiche subsumierbar ist, andererseits die Bereiche selber einem je eigenen Strukturprinzip folgen. Der systematische Aufbau von verhaltensbezogenen Lernzielkatalogen erscheint aber gerade dann analysierbar, wenn die Ziele nach ihrem Schwierigkeitsgrad hierarchisiert, d. h. in eine theoretisch begründete und empirisch überprüfte Reihenfolge gebracht werden können.

Bloom hat die Ergebnisse für die kognitive und die affektive Dimension in je einem Handbuch zusammengefaßt. Ein entsprechender Bericht für den psychomotorischen Bereich ist ausgeblieben; die an einer vollständigen Nutzung der Taxonomie der Lernziele interessierten Autoren ziehen ersatzweise Hierarchisierungsversuche für den psychomotorischen Bereich von R. H. Dave oder J. P. Guilford heran. Die beiden Bloomschen Handbücher sind in gleicher Weise aufgebaut. In einem ersten Teil wird neben begrifflichen Festlegungen ein Überblick über die Arbeit der Forschungsgruppe in dem jeweils zu klassifizierenden Bereich gegeben, über die organisierenden Prinzipien, die der Klassifikation zugrunde liegen, und über die Ziele der Taxonomie. Der zweite Teil enthält die Taxonomie selbst, eine vollständige und detaillierte Beschreibung der einzelnen Klassen und Unterklassen des kognitiven bzw. affektiven Bereichs, illustrierende Beispiele sowie Testvorschläge zur Kontrolle für jede Klasse von Lernzielen. Das Aufbauprinzip für den kognitiven Bereich ist der Fortschritt von einfachen und konkreten Verhaltensweisen zu komplexen und abstrakten, zu Kombination und Synthese; für den affektiven Bereich ist das Aufbauprinzip die Internalisation, d. h. die laufende Veränderung der Verhaltensweisen vom einfachen Aufmerksamwerden auf bestimmte Phänomene bis zum allgemeinen Welt- und Lebensverständnis.

Die positive Funktion der Lernzieldimensionierung könnte darin bestehen, daß durch die Unterscheidung der Dimensionen der im Lernprozeß real immer gegebene Zusammenhang bewußt aufgenommen und gefördert werden kann. Insbesondere wird dadurch eine stärkere Beachtung der im Schulunterricht zumeist vernachlässigten affektiven Lernziele möglich. Als Folge dieses Ansatzes formulieren heute schon die meisten neueren Lehrpläne und Richtlinien: »Fähigkeit und Bereitschaft zu ...«, um die Gleichwertigkeit beider Zieldimensionen anzuzeigen. Mit solchen ritualisierten Wendungen ist die Verschränkung von Lernzielen aus der kognitiven und affektiven Dimension freilich nur behauptet, noch nicht nachgewiesen. Ein Nachweis, wie er über die Entwicklung und Erprobung von Unterrichtseinheiten denkbar ist, kann sich freilich nicht allein auf den von der Lernzieltaxonomie favorisierten Verhaltensaspekt stützen, sondern muß die Korrespondenz zu den Inhalten des Lernens mit aufnehmen. Das wird deutlich, wenn man sich die Anwendungsmöglichkeiten der Lernziel-Hierarchisierung vergegenwärtigt.

Die formale Begriffsapparatur, in der Lernziele klassifiziert werden können, ist von wirklichen oder möglichen Lerninhalten abstrahiert. Für die Lehrplananalyse, noch mehr aber für die Lehrplanentwicklung oder auch nur die Vorbereitung von Lehrplanentscheidungen bedarf es daher eines Rückbezuges auf die Inhalte und deren Sachstruktur. Denn die als Ziele taxierten Verhaltensweisen sind real nur in ihrer Anwendung auf bestimmte Inhalte, auch wenn man voraussetzt oder hofft, daß ein Transfereffekt erzielt werden könnte, daß also ein an einem bestimmten Inhalt erlerntes Verhalten in gewissen Grenzen auf andere Inhalte übertragbar sein werde. Nehmen wir einmal als Beispiel die Klasse des »Übertragens« selbst – bei Bloom hat das die Dezimalstelle 2.10; das bedeutet eine Unterklasse des Verstehens, wobei »verstehen« behavioristisch definiert ist als ein Verhalten, welches sich dadurch ausdrückt, daß eine Nachricht bei einer Kommunikation wortgetreu aufgenommen und verarbeitet wird. Und dieses so definierte Verstehen wird von Bloom in die drei Unterklassen – »Übertragung«, »Auslegung« sowie »Extrapolation« – gegliedert. Verfolgen wir unser Beispiel in der ersten Unterklasse »Übertragung«. Übertragung (translation) ist in Blooms kognitiver Taxonomie bestimmt als die Fähigkeit, Informationen in eine andere Sprache, in andere Begriffe oder in eine andere Art der Informationsweitergabe zu überführen. Als inhaltliche Konkretisierung wird dann genannt die Fähigkeit, in Symbolen dargestellte Beziehungen wie z. B. Landkarten, Tabellen, Diagramme, mathematische Formeln usw. verbal auszudrücken und umgekehrt verbale Ausdrücke in solche in Symbolen dargestellte Beziehungen zu bringen, etwa eine verbale Ortsbeschreibung in eine Skizze umzusetzen, Aussagen über die wirtschaftliche Entwicklung eines Betriebes in einem Diagramm aufzuzeichnen und so fort. Nun braucht man sicher keine Transferforschung zu bemühen, um vermuten zu dürfen, daß zwischen diesen Bereichen der Umsetzung verbaler Ausdrücke in symbolisierte Beziehungen (Landkarten, Tabellen, Diagramme, mathematische Formeln) eine gewisse lernpsychologische Verwandtschaft besteht, so daß unter der Voraussetzung, das unter 2.10 taxierte Lernziel »translation« sei vorgegeben, die inhaltliche Konkretisierung weniger wichtig sei, obschon eine Entscheidung auch dann noch getroffen werden müßte. Indessen fallen unter das Lernziel »translation« noch ganz andere inhaltlich konkretisierte Fähigkeiten, etwa das Übersetzen eines fremdsprachlichen Textes, Prosa oder Lyrik, mit oder ohne Wörterbuch in eine angemessene Form der Muttersprache. Wir sehen, daß die ganze Problematik einer Theorie der formalen Bildung (vgl. 1. Kapitel, S. 39 ff.) als Ansatz für die Entwicklung der Didaktik sofort wieder aufbricht, sobald man die Taxonomie dazu benutzen will, um von hier aus den Lehrplan aufzubauen. Tatsächlich brauchen wir die inhaltlichen Lehrplanentscheidungen vorweg, etwa, um unser Beispiel weiter auszuführen, die Entscheidung für den Geographieunterricht. Um das Lernziel des Geographieunterrichts operationabel zu formulieren, wird man es in als Verhalten beschreibbare Teillernziele aufgliedern; in diesem Zusammenhang wird dann vielleicht auch die Klasse »translation« vorkommen, die Umsetzung von Ortsbeschreibungen in Landkarten und umgekehrt. Gehen die Lehrplankonstrukteure in dieser Weise vor, so gewinnen sie für die in der zweiten Lehrplanschicht anzusetzende Didaktik der Grundrichtungen (gemäß der geisteswissenschaftlichen Lehrplantheorie!, vgl. S. 130) den Hinweis: Klasse 2.10 ist einmal besetzt. Eine konsequente Durchführung dieses Verfahrens von allen Punkten des Lehrplans aus führt zu einem Überblick darüber, welche kognitiven, affektiven und psychomotorischen Verhaltensweisen von den gewählten Inhalten befördert werden, welche sehr stark auftreten, etwa mehrfach und in sämtlichen Unterrichtsfächern, welche weniger und welche vielleicht überhaupt nicht. Gerade diese Überlegung zeigt aber, daß es nicht die formale Klasse »translation« ist, die die Inhalte hervorbringt, sondern daß umgekehrt die inhaltlichen Zielsetzungen mit den formalen Begriffen der Taxonomie als überprüfbare Verhaltensweisen beschrieben und gegliedert werden können. Wer diese Verbindungslinie durchschneidet oder auch nur die Richtung des Zusammenhanges umkehrt, muß in Verirrungen geraten. Darum wird um so nachdrücklicher die Rückfrage zu stellen sein, unter welchen Gesichtspunkten das taxonomische Instrument in den Stand gesetzt wird, das Erwartete für die Lehrplanreform zu leisten. Auf jeden Fall sind dafür Größen erforderlich, die die Formalbegriffe von Verhalten wieder auf konkrete Aufgaben beziehen. Dazu benötigen wir ein klares Modell für die Zuordnung der einzelnen Größen und Bedingungsfaktoren, also ein Modell für die inhaltlichen Lehrplanentscheidungen.

Damit aber erweist sich, daß die Lernzielorientierung für sich genommen ohne Halt bleibt, in Naivitäten und Problemverkürzungen führt, sofern sie nicht ihre leitende Fragestellung und ihren durchaus begrenzten Stellenwert aus einer übergreifenden Theorie des Curriculums angewiesen erhält. Bevor wir uns dem dafür maßgeblichen Stand der Curriculum-Diskussion zuwenden, sollen abschließend noch einige kritische Anmerkungen zu den wissenschaftstheoretischen Aspekten der Lernzielorientierung gemacht werden.

Wissenschaftstheoretische Einschätzung der Lernzielorientierung und bildungstheoretische Konsequenzen

Lernzielorientierung ist bisher fast ausschließlich unter der Voraussetzung behavioristischer Lernpsychologie durchdacht und entwickelt worden. Da Ansatz und Motiv der Bindung von Lehrplan- und Unterrichtsbeschreibungen an Lernzielen in dem Bedürfnis nach semantischer Eindeutigkeit liegt, muß gefragt werden, inwieweit das behavioristische Wissenschaftsverständnis überhaupt qualifiziert ist, die Bedingungen vollständig zu erfassen, unter denen der Sprachgebrauch die gesuchte operationelle Eindeutigkeit besitzt. Die Antwort müßte ebenso relevant sein für den Programmierten Unterricht wie für die Lernzielorientierung, weil in beiden Fällen die behavioristische Lerntheorie auf die Sprache angewandt wird, das eine Mal zur Steuerung der Lernprozesse über das Verbalverhalten, das andere Mal zur Präzisierung der dem Lernprozeß vorgegebenen Zielstellungen. Seitdem ein transformationelles Modell generativer Grammatik entwickelt wurde, insbesondere von N. Chomsky, P. M. Postal, J. A. Fodor und J. J. Katz, und zwar im Rückgriff auf Wilhelm von Humboldt, scheint eine spezifische Einschränkung auch vom Standpunkt der modernen Linguistik gesichert zu sein.[86] Denn der psycholinguistischen Theorie zufolge bleibt der Behaviorismus entgegen seinen Annahmen unauflöslich an ein Vorverständnis semantischer Strukturen gebunden. Zwar ist es möglich, auch die Sprache auf beobachtbares Verhalten zu reduzieren, nicht aber kann bei einer derartigen Forschungseinstellung die immer schon vom Forscher vorweg in Ansatz gebrachte Intentionalität vom Verhalten unterlaufen werden. Chomsky hat das auch in einer speziell auf Skinner bezogenen Kritik deutlich gemacht.[87] In dieser Auseinandersetzung werden die wissenschaftstheoretischen Hintergründe für die Grenzen sichtbar, die den bisher vorgelegten Verfahren zur Lernzielorientierung – Operationalisierung, Dimensionierung, Hierarchisierung – gesetzt sind:

Die generative, d. h. die erzeugende, produktive Leistung der grammatischen Regeln ist genau der Restbestand, den der Sprachbehaviorismus nicht einfängt und darum unreflektiert voraussetzen muß. J. Bennett hat diesen Sachverhalt an einem Gedankenexperiment sehr anschaulich vorgeführt, nämlich mit dem Versuch, die Signale, mit denen Bienen ihr Verhalten steuern, nach dem Muster einer sprachlichen Kommunikation zu interpretieren.[88] Denn es zeigte sich, daß die Hypothese einer »Bienensprache« nur dann und insoweit möglich ist, als die Interpretation Zusammenhänge annimmt, die nicht durch beobachtbares Verhalten belegbar sind. Das in der allgemeinen Verhaltensforschung bewährte Reiz-Reaktions-Schema und die von ihm abgelesenen Gesetzmäßigkeiten stoßen also an der Stelle auf ihre Grenzen, wo der intersubjektiv geltende semantische Sinn von Aussagen erst durch die Sprache selbst hervorgebracht wird. »Sprachliche Kommunikation kann«, so faßt Habermas Chomskys Skinner-Kritik zusammen, »auf der Ebene stimulierten Verhaltens allein nicht zureichend erfaßt werden. Das grammatische Muster legt den Rahmen für die Lernprozesse erst fest, aus denen der Sprachbehaviorismus es ableiten will.«[89] Das aber bedeutet, daß die Aussagen der Verhaltenswissenschaften eine legitime Bedeutung haben nur »unterhalb« des intentionalen Handelns, wie es für kulturelle Interaktion spezifisch ist.

Daraus folgt keine Ablehnung der Lernzielorientierung, im Gegenteil, eine problembewußte Anwendung der angedeuteten Verfahren, wie sie etwa Hilbert Meyer in seinem Trainingsprogramm aufbereitet hat, ist als Formulierungsdisziplinierung und als Entscheidungsvorbereitung für eine konstruktive Entwicklungs- und Revisionsarbeit an den Curricula unerläßlich. Die problematischen wissenschaftstheoretischen Voraussetzungen der fraglichen Verfahren aber enthalten eine falsche verselbständigende Tendenz, mit den Folgen:

– die Voraussagbarkeit von Lernergebnissen zu überziehen;
– den logischen Widerspruch zwischen pädagogischen Zielen, die die Freisetzung des Lernenden zu sich selbst intendieren, und der Determination durch vollständige Operationalisierung zu übersehen;
– die unterschiedlichen Fach- und Wissenschaftsstrukturen durch Verhaltensdispositionen zu nivellieren und dadurch die naivste Form der genannten »formalen Bildung« neu zu beleben;
– die falsche Frage für Curriculumentwicklung – Zielen oder Inhalten die Vorhand zu geben – zu befestigen, statt auf die Kriterienfrage zurückzuführen.

Indessen lassen sich die Auswirkungen der Lernzielorientierung auch dort erkennen, wo behavioristische Voraussetzungen keine unbedingte Geltung haben, so etwa im Kapitel »Lernziele und Lernzielkontrollen« im Strukturplan des Deutschen Bildungsrates von 1970.[90] Die dort getroffene Unterscheidung zwischen »allgemeinen« und »fachlichen« Lernzielen wurde von anderen Gruppen aufgegriffen, bildungstheoretisch interpretiert und in eine Dialektik überführt, die die angezeigten vier negativen Folgen gerade durch Thematisierung der unterschlagenen Kriterienfrage zu vermeiden sucht. Eine Dialektik besteht zwischen den beiden Arten von Lernzielen insofern, als sie nicht einfach nebeneinanderstehen, etwa als die in Lernziele umformulierten Inhalte der sogenannten »Allgemeinbildung« und der sogenannten »Fach- oder Berufsbildung«. Vielmehr ist gerade aus der bildungstheoretischen Unhaltbarkeit des traditionellen Gegensatzes von Allgemein- und Berufsbildung herausgearbeitet worden, daß jedem Lerninhalt ein fachliches Lernziel entspricht, daß es also keine besonderen Inhalte gibt, die als solche (und unterscheidbar von allen anderen Inhalten) den allgemeinen Zielen als Mittel dienen könnten. Insofern bestehen keine Bedenken, die fachlichen Lernziele nach den Prinzipien der Operationalisierung, Dimensionierung und Hierarchisierung zu behandeln. Gleichwohl bleibt es gerechtfertigt, auch von allgemeinen Lernzielen zu sprechen, die sich gerade dieser Behandlung widersetzen, dann nämlich, wenn diese Ziele so formuliert werden können, daß sie den fachlichen Lernzielen gegenüber eine kritische Funktion ausüben. In dieser Funktion verlangen die allgemeinen Lernziele von den fachlichen Lernzielen eine Form der Vermittlung, durch die sich der Lernprozeß überhaupt erst als eine pädagogische Veranstaltung rechtfertigt. Die Planungsempfehlung Kollegstufe Nordrhein-Westfalen sagt von solchen allgemeinen Lernzielen, sie seien im wesentlichen durch zwei Momente definiert:

»Das erste Moment ist bedingt durch die Lebenssituation in der technischen Zivilisation; es drückt sich didaktisch aus in der
– Wissenschaftsorientiertheit des Lernens, d. h., daß alle Bildungsinhalte in ihrer Bedingtheit und Bestimmtheit durch die Wissenschaften erkannt und entsprechend vermittelt werden.

Das zweite Moment ist bedingt durch die seit der Aufklärung freigesetzte Tendenz zur Mündigkeit des Menschen, zu der sich unsere Republik als demokratisch organisiertes Gemeinwesen bekennt und mit der die deutsche Bildungstradition in ihren besseren Möglichkeiten durchaus übereinstimmt; es drückt sich didaktisch aus im
– Prinzip der Kritik, d. h., alle Inhalte der fachlichen Lernziele sind mit Voraussetzungen, Implikationen und Konsequenzen zu lehren, so daß dem Lernenden die Möglichkeit des Widerspruchs gegen die ihm zugemutete Intentionalität offen bleibt.«[91]

Ein solches Lernziel-Verständnis ist freilich nur vertretbar unter dem Anspruch einer Bildungstheorie, die den politisch-gesellschaftlichen Anspruch an das Lernen aufnimmt, ihn im gleichen Zug aber auch bricht, indem sie ihn zurückbezieht auf die Bedingungen der ökonomisch begründeten Herrschaft von Menschen über Menschen und gerade dies zum Bewußtsein bringt. Darin wäre die der deutschen Bildungstheorie seit Humboldts Tagen immanente Unterscheidung von Bildung und Ausbildung »aufgehoben« im doppelten, Hegelschen Sinne des Wortes, nämlich bewahrt als Urteilskriterium, überwunden aber als getrennt verlaufende Lernprozesse.[92]

6. Kapitel

Theorie der Curriculum-Reform

Curriculum-Revision und Bildungsökonomie

Anregungen und Ansätze für eine wissenschaftliche Behandlung von Curriculum-Problemen sind seit Anfang der sechziger Jahre eine internationale Erscheinung. Führend sind – zumindest in der Zahl der Publikationen und in der Finanzierung von Forschungs-, Entwicklungs- und Evaluationsprojekten – die USA, gefolgt von Schweden und England. Dem Selbstverständnis der einschlägigen Publikationen zufolge ist eine erhebliche Divergenz in den Motiven sowie eine extensive Neigung zum Methodenpluralismus zu konstatieren. Der distanzierte Beobachter kann demgegenüber seine Analyse auf ein erstaunliches Defizit an Theorie-Bewußtsein und zugleich eine den Prozeß unaufhaltsam weitertreibende, vielfach nicht erkannte Umklammerung richten.

Der Mentor der Curriculum-Forschung in der Bundesrepublik Deutschland war Saul Benjamin Robinsohn, bis zu seinem Tode im Jahre 1972 Direktor am Max-Planck-Institut für Bildungsforschung in Berlin. Die oben bereits erwähnte, lawinenartige Wirkung, die er mit einem eher als Gelegenheitsschrift zu kennzeichnenden Gutachten auslöste, beruhte darauf, daß er die bis dahin in der Bundesrepublik kaum zur Kenntnis genommene internationale Diskussion aufarbeitete, sie auf die Tradition der deutschen Lehrplantheorie zurückbezog und gleichzeitig eine entsprechende Forschungsrichtung projektierte, die den Interessen, Hoffnungen und Wünschen einer bereits weithin als notwendig anerkannten, aber noch unstrukturierten Bildungsreform entgegenzukommen schien.

In der Kennzeichnung der Kritik der geisteswissenschaftlichen Lehrplantheorie vom Standpunkt der Curriculum-Forschung aus war oben die defensive Position der bildungstheoretischen Didaktik gegenüber den technologisch gerichteten Herausforderungen in Gestalt der lern- und informationstheoretischen Ansätze skizziert worden (vgl. S. 142 f.). Nun hätte keine noch so umfassend und subtil angelegte Ermutigung der traditionellen deutschen Pädagogik zu sich selber und ihren besseren Möglichkeiten für sich alleine genommen ausgereicht, in diesen Prozeß

163

folgenreich einzugreifen. Wenn gleichwohl Robinsohns theoretisch eher anspruchslose Programmschrift zur Curriculumrevision den Punkt markiert, von dem aus die Erziehungswissenschaft sich wieder eine offensivere Funktion zutraute, so nur aufgrund des zeitlichen Zusammentreffens mit dem Positivismusstreit in der Soziologie, mit der damit eng verbundenen Marx-Rezeption und letztlich mit dem realen gesellschaftlichen Vorgang, der sich in jenen wissenschaftstheoretischen Kontroversen spiegelte, nämlich dem expandierenden technokratischen Planungsinteresse des Staates und, für unseren Zusammenhang, dessen Übergriff auf das Bildungswesen. In diesem Zusammenhang richtete ein weitgespanntes öffentliches Erziehungsinteresse eine vordem ernstlich nie artikulierte Erwartung an die Wissenschaft, die Erwartung nämlich, die Pädagogik werde den gesellschaftlichen Auftrag für die ausbildenden Institutionen mit exakten Methoden durchsetzen. Denn erstmalig in der Geschichte des Bildungswesens sollten Entwicklungstendenzen, Anpassungsvorgänge, organisatorische ebenso wie inhaltliche Reformen bis ins einzelne vorgeplant, berechnet, durch Experiment und Erfolgskontrolle gesichert werden. Solches planungsstrategische Interesse aber war (und ist) von keiner pädagogischen Praxis motiviert, sondern szientistisch vermittelt durch die Nationalökonomie. Die Modelle, mit denen die Wirtschaftswissenschaften versuchten, die Gesetzmäßigkeiten im Wachsen des Sozialproduktes zu ermitteln, hatten zunächst nur zwei Faktoren berücksichtigt, Kapitalakkumulation und Bevölkerungsentwicklung. Unter den Bedingungen eines zugespitzten Kapitalverwertungsinteresses in den hochindustrialisierten Ländern und einschneidender Wachstumsdifferenzen zu den Entwicklungsländern stellte sich heraus, daß die herkömmlichen Modelle allenfalls 50 Prozent des wirtschaftlichen Wachstums erklären konnten. Die nicht erklärte Produktivität, zunächst einfach als »Restgröße« definiert, rückte dann, als sie in ihrer vollen Bedeutung erfaßt war, als »technischer Fortschritt« oder »Humankapital« in den Mittelpunkt der Wachstumstheorie.

Da aber der »technische Fortschritt« als Ergebnis von Lernprozessen im weitesten Sinne des Wortes zu deuten ist, wie sie als steigender allgemeiner Bildungsstand, wirkungsvollere Berufsausbildung und überhaupt als verbesserte Lebensbedingungen auch statistisch faßbar sind, führte die Wachstumstheorie auf eine Ökonomie des Bildungswesens: Von dem Augenblick an, da Investitionen im Bildungssektor als die möglicherweise entscheidenden für die Optimierung von volkswirtschaftlichem Wachstum und Kapitalverwertung erscheinen konnten, wurde die Frage nach der Effizienz des Bildungswesens in einer Weise gestellt, die weit über bildungsökonomische Berechnungen als staatliche Planungsmargen hinausreichte.

Die Erziehungswissenschaft aber konnte sich dem Druck dieses ökonomischen Interesses am Bildungswesen nicht entziehen. Die Didaktik tendierte teils zur Unterrichtstechnologie, teils zur Bildungsplanung qua Curriculumforschung. In beiden Fällen erwies sich der Bildungsbegriff als hinderlich, zumindest aber als überflüssig. Denn die nichtoperationalisierbare Individualitätsbildung des Menschen, der der europäischen Bildungstradition gemäß die Anstrengungen der pädagogischen Theorie vorzugsweise gegolten hatten, wird irrelevant, wenn ein pädagogischtechnisches Effizienzdenken ausschließlich auf »Qualifikation« für die Verwendung in »Lebenssituationen« gerichtet ist.

Robinsohn hat diesen umgreifenden bildungsökonomischen Zusammenhang der Curriculumforschung noch nicht voll sehen, geschweige denn systematisch in sein Modell aufnehmen können. Für ihn war Bildungsökonomie nur *ein* Moment des Revisionsinteresses neben anderen, nämlich Methoden, die für sich genommen für wichtig, ja unerläßlich gehalten werden können, die aber zunächst einmal dazu beigetragen haben, von der Curriculum-Problematik mit ihren Inhaltsentscheidungen abzulenken.

Robinsohn nennt in diesem Zusammenhang drei Ansätze, den ökonomisch-statistischen, also Bildungsökonomie, den sozial-politischen und den unterrichtstechnologischen. Über den unterrichtstechnologischen braucht hier nichts mehr ausgeführt zu werden, weil wir ihn hinlänglich kennengelernt haben. Robinsohn ist sich klar darüber, daß der Ansatz bei Organisation und Technik des Unterrichtes wohl imstande wäre und auch dafür genutzt werden muß, radikale Wandlungen im Schulwesen zu unterstützen, daß er aber kein Mittel ist, die Reform auszulösen. Denn Unterrichtstechnologie kann niemals die Strukturen sprengen, die durch das Weiterwirken inhaltlicher Programme gesichert sind.

So richtig das ist, so wenig hatte Robinsohn die technologische Wendung der Didaktik insgesamt begriffen. Darum konnte er ebenso schnell die Unergiebigkeit des bildungsökonomischen Ansatzes für die Curriculum-Reform behaupten, weil die ökonomisch-statistischen Berechnungen für das Bildungswesen sich entweder auf die bestehenden Strukturen und Organisationsformen stützen müssen, also naiv eine Konstanz der bestehenden Normen und Berechtigungen voraussetzen und damit konservativ-reproduzierend wirken oder aber politische Zielentscheidungen nur hypothetisch annehmen und damit willkürlich und d. h. zugleich relativ wirkungslos bleiben. Die produktive Wirksamkeit des bildungsökonomischen Ansatzes bleibt demzufolge gebunden an ihre Einbeziehung in einen größeren Zusammenhang der Inhaltsentscheidungen.

Das gleiche Argument hatten wir oben gegen eine von curricularen Gesichtspunkten isolierte Lernzielorientierung geltend gemacht. Nimmt man diese Beweisführung ernst, so kann aber auch die Curriculum-Theorie selber keine letztinstanzliche Verbindlichkeit behaupten, sondern muß sich einer möglicherweise umgreifenderen Determination stellen. Das aber lag noch nicht im Horizont Robinsohns, vielmehr empfand er es als schwieriger, sich gegenüber einer sozialpolitischen Position im »Bürgerrecht auf Bildung« zu behaupten, wie sie besonders von Ralf Dahrendorf vertreten und ausdrücklich dem ökonomisch-statistischen Ansatz entgegengesetzt wurde. Robinsohns Abgrenzungsversuch ist hier – vom Standpunkt seiner eigenen Einschätzungen aus beurteilt – zunächst nicht so unmittelbar einsichtig wie gegenüber dem unterrichtstechnologischen und dem bildungsökonomischen Ansatz. Denn hier wird ja durchaus von einem inhaltlich bestimmten Anspruch ausgegangen, nämlich von dem in den Verfassungen von Bund und Ländern garantierten Anspruch des jungen Menschen auf eine seiner Begabung entsprechende Erziehung und Ausbildung. »Eine Gesellschaft«, so zitiert Robinsohn Dahrendorf, »die Anspruch erhebt, eine freie Gesellschaft zu sein, muß auch bei der Durchsetzung der Bürgerrechte der Phantasie sozialer Formen, der Unvergleichbarkeit der Wege und der Vielfalt menschlicher Qualitäten Rechnung tragen.«[93] Das ist ebenso konsequent, wie sich darin nun doch der gleiche Mangel zeigt, der auch die beiden anderen Ansätze für konstruktive Curriculum-Reform versagen läßt. Denn von hier aus sind neue Lehrinhalte als hinlänglich begründet anzusehen nur insofern und insoweit, als das Prinzip der Realisierung von sozialem Gleichgewicht und Qualität befördert wird. Jenseits solcher Ableitung, so hat Dahrendorf in einer Auseinandersetzung im Deutschen Bildungsrat ausgeführt, sei die Diskussion von Bildungsinhalten ein Bereich, in dem verbindliche Entscheidung nur dogmatisch kraft politischer Gewalt möglich sei. Und da nach seiner Auffassung sich die Welt nicht durch Korrekturen im Bildungswesen verändern lasse, könne Bildungspolitik kein Ersatz für Politik sein. Das ist in der Tat eine Illusion, der Pädagogen immer wieder erliegen, wenn sie die politische Funktion ihrer Disziplin halbwegs erkennen, dann über das Ziel hinausschießen und Pädagogik mit Politik identifizieren. Aber Dahrendorf zieht aus der richtigen Einsicht einen Schluß, der nur erklärlich ist aus seinem begrenzten Ansatz bei den Bürgerrechten und einer Vorstellung vom konservativen Fortschritt, falls man das so paradox ausdrücken darf. Jedenfalls hält es Dahrendorf für wissenschaftlich nicht vertretbar, irgendeine im Bildungswesen bestehende Institution abzuschaffen oder für ihre Abschaffung zu plädieren. Denn damit werde, wie auch immer begründet, eine dogmatische Wertentscheidung getroffen, ja, es sei nicht einmal legitim, auch nur nach einer Instanz zu suchen, die dazu verhelfen kann, in irgendeinem Punkt der Reformüberlegungen eine inhaltliche Position einzunehmen. Robinsohn hat demgegenüber gesagt und mit überzeugenden Hinweisen versehen, daß eine wirkliche Berücksichtigung sozialen Wandels für eine Schul- und Lehrplanreform (und diese Berücksichtigung ist Dahrendorfs Absicht; er drückt sie mit der Formel vom Bürgerrecht auf Bildung aus) auch an die inhaltlichen Normen rühren muß, die für das vorgegebene System konstitutiv sind. Die Frage sei gar nicht, so Robinsohn, ob Schule Fortschritt initiieren könne oder nicht, sondern bescheidener und um so dringlicher, ob sie weiterhin als Fortschritt hemmende Institution fungieren müsse oder ob man sie aus dem Bann solcher ihrer eigenen Intention entgegengesetzten Beschränkung lösen könne und wolle.[94]

Ein exemplarischer Fall: Der Versuch von Saul B. Robinsohn

Als Voraussetzung für das Modell der Curriculum-Entwicklung legte Robinsohn in seiner Programmschrift drei Entscheidungen fest, eine über den *Umfang* der Curriculum-Ermittlung, eine über den Vorrang der *Fachwissenschaften* und eine über die im Verhältnis zu den Fachwissenschaften *ergänzenden Inhalte*.
Die *erste* Vorentscheidung legt das Modell auf die Aufgabe fest, die Inhalte des über die gesamte Schulzeit, Primar- wie Sekundarstufe, reichenden Curriculum zu ermitteln. Jedenfalls gilt das als die übergeordnete Aufgabe, der die detaillierte Überprüfung der Inhalte für einzelne Altersstufen und Lehrgangsdifferenzie-

rungen erst als zweiter Schritt folgen kann. Für die mögliche Reformwirkung der Curriculumforschung ist das von großer Bedeutung. Denn die Frage nach dem Gesamtinhalt des Curriculum führt zu einer Kritik bestehender Schulformen und Ausbildungsinstitutionen, deren Existenzgrund in überholten historischen Konstellationen liegt und die heute von Partikularinteressen mit dem Hinweis auf die »guten Erfahrungen«, auf »Bewährung« und auf den vorgeblich nur in der Absonderung zu haltenden Leistungsstand verteidigt werden. Das »grundständige« Gymnasium gegen die »Förderstufe«, Gymnasium und Mittelschule gegen Gesamtschule, Berufsfachschule gegen die in die Berufsausbildung vorgreifende Hauptschule, gymnasiale Oberstufe und alle beruflichen Schulen einzeln wie insgesamt gegen die integrierte Sekundarstufe II (Kollegschule): das wären einige besonders hervorstechende Beispiele aus der gegenwärtigen schulpolitischen Diskussion. Didaktik und Lehrplantheorie haben sich in Deutschland bisher immer wieder an die vorgegebene Schulorganisation angeschlossen, indem sie ihre Entwürfe auf die jeweiligen Einrichtungen bezogen, statt diese in Frage zu stellen. Erst neuerdings treten vereinzelt Fachdidaktiken hervor, die sich nicht an Schularten binden, sondern ihr Thema aus den sachlichen Problemen heraus entwickeln; aber noch eine sich modern gebende Theorie der Schule aus dem Jahre 1967, die es nicht als ihre Aufgabe betrachtet, »jeder Schulform ihre eigene Ideologie zu reservieren«, hält gleichwohl die Realschule (Mittelschule) aus »rein praktischen Erwägungen voll und ganz gerechtfertigt«[95], so daß jede weitere Reflexion über Rechtsgründe und Folgen jener »praktischen Erwägungen« unterbleiben kann. Dahinter steckt die in der deutschen Pädagogik eigentümliche Abneigung gegen »äußere« Schulreform zugunsten der »inneren«. Robinsohns Modell durchbricht schon mit der ersten Vorentscheidung diese falsche Trennung. Allerdings hat dieser prinzipielle, inhaltlich und bildungspolitisch noch gar nicht zielgerichtete Reformplan etwas Irreales an sich. Wir werden darauf weiter unten bei der Erörterung der Grenzen des Modells zurückkommen.

Die *zweite* Vorentscheidung räumt den Fachwissenschaften eine bevorzugte Stellung zur Ermittlung der gesuchten Inhalte ein. Das Curriculum ist zwar nicht aus der Kulturtradition organisch gewachsen, und Robinsohn entnimmt auch von daher keines seiner Argumente. Der Vorrang der Wissenschaften bestimmt sich vielmehr darin, daß sie die Beobachtung und Interpretation der

Welt systematisch unternehmen. Allerdings wird von vornherein die Frage nach den Strukturen der einzelnen Disziplinen, also nach dem Kategorialen mitgedacht. Robinsohn sagt ausdrücklich, daß man im didaktischen Zusammenhang weder die akademischen Fachabgrenzungen übernehmen könne, noch ihre immanenten und vieldeutigen Zielsetzungen auf ihre Bildungsleistung übertragbar seien. Mit dieser Verneinung einer Abbilddidaktik bestätigt Robinsohn die entsprechende Grundthese der bildungstheoretischen Didaktik, insofern diese auf eine Theorie des Kategorialen hinauslief und insofern sie die Unmöglichkeit erkannte, Motiv und didaktische Intention der Unterrichtsfächer von den korrespondierenden Fachwissenschaften abzuleiten. Der beanspruchte Vorrang der Wissenschaften geht demgegenüber über die Annahmen der geisteswissenschaftlichen Lehrplantheorie hinaus, und zwar nach Maßgabe der Erwägungen, die wir im 4. Kapitel (S. 134 ff.) erläuterten.

Die *dritte* Vorentscheidung betrifft das Einüben von Fertigkeiten und die Perspektiven der Affekterziehung, die nicht unmittelbar den Fachwissenschaften zu entnehmen, die aber gleichwohl als unerläßliche Ergänzung anzusehen sind. Die entsprechenden Gesichtspunkte findet Robinsohn in den anthropologischen Wissenschaften, in den Künsten und Techniken, aber auch in der Philosophie. Diese dritte Vorentscheidung läßt abermals eine Anlehnung an die geisteswissenschaftliche Lehrplantheorie erkennen, nämlich zur Verbreiterung des Potentials über die von den Fachwissenschaften bereitgestellten Inhalte hinauszugehen. In der Konzeption von Erich Weniger war das freilich keine Setzung, sondern Ergebnis der Analyse, der Auslegung von Lehrplanstrukturen, wie sie sich in der abendländischen Tradition entwickelt haben. Wir sehen daran, daß auch Robinsohn, der erklärtermaßen keinen Lehrinhalt als durch die Tradition gesichert anerkennen will, nicht bei einer Tabula rasa beginnt, sondern gewisse Annahmen für den Bereich des in Frage Kommenden und zu Prüfenden aus der Überlieferung entnimmt, nämlich die Fachwissenschaften als Lieferanten der Lehrinhalte unter Zurückweisung von Szientismus und Abbilddidaktik, dann aber zugleich und folgerichtig die Ausdehnung des Bereichs möglicher Inhalte über die Fachwissenschaften hinaus. Die besondere Hervorhebung der Affekterziehung ist natürlich auch auf den Einfluß der Dimensionierungs-Diskussion im Zusammenhang der Lernzielorientierung zurückzuführen (vgl. 5. Kapitel, S. 156). Von solchen Vorentscheidungen über die Auswahl von Curri-

culum-Inhalten sagt Robinsohn, sie könnten nicht von der »Pädagogik« allein getroffen werden, sondern seien Sache der Bildungsforschung, ebenso wie das für die Festsetzung der anzu-
wendenden Auswahlkriterien, für die Konstruktion der Verfahren und für die Bestimmung der Instanzen, auf die sich diese
Verfahren beziehen, der Fall sei. Auch hier erkennen wir leicht
die Grundstruktur der geisteswissenschaftlichen Lehrplantheorie: Nicht die Pädagogik ist es, die kraft einer sich selbst zugesprochenen Norm die Lehrinhalte wählt, sondern die objektiven
Mächte stellen Anforderungen an Erziehung und Schule, doch
werden diese Ansprüche über die anthropologischen Wissenschaften objektiviert. Hatte Weniger die *erste* Lehrplanschicht als die
Konzentration der Ansprüche auf gemeinsame Überzeugungen
definiert, als den politischen Konsens, ohne den kein Lehrplan
möglich sei, so konstatiert Robinsohn in gleichem Sinne, daß die
Institution eines nationalen Erziehungswesens auf der Annahme
eines solchen Konsens beruhe. Das von Robinsohn vorgelegte
Modell unterscheidet sich indessen von aller geisteswissenschaftlichen Lehrplantheorie durch die kritische Einsicht, daß in den
geltenden Formen bildungspolitischer Entscheidungen diese Annahme vom politischen Konsens keine Entsprechung habe und
daß sich gerade daraus die Nötigung ergebe, den Konsens durch
eine rationale Prozedur zu aktualisieren.

Diese Prozedur verlangt außer den bereits genannten Vorentscheidungen noch einige Annahmen, die in dem bisher Ausgeführten schon impliziert sind, nämlich daß Schule und Unterricht den Menschen für *Lebenssituationen* auszustatten haben,
daß diese Ausstattung durch *Qualifikationen* erfolgt und daß
die Qualifikationen über Lehr*inhalte* erworben werden können.
Für die Prozedur selbst sieht Robinsohn drei große Schritte vor.
Als erstes müssen die *Kriterien* für die Auswahl der Inhalte festgesetzt werden. Sie ergeben sich aus den berufs- und studienvor-
bereitenden, den allgemein-sozialisierenden oder auch bildenden und den propädeutischen Funktionen des Lehrprogramms.
Die Bedeutung der Inhalte im Gefüge der Wissenschaften ist zu
bestimmen, ihre Leistung für das Weltverstehen und ihre Verwendungsmöglichkeiten im öffentlichen und privaten Leben.
Als zweiter Schritt sind die *Verfahren zur Messung der Inhalte*
an den bezeichneten Kriterien zu entwickeln. Die Bedeutung der
Inhalte im Gefüge der Wissenschaften wird aus dem Erfahrungs-
bereich der jeweiligen Disziplinen selbst zu beantworten sein,
und zwar sowohl wissenschaftslogisch als auch didaktisch. Die

Leistung der Inhalte für das Weltverstehen muß durch die Herstellung einer Relation empirisch überprüft werden. Die Verwendungsmöglichkeiten sind durch Analysen spezifischer Situationen und Bedürfnisse zum Nachweis der erforderlichen Funktionen zu messen, daran anschließend können die Inhalte mit den zu erwerbenden Qualifikationen in Beziehung gesetzt werden. Für die beiden letzteren Kontrollaufgaben (Leistung für Weltverstehen und Verwendungsmöglichkeiten) sind im Anspruch jeweils gesteigerte Testverfahren vorgesehen, nämlich zunächst eine Konfrontierung der getroffenen Annahmen mit psychologischen Theorien, insbesondere aus dem Bereich der Transferforschung, sodann das empirische Testen einzelner Hypothesen und schließlich die Überprüfung von alternativen Teil-Curricula im systematischen Experiment. Diese Verfahren reichen indessen nicht aus. Darum müssen in einem dritten Schritt die *Instanzen*, auf die die Verfahren beziehbar sind, unmittelbar befragt werden. Darin liegt bei jeder Instanz eine eigene Problematik, die indessen, sofern sie durchschaut wird, den Hinweis auf eine angemessene Lösung nahelegt. Die Instanz der Fachwissenschaftler steht in der Gefahr rein szientistischer Aussagen, die Instanz der Abnehmer von Schulabsolventen steht in der Gefahr, ideologisch bestimmte Sollensforderungen statt Sachaussagen beizusteuern. Die Instanz der anthropologischen Wissenschaften aber, zu denen Robinsohn auch die Erziehungswissenschaft zählt, hat die Aussagen der anderen Gruppen durch ideologiekritische und didaktische Rückfragen zu begrenzen. Aus dieser Überlegung gewinnt er die Folgerung für den Instanzenzug: Ein präziser Fragenkatalog ist zu entwickeln; Ausgangspunkt dafür ist die bisherige Praxis, die Forderungen der objektiven Mächte und der Stand der allgemeinen Didaktik wie der Fachdidaktik; dann finden Expertengespräche statt, die auf die gestellten Fragen zu antworten haben; die eruierten Urteile werden kritisch analysiert und gewichtet mit Hilfe der anthropologischen Wissenschaften; die Entscheidung über die Revision des Curriculum kann in Kenntnis der Alternativen erfolgen. Zur besseren Übersicht stellen wir Robinsohns Modell hier noch einmal schematisiert vor:

171

A. *Vorentscheidungen* für die Durchführung der Curriculumforschung
   1. Inhalte der gesamten Schulerziehung, dann Spezifizierung
   2. Vorrang der Fachwissenschaften
      a) Beobachtung und Interpretation der Welt
      b) Frage nach den Strukturen – kategorial
      c) kein Szientismus, keine Abbilddidaktik
   3. Inhalte des kognitiven, affektiven und psychomotorischen Bereichs außerhalb der Fachwissenschaften.

B. *Annahmen*
   Situationen
   ↑
   Qualifikationen
   ↑
   Lehrinhalte

C. *Prozedur*

I. *Kriterien für die Auswahl der Inhalte*	II. *Verfahren zur Messung der Inhalte an den Kriterien*
1. Bedeutung im Gefüge der Wissenschaft →	aus dem Erfahrungshorizont der Wissenschaft
2. Leistung für Weltverstehen ⟶	Relation zwischen Lehrinhalten und Qualifikationen des Weltverstehens empirisch prüfen
3. Funktion in Verwendungssituationen des privaten und öffentlichen Lebens ⟶	Analysen spezifischer Verwendungssituationen und Bedürfnisse zum Nachweis erforderlicher Funktionen, dann Relation zwischen den Inhalten und den zu erwerbenden Qualifikationen herstellen

Testverfahren:
↓
Konfrontierung mit psychologischen Theorien
↓
einzelne Hypothesen testen
↓
alternative Teil-Curricula im systematischen Experiment
↓
empirische Untersuchungen reichen nicht aus

III. Instanzen, auf die sich die Verfahren beziehen

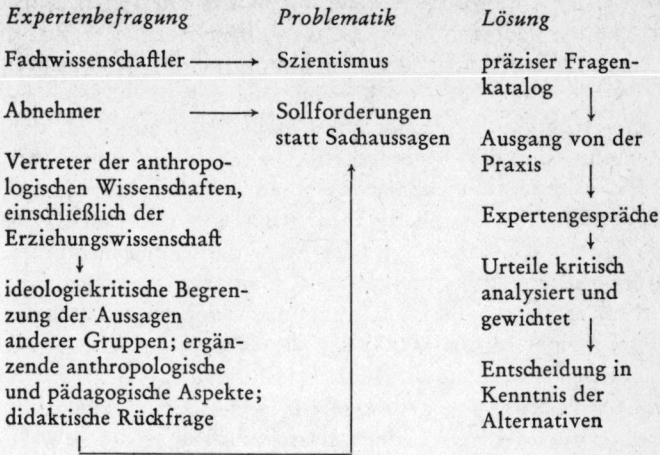

Expertenbefragung	Problematik	Lösung
Fachwissenschaftler ──────→	Szientismus	präziser Fragen-katalog ↓
Abnehmer ──────→	Sollforderungen statt Sachaussagen	Ausgang von der Praxis ↓
Vertreter der anthropo-logischen Wissenschaften, einschließlich der Erziehungswissenschaft ↓		Expertengespräche ↓
ideologiekritische Begren-zung der Aussagen anderer Gruppen; ergän-zende anthropologische und pädagogische Aspekte; didaktische Rückfrage		Urteile kritisch analysiert und gewichtet ↓
		Entscheidung in Kenntnis der Alternativen

Das Curriculum-Modell unter wissenschaftstheoretischer und politischer Kritik

Das Robinsohnsche Modell der Bildungsreform als Curriculum-Revision war nicht mehr und nicht weniger als die Aufarbeitung angelsächsischer und schwedischer Ansätze und deren Rückbezug auf die Tradition der deutschen Lehrplantheorie sowie die Projektion einer entsprechenden Forschungsrichtung. Damit kam das Modell den Interessen, Hoffnungen und Wünschen einer Bildungsreform entgegen, die zwar schon weithin als notwendig anerkannt, aber noch unstrukturiert war und die sich vor allem nicht auf die konstruktive Hilfe einer Wissenschaft von der Erziehung und den Bildungsinstitutionen stützen konnte. Die weitere Entwicklung wäre freilich auch ohne Robinsohns Beitrag kaum wesentlich anders verlaufen, doch kommt gerade diesem Beitrag ein so exemplarischer Status zu, daß es erlaubt und angemessen ist, an ihm eine Einordnung der gesamten, kaum noch überschaubaren Curriculum-Literatur zu versuchen.

Die curriculare Entscheidungskette von Situationen-Qualifikationen-Inhalten, wie wir sie im Robinsohnschen Modell kennengelernt haben, ist inzwischen ein Gemeinplatz geworden. Weniger selbstverständlich, wenn auch der Sache nach zweifelsfrei, ist es, die Entscheidungskette nicht im Sinne einer normativ-deduktiven Didaktik sehen zu dürfen. Die wissenschaftliche Unhalt-

barkeit eines solchen Verständnisses von Didaktik und Lehrplantheorie haben wir im Blick auf ältere Versuche verschiedentlich berührt; Hilbert Meyer hat inzwischen in einer minuziös angelegten Aufarbeitung des Deduktionsproblems den entsprechenden Nachweis auch für die modernen technologischen Verfahren geführt.[96] Tatsächlich kann man davon ausgehen, daß Robinsohn seine Entscheidungskette nicht als Deduktions-, eher als Induktionszusammenhänge verstand. Er verzichtete ja auf den Versuch, Bildungsinhalte abzuleiten, legte das Modell vielmehr darauf aus, Inhalte mit der Frage nach ihrem möglichen Beitrag zu vorweg bestimmten Qualifikationen zu konfrontieren. Nur so ist verständlich, warum unter den Kriterien auch die Relevanz eines Inhalts im Gefüge der Wissenschaften auftritt. Denn wenn die Inhalte der Wissenschaften nur als Instrumente der Qualifizierung interessant wären, wie es einer deduktiven Interpretation der Entscheidungskette erscheinen müßte, so wäre es unsinnig, auch die Strukturen der Wissenschaften selber Auswahlkriterien zu nennen. Da letzteres indessen ebenso eindeutig wie aus guten Gründen der Fall ist, darf gefolgert werden, daß die Wissenschaften eben nicht allein als Instrumente der Qualifizierung, sondern auch als objektive Momente der Lebenssituationen zu betrachten sind: In der technischen Zivilisation ist die Wissenschaft *die* allumfassende Lebenssituation überhaupt. Nur unter dieser Voraussetzung konnte der strategische Primat, den Robinsohn der Situations- und Qualifikationsanalyse einräumte, eine Kritik sowohl der (bis dahin in der Bundesrepublik dominierenden) geisteswissenschaftlichen als auch der (in den USA maßgeblichen) positivistischen Modelle der Lehrplantheorie implizieren:
– der geisteswissenschaftlichen Ansätze, weil sie den Bildungsinhalten, die sich aus der Tradition legitimieren, einen Vorrang einräumen, der eine Verzerrung zuungunsten der auf Spezialisierung und technisch-ökonomische Verwertung tendierenden Wissenschaftsentwicklung nicht korrigieren kann;
– der positivistischen Ansätze, weil sie die Ermittlung der Qualifikationen auf diejenigen reduzieren, die sich aus der allein aus »Sachzwang« verstandenen Nötigung von Wissenschaft und Technik ergeben, hingegen blind bleiben für deren ideologische Funktion in der hochindustrialisierten Gesellschaft, so daß auch hier eine Divergenz entsteht zwischen den aufgewiesenen und den tatsächlichen Bedürfnissen.
An dieser Stelle liegt der Schlüssel zum Verständnis der großen

Wirksamkeit des Entwurfes. Denn als Robinsohn in die Diskussion eingriff, wiesen die einschlägigen Auseinandersetzungen, oberflächlich betrachtet, in andere Richtungen. Die bis Anfang der sechziger Jahre in der Bundesrepublik herrschende, obzwar in zunehmender Bedrängnis befindliche geisteswissenschaftliche Didaktik stand unter der Kritik der Verfahren empirischer Sozialforschung, neopositivistischer, empirisch-analytischer Wissenschaftstheorie ebenso wie unter Ideologieverdacht, weil diese Didaktik Wissenschaft sein wollte und doch an Inhaltsentscheidungen festhielt. Wir hatten oben bereits darauf verwiesen, daß diese Didaktik unter dem Druck der Kritik ihren Wertgesichtspunkt immer weiter zurückzog, um ihn schließlich nur noch in einem formal definierten Begriff der Bildung festhalten und rein defensiv nutzen zu können. Solche Zurückhaltung hatte wohlerwogene Gründe: Die Irrtümer, Selbsttäuschungen und Erschleichungen einer sich inhaltsetzend wähnenden Didaktik waren von der geisteswissenschaftlichen Pädagogik selber aufgedeckt und diese Aufdeckung geradezu als konstituierendes Merkmal in den eigenen Begründungszusammenhang eingebracht worden. Aber selbst diese defensive Position des Bildungsbegriffes ließ sich nur schwer behaupten gegenüber der Kritik, die sich aus der Wendung der Didaktik zu lern- und informationstheoretischen Ansätzen ergab.

Demgegenüber konnte Robinsohn unter den oben angezeigten Bedingungen (vgl. S. 163 f.) der traditionell nicht-technologischen deutschen Pädagogik das Selbstvertrauen zu offensivem Argumentieren zurückgeben. Das Rezept dazu erscheint in der nachträglichen Analyse denkbar einfach, nämlich einerseits eine der bildungspolitischen Interessenlage entgegenkommende, alle technologischen Instrumente der modernen Sozialwissenschaften beanspruchende Forschungsrichtung zu projektieren, sich andererseits aber für das Erziehungsziel der Mündigkeit auszusprechen, ja zu behaupten, das Modell fungiere nur unter der Voraussetzung dieser Annahme. Der dem Modell eigentümliche Eklektizismus und Pragmatismus, dem eine eindeutige wissenschaftstheoretische Selbstverständigung ermangelt, stand dem zunächst überhaupt nicht im Wege. Denn der methodologische Eklektizismus präsentierte sich als Folge einer sehr prinzipiellen und eindeutigen Einsicht: Die modernen mathematisch-statistischen, bildungsökonomischen und informationspsychologischen Verfahren setzen in ihrer Anwendung auf die Lehrplanentwicklung immer schon die hermeneutische Identifikation von Inhalten als Lehrinhalte voraus; andererseits aber und zugleich bedarf die hermeneutische Bestimmung der Lehrinhalte sowohl einer empirischen Kontrolle als auch einer ideologiekritischen Überprüfung. Nun ist die Koordination von Methoden mit differierenden wissenschaftstheoretischen Prämissen gewiß kein eigenes Problem für die Lehrplantheorie, und insofern konnte Robinsohn sich darauf beziehen, daß auch an anderen Stellen der Sozialwissenschaften diese Problematik ungelöst sei und daß er darum einstweilen der verbindlichen Einsicht in die notwendige Methodenkoordination einen unverbindlichen Eklektizismus für die konkrete Durchführung folgen lasse.

Der unfruchtbare, spezifisch deutsche Streit um Prinzipien in der Methodologie schien eine neue, produktive Wendung zu erhalten, indem Robinsohn verlangte, die offensichtlich notwendige Verträglichkeit hermeneutischer und empirisch analytischer Methoden in praktischen Forschungsvorhaben, speziell in der Curriculum-Entwicklung zu zeigen, damit auch endlich der »Wissenschaftstheorie ohne Wissenschaft« ein Ende zu setzen. Wenn gleichwohl Robinsohns Ansatz der praktische Erfolg versagt blieb, so hängt das gewiß mit einem wissenschaftstheoretischen Defizit zusammen, das seinerseits die oben bereits gekennzeichnete Einschätzung der Bildungsökonomie bedingte (vgl. S. 165). Robinsohn hielt ja die Bildungsökonomie aufgrund ihres rein quantitativen Ansatzes für Inhaltsfragen unzuständig. Daß die Revision der Lerninhalte, die Substitution der Bildung durch die Qualifikation und der Optimierungsversuch von Lernprozessen *die* durchschlagende Konsequenz des ökonomisch-quantifizierenden Zugriffes war, blieb ihm verschlossen. Erst die mit marxistisch beeinflußten Analyseinstrumenten arbeitenden Studien zur politischen Ökonomie des Ausbildungssektors haben diesen Aspekt stärker in den Vordergrund gerückt, ohne indessen den von ihnen behaupteten Ausschließlichkeitsanspruch einlösen zu können. Vor allem: wenn der theoretische Wandel der in diesen Schriften als »bürgerlich« bezeichneten Didaktik durch nichts anderes stimuliert ist als durch systemkonforme, technologische Rationalisierungsstrategie, so bleibt das politökonomische Interesse an den in der Curriculumforschung thematisierten Inhaltsfragen unbegreiflich. Siegfried Bernfeld legte deshalb schon 1925 seinem fiktiven Unterrichtsminister Machiavell die These von der absoluten Irrelevanz aller curricularen Probleme in den Mund: »... sie müssen nämlich verstehen, daß die Organisation des Erziehungswesens das entscheidende Problem ist, das wir konsequent und unerbittlich unserem Einfluß restlos vorbehalten müssen, während wir die Lehrplan- und Unterrichts-, selbst Erziehungsfragen ruhig den Pädagogen, Ideologen, ja selbst den Sozialdemokraten überlassen können.«[97] Als Bonmot ist diese Passage hervorragend, als Sachauskunft dennoch falsch. Die Entscheidungen über die Lerninhalte sind für das Gelingen oder Scheitern der demokratischen Bildungsreform von mindestens gleicher Relevanz wie die über die Organisation des Bildungswesens.

Robinsohns Auffassung, daß die Aufgabenlawine der Bildungsreform weder nur modernistisch-technokratisch noch nur traditionalistisch-spekulativ zu bewältigen sein werde, ist gewiß richtig. Und in seiner Programmschrift lag sogar die Nötigung zum Sachgehalt jener Formel, die er selber nie in voller Schärfe aussprach, die aber als die wissenschaftstheoretische Leitlinie einer aussichtsreichen Curriculumforschung gelten darf: unverkürzte Rezeption und Anwendung der empirisch-analytischen Verfahren bei gleichzeitiger ideologiekritischer Hinterfragung ihrer politisch-gesellschaftlichen Funktion. Indessen ist die Bezeichnung der Aufgabe noch nicht ihre Lösung. Zwar hat es das eklektizistische Vorgehen Robinsohns ermöglicht, überhaupt wieder offensiv zu agieren. Robinsohns offensives Programm selbst aber ist viel zu komplex, als daß eine adäquate Realisierung gelingen könnte. Da er die bildungsökonomische und technologische Umklammerung der Curriculumforschung nicht durchschaute und insofern die Problemkomplexität noch unterschätzte, übernahm er sich hinsichtlich der Möglichkeit von Curriculum-Revision, nämlich in der Erwartung, in einem Zuge eine Gesamtrevision der Curricula leisten zu können. Eine solche Vorstellung von globaler Revision von allem und jedem ist unhistorisch und irreal; über das Stadium von Absichtserklärungen kann sie nicht hinauskommen. Aus dem Umkreis der dafür maßgeblichen Gründe sollen im folgenden nur diejenigen ausführlicher erörtert werden, die im Anschluß an Robinsohn und in kritischer Auseinandersetzung mit seinem Programm zu einem Alternativkonzept führten: zur fachdidaktischen Curriculum-Forschung im Umkreis des sogenannten Strukturgitteransatzes.[98]

Der Strukturgitteransatz: Fachdidaktik, Partizipation, Bildungstheorie

Konzepte einer mittelfristigen, fachdidaktisch orientierten Curriculum-Forschung wurden aus methodologischen und aus bildungspolitischen Gründen entwickelt. Zahlreiche Arbeitsgruppen sind relativ unabhängig voneinander zu sehr ähnlichen Folgerungen gekommen. Auffällig ist dabei ein starker Bezug auf den Strukturbegriff. In der US-amerikanischen Forschung ist besonders Jerome S. Bruner mit dem programmatischen Wort von der »Struktur der Disziplin« (»Structure of the discipline«) als organisierender Kategorie der Curriculum-Entwicklung hervorgetreten. Parallel dazu gibt es Versuche, bestimmte Grundannahmen aus der linguistischen und philosophischen Strukturalismus-Diskussion für Didaktik und Lehrplantheorie zu nutzen. Dieser Prozeß ist noch nicht abgeschlossen. Für die deutschsprachige Literatur hat der ursprünglich von der Universität Münster ausgegangene, inzwischen auch an anderen Hochschulen, in zahlreichen Forschungsgruppen und Curriculumkommissionen weiterverfolgte Ansatz bei didaktischen Strukturgittern einen für die gegenwärtigen Möglichkeiten typischen Charakter. Insofern ist es gerechtfertigt, die Alternative zum situationsanalytischen Konzept Robinsohns am Strukturgitteransatz zu erläutern.

Die für jede aussichtsreiche Curriculum-Forschung notwendige Verbindung von theoretischer Kategorial- und empirischer Realanalyse bedarf eines konkreten Gegenstands- oder Aufgabenfeldes. Natürlich kann man *das* Curriculum insgesamt zum Gegenstand machen. Als schematische Antizipation erfolgt das auch tatsächlich mindestens implizit für jede Detailuntersuchung. Andererseits aber müssen, sofern die Wissenschaft selber die allumfassende Lebenssituation darstellt, Analysen und Bedingungsprüfungen die Strukturen der verschiedenen Wissenschaften in didaktische Kriterien umgesetzt haben, bevor eine Gesamtrevision von Absichtserklärungen zu rational vertretbaren Ausführungen kommen kann. Denn mit einer Gesamtrevision werden Fragen aufgeworfen, für deren Beantwortung es bislang keine befragbare Instanz gibt – sie muß überhaupt erst durch die Curriculumforschung geschaffen werden, und zwar als auf die Fragen der Curriculum-Problematisierung antwortende Fachdidaktiken. Strukturgitter setzen darum die leitenden pädagogischen und politischen Intentionen im Medium fachspezifischer

Sachverhalte in regulative Kriterien um. Sie entstehen, indem grundlegende Sachverhalte, eben »Strukturen«, eines Gegenstandsfeldes mit den Mitteln und Ergebnissen einer dieses Feld auslegenden Wissenschaft auf die edukative Intentionalität bezogen und eben dadurch zu Curriculuminhalten konstituiert werden. Der Strukturgitteransatz ist eine dezidiert fachdidaktische Form der Curriculumentwicklung,[92] doch nicht aus einer speziellen fachwissenschaftlichen Präokkupation heraus motiviert, sondern aufgrund erziehungswissenschaftlich-methodologischer Erwägungen. So wäre auch jede Auslegung des Strukturgitteransatzes verfehlt, die die jeweils vorliegenden oder ermittelten Sach- und Wissenschaftsstrukturen gleichsam in einem zweiten Arbeitsgang pädagogisch-didaktisch bearbeiten wollte. Vielmehr erfolgen Interpretation und Relevanzbestimmung unter dem für die beabsichtigten Lernprozesse maßgeblichen Interesse. Die Strukturbestimmung selbst gelingt eben nur aufgrund von Bedingungsprüfungen, die von vornherein beide Seiten berücksichtigen. Das aber bedeutet, daß in diesem Vorgehen weder den jeweils fraglichen Fachwissenschaften gegenüber einer didaktischen Analyse die Qualität unbezweifelbarer Vorgegebenheit konzediert wird, noch die Didaktik als eine Superinstanz zur Richterin über alle Einzeldisziplinen bestellt ist. Die fachdidaktische Bindung zwingt eben methodologisch von vornherein zu einem Verzicht, den die Globalansätze sich lange verhehlen können, nämlich Verzicht auf eine nur dogmatisch einzulösende Omnipotenz der Didaktik. Denn in den gesellschaftlichen Feldern praktischen Handelns, deren wissenschaftliche Deutungsmuster als Lebenssituationen unterstellt werden, gibt es erhebliche Widersprüche hinsichtlich der Lösung von Systemproblemen. Diesen Konflikten korrespondieren kontroverse wissenschaftliche Positionen und Aussagen, die ihrerseits in antagonistischer Wissenschaftstheorie kulminieren. Angesichts solcher Situation, die von Fachgebiet zu Fachgebiet erheblich variiert, kann die Didaktik nur von den Aufgaben des Lehrgefüges und seiner Strukturierung her Fragen an Wissenschaften, Techniken, Künste und berufspragmatische Handlungszusammenhänge stellen. Die Möglichkeit der befragten Instanzen, auf die Bedürfnisse der Lehre zu antworten, entscheidet dann über deren didaktische Relevanz. Mehr als einmal wird freilich gerade dadurch nahegelegt, wissenschaftliche Kontroversfiguren in exemplarischer Absicht zur Grundlage der Lehre zu wählen. Damit ist weder der Geltungsanspruch wissenschaftlicher Sätze relati-

viert, noch eine unwissenschaftliche, eben nur »pädagogische«
Vermittlung in einem pejorativen Sinne gemeint. Die Behauptung ist gerade umgekehrt die, daß es theoretisch unredlich und
praktisch unsinnig sein müßte, einerseits alles Lernen an Wissenschaft binden zu wollen, andererseits aber die Lehre als Entscheidungsinstanz über den nicht abgeschlossenen Wissenschaftsprozeß auszugeben. Die spezifisch erziehungswissenschaftliche
Leistung von Didaktik und Curriculumforschung besteht demgegenüber darin, durch den Theorienstreit und die dadurch bedingte kontroverse Weltauslegung hindurch solche Strukturen
freizulegen, die Lernen ohne von vornherein indoktrinierende
Randbedingungen ermöglichen.

Die Vertreter einer von vornherein die Gesamtrevision betreibenden Curriculumrevision gehen ausgesprochener- oder unausgesprochenermaßen von der Vorstellung eines Kanons aus. Die
Revision setzt damit einen begrenzten, im Prinzip der Lernkapazität eines einzelnen Menschen entsprechenden Umfang von
Wissen, Fertigkeiten und Verhalten voraus, der von allen Schülern in gleicher Weise und gleicher Zeit absolviert werden müsse.
Dem entspricht ja auch in der Tat unser traditionelles Verständnis von Schulunterricht. Es ist aber unwahrscheinlich, daß sich
diese Voraussetzung in Zukunft noch als zutreffend erweisen
wird, denn

– die objektiven Anforderungen des gesellschaftlichen Lebens
in der technischen Zivilisation sind weitaus größer als die Lernkapazität eines einzelnen Menschen;

– die Verunsicherung des Normenhorizontes in der pluralistischen Gesellschaft ist tiefgreifender, als daß irgendeine Curriculumrevision noch einmal einen für alle gleichermaßen verbindlichen inhaltlichen Kanon glaubhaft machen könnte;

– die Individualisierung der Lernprozesse ist eine so wenig
rücknehmbare Tendenz geworden, daß der in die Entscheidungen aufzunehmende Konsens mit den Betroffenen auf jeden Fall
eine weitgehende Differenzierung erzwingen wird.

Für die Sekundarstufe II, für die sich das Problem am schärfsten
darstellen wird, ist eine organisatorische und curriculare Integration von studienbezogenen und berufsqualifizierenden Ausbildungsgängen absehbar. Innerhalb solcher Einrichtungen kann
es keinen inhaltlich festen curricularen Kanon mehr geben, sondern für den Kern des Unterrichtsangebotes nur noch Schwerpunkte, die über allgemeine Lernziele wissenschaftspropädeutischer und gesellschaftskritischer Art transferfähig bleiben müs-

sen. Wird aber die Sekundarstufe II den Lernenden ein hohes Maß an Wahlfreiheit zubilligen, dann müssen schon allein aus diesem Grunde auch in der Sekundarstufe I Differenzierungen als Einübung und Erprobung von Wahl und Wechsel vorgesehen werden. Angesichts dieser Entwicklungslinien kann eine an Praxisbezug und innovativer Wirksamkeit interessierte Curriculumforschung nur fachdidaktisch vorgehen, weil die Chance zu konkreter Veränderung in der Umsetzung des Kanons in curriculare Schwerpunkte liegt, innerhalb deren dann das Programm einer Didaktik der Wissenschaftspropädeutik durchsetzbar wird.

Die Option für die Bildungsreform verweist auf den politischen Charakter der Curriculumforschung – der Strukturgitteransatz hält diesen Charakter für nicht hintergehbar und dringt gerade darum darauf, ihn mit allen Voraussetzungen und Implikationen im Begründungszusammenhang offenzulegen. Damit hängt allerdings noch ein weiterer Aspekt zusammen. Strukturgitter sind Kriterienansätze, keine fertigen Curricula oder Instrumente zu ihrer rein technischen Herstellung. Das ist nicht nur dadurch bedingt, daß der Ansatz noch nicht weit genug entwickelt worden ist, sondern auch durch eine prinzipielle Festlegung. Eine Auffassung, der zufolge Theoretiker forschen und dann ihre Ergebnisse dem Praktiker zur Anwendung, allenfalls zur Erprobung zu übergeben hätten, muß in der Pädagogik abgelehnt werden. Denn eine solche Arbeitsteilung degradiert den Lehrer zum Vollzugsorgan, entmündigt ihn politisch und fachlich, während sie den Erziehungswissenschaftler zum bloßen Theoretiker ohne Verantwortung für die praktischen Folgen seines Tuns macht. Demgegenüber unterstellt der Strukturgitteransatz, daß nur die gleichberechtigte Kommunikation eine gemeinsame theoretische Sprache zu erzeugen vermag, in der kritisch auf Unterricht, die ihn leitenden Prinzipien, Normen und Mittel sowie auf die jeweils getroffenen unterrichtlichen Entscheidungen und den erforderlichen Konsens mit den Lernenden reflektiert werden kann. Nur so ist es denkbar, daß *die* Wissenschaft, hier repräsentiert durch die Curriculumforschung, nicht allein als ein differenziertes System zur optimalen Bewältigung von Zweck-Mittel-Zusammenhängen begriffen werden darf. Daß sie notwendigerweise einen politisch gesellschaftlichen Charakter hat, wenn sie zu grundlegenden Änderungen im Bildungswesen rät, davon abrät oder die Aussage verweigert, wenn sie die fraglichen Veränderungen selber steuernd und fördernd begleitet oder durch Kritik der parlamentarischen wie der außerparlamentarischen

Opposition Argumente liefert, dürfte selbstverständlich sein. Gleichwohl müssen wissenschaftliche Aussagen ihren eigenen Anspruch auf Geltung, Wahrheits- und Überprüfungsfähigkeit einlösen, gerade auch dann, wenn sie inhaltlich differieren – und das tun sie in fast allen für die Bildungsreform wichtigen Fragen. Dieser Verpflichtung gemäß darf Wissenschaft sich nie auf politische Interessen reduzieren und sich für sie funktionabel machen lassen. Indessen muß die in jeder inhaltlichen Option zwangsläufig enthaltene Interessenbegünstigung nicht nur angezeigt, sondern der diskursiven Verständigung geöffnet werden. Darum ist der Strukturgitteransatz partizipationsorientiert: nicht allein, um konkrete Problemlösungen als Hilfe und Beratung der heute anstehenden Praxis zu leisten (im Unterschied zu einer Curriculumforschung, deren Ergebnisse allenfalls in Jahrzehnten Wirkungen haben können), sondern Strukturgitter sind als Instrumente angelegt, über die die Beteiligten ihre Interessen am Veränderungsprozeß artikulieren und ihre Kompetenz als Votum einbringen können.

Die in kritischer Absetzung vom situationsanalytischen Globalansatz der Curriculumrevision, wie er von Robinsohn zur Eröffnung der Curriculumforschung in der Bundesrepublik eingebracht worden ist, genannten Gründe für den an Fachdidaktik und Partizipation orientierten Strukturgitteransatz sind zur Kennzeichnung noch nicht hinreichend. Der Strukturgitteransatz ist bildungstheoretisch orientiert, um der Situationsanalyse den pädagogischen Maßstab zu geben. Es wurde bereits oben angedeutet, daß die technologische Wendung der Didaktik mit der Substitution der Bildung durch die Qualifikation signalisiert sei – nicht nur terminologisch, sondern auch gerade sachlich durch die Fixierung auf gesellschaftliche Verwertungssituationen statt auf Individualitätsbildung. Auf dieser Folie sind die Konsequenzen für pädagogisch verantwortbares Handeln zu bedenken: Es hat keinen Sinn, dem Tatbestand der technischen Zivilisation gegenüber in ohnmächtigen Kulturpessimismus zu verfallen, ebensowenig wie in den modischen, aber ignorantenhaften Technokratievorwurf. Die Distanz der Kritik kann nur dann fruchtbar sein, wenn der Gegenstand der Distanzierung real vorhanden ist, nicht nur als Buhmann. Insofern folgt der Strukturgitteransatz Robinsohn in dem Konzept, alle Verfahren der empirischen Sozialforschung für die Curriculumforschung einzusetzen. Nach ideologiekritischer Aufklärung – sowohl der längeren Geschichte des traditionalistisch befangenen Bildungsdenkens als auch der kürzeren Geschichte der ökonomisch umklammerten Curriculumrevision – kann Bildungstheorie sich nicht mehr naiv verhalten: Die ideologische Überhöhung von technokratischen Instrumenten für beliebige Interessen ist heute nur noch als Korrumpierung denkbar. Hätte Bildungstheorie im Strukturgitteransatz eine solche korrumpierende Funktion, so könnten die Kategorien der Strukturgitter wohl als Begriffe zur Ordnung und Auffindung fachgebundener Sachverhalte bezeichnet werden, kaum jedoch als didaktische Kriterien. Der spezifische Charakter der Kriterien ergibt sich aber nicht nur aus der allerdings unerläßlichen Problemreduktion, sondern auch aus dem qualitativen Gesichtspunkt, der über die im Bildungsprinzip gefaßte erzieherische Intentionalität vermittelt wird. Die Rekonstruktion der europäischen Bildungstradition und ihre Auslegung auf die politischen Bedingungen der technischen Zivilisation ist im Strukturgitteransatz substantiell; dadurch ist er als erziehungswissenschaftlicher ausgewiesen.

7. Kapitel

Erstes Beispiel: Strategie zur Entwicklung des Lehrplans für das Fach »Arbeitslehre«

Die Stellung des Beispiels zur geisteswissenschaftlichen Lehrplantheorie und zum Curriculum-Modell

Unsere Überlegungen zu Lehrplankonstruktion und Curriculum sollen zunächst mit einem Beispiel illustriert werden, das sich auf ein Thema der gegenwärtigen schulpolitischen Diskussion in der Bundesrepublik bezieht: die Arbeitslehre,[99] ein neu zu entwickelnder, vielfältig umstrittener Unterrichtskomplex.
Vom Standpunkt der geisteswissenschaftlichen Didaktik und Lehrplantheorie in ihrer ursprünglichen Fassung wäre unser Vorhaben allerdings gar nicht »möglich«, weil hier die Auffassung maßgeblich war, Theorie könne erst ansetzen, wenn die Praxis vorangegangen sei. Im Mißtrauen gegen »vorgängige« Theorie und in der dementsprechenden These, die Didaktik eines Unterrichtsfaches lasse sich nur durch den Rückgang auf einen faktisch bereits gegebenen Unterricht begründen, war bei Erich Weniger in der Zeit vor 1933 die Zurückhaltung gegen einen selbständigen politischen Unterricht begründet, trotz entschiedenen Engagements für die Weimarer Republik; und ebenso mag heute Wolfgang Klafki motiviert sein, Didaktik und Lehrplan der Arbeitslehre von den aus der Praxis hervorgegangenen progressiven Formen des Werkens zu entwickeln, weitergehende Möglichkeiten wohl offenzulassen, nicht aber der Praxis als Vorgabe anzubieten.[100]
Nach allem, was wir kritisch zur geisteswissenschaftlichen Lehrplantheorie ausgeführt haben, ist nahegelegt, nunmehr auch konstruktiv-entwickelnde Verfahren anzuwenden. Wir stellen also direkt die Frage, was an theoretischer Vorarbeit zu leisten sei, wenn ein Lehrplan mit den Mitteln der Wissenschaft aufgestellt werden soll, und zwar beispielsweise für das in unseren Schulen erst neu einzuführende Fach »Arbeitslehre«. In Erinnerung an das Curriculum-Modell könnte aber nun ebenfalls ein Einwand erhoben werden. Denn unsere Absicht verstößt gegen eine Vorentscheidung Robinsohns, nämlich die Curriculum-Revision als Revision des gesamten Lehrgefüges zu sehen unter dem Gesichtspunkt aller Qualifikationen, die ein junger Mensch wäh-

rend seiner Schulzeit erwerben sollte. Erst nach solcher General-
aufstellung sei die Differenzierung für einzelne Fächer, Lehrgänge und Spezialqualifikationen in verschiedenen Schultypen am
Platz. Wir tragen dem Rechnung, indem wir unterstellen, ein
Gesamtplan zur Curriculum-Revision werde projektiert und
weise der Arbeitslehre einen bestimmten Platz zu. Dann
arbeiten wir freilich unter der Annahme zahlreicher Hypothesen. Denn mitzudenken ist der ganze Umkreis des übrigen
Lehrplans, der dann nicht ohne Rückbezug auf dasjenige ist,
was sich von den der Arbeitslehre zugewiesenen Aufgaben
auf benachbarte Teile im Gesamtcurriculum auswirkt. Das
aber bedeutet, daß nicht nur Ansprüche und Voraussetzungen
zu bedenken sind, die an die Arbeitslehre herangetragen werden, sondern daß auch umgekehrt der Spielraum anderer Unterrichtsfächer nach den Möglichkeiten der Arbeitslehre zu bemessen ist. Es besteht also eine komplexe Wechselwirkung, die
von vornherein berücksichtigt sein will, wenn nicht neu auftretende Aufgaben zu einer unrealisierbaren Überladung des Gesamtcurriculum führen sollen.

Die dann im Ansatz nicht ganz geschützte, weil nur hypothetisch durchführbare Entwicklung von Teilstücken der Gesamtrevision ist aber, wie in der Kritik an Robinsohn oben ausgeführt (s. S. 178 ff.), nicht nur gerechtfertigt, sondern sogar unerläßlich. Denn ohne eine ausgeführte Didaktik der Arbeitslehre
kann keine Gesamtrevision für die Arbeitslehre einen definitiven
Platz vorsehen. Das hatte auch Robinsohn selbst bedacht, und
zwar in doppelter Weise: einmal darin, daß der erste Entwurf
für die Präzisierung der an die Instanzen seines Modells zu rich-
tenden Fragen unter anderem von der jeweiligen fachdidaktischen Problemlage auszugehen hat – wenngleich er es versäumte, die daraus zu folgernde fachdidaktische Orientierung
der Curriculum-Forschung ausdrücklich herauszuarbeiten –,
zum anderen darin, daß innerhalb der empirisch-experimentellen Überprüfung die Entwicklung alternativer Curricula für
strittige Teilaspekte vorgesehen wurde.

Um unser Beispiel durchführen zu können, bedarf es einiger
Informationen als Ausgangsbasis der strategischen Überlegungen. Diese Basis geben wir im folgenden durch eine geraffte inhaltliche Skizze der Bedingungsfaktoren (7. Kapitel, S. 190 f.),
ohne dabei die methodologischen Probleme zu berühren, die bei
der Objektivierung der Bedingungsfaktoren zu überwinden sind.
Im Anschluß daran lassen sich dann die Schritte bezeichnen, über

die der Lehrplan zu konstruieren wäre (7. Kapitel, S. 198); da jeder Schritt durch Fragen markiert ist, die dann nicht beantwortet sind, muß die Erörterung zunehmend formaler werden. Um die in unserem Zusammenhang allein interessierenden Linien des Vorgehens klar heraustreten zu lassen, wird in der Darstellung auch an den Stellen, an denen es nach dem gegenwärtigen Wissensstand möglich wäre, darauf verzichtet, einzelne Lösungsmöglichkeiten und ihre Alternativen inhaltlich zu referieren.

Die Bedingungsfaktoren für einen Lehrplan »Arbeitslehre«

Ohne auf Ursprung und Entwicklung der Arbeitslehre-Diskussion mit ihren zahlreichen Kontroversen einzug*' .en, beginnen wir sofort bei den Bedingungsfaktoren, die die Aufgabenstellung motivieren. Diese Bedingungsfaktoren lassen sich vierfach gruppieren, nämlich in die objektivierbaren Veränderungen der Lebenssituationen (A), die entgegenstehenden Faktoren aus dem Bereich der vorgegebenen Institutionen (B), die politisch-gesellschaftlichen Postulate (C) und die soziokulturell-anthropogenen Voraussetzungen der Jugend (D). Die Gruppe A enthält *erstens* die Probleme der theoretischer, spezialisierter und mobiler gewordenen Arbeitswelt, *zweitens* die Probleme des größer gewordenen Raums der Freizeit, innerhalb dessen der Mensch dem repressiven Druck der Vergnügungsindustrie ausgesetzt ist, und *drittens* die Probleme der politischen Beteiligung in der demokratischen Gesellschaft bei steigender Bewußtseinsmanipulation. Diese objektivierbaren Veränderungen in den Lebenssituationen führen zu der didaktischen Forderung nach mehr Reflektivität in allen Lernprozessen. Unter den Bedingungen der hochindustrialisierten Gesellschaft, in der die Schule der Verteilungsschlüssel für Sozialchancen ist, kann eine zu steigernde Effektivität von Lernprozessen nur durch Schulen garantiert werden. Dem entspricht als internationale Erscheinung in allen Industriestaaten die Verlängerung der Vollzeit-Pflichtschule, tendenziell bis zu einem Punkt, an dem alle Jugendlichen gleich lange die Schule besuchen werden. Innerhalb der verlängerten Schulzeit wird nach Maßgabe der veränderten Lebenssituationen unter anderem eine ausdrückliche Einführung in die Arbeitswelt erforderlich. Diesen Problemkreis diskutiert die bildungspolitisch interessierte Öffentlichkeit in der Bundesrepublik seit dem

Gutachten des Deutschen Ausschusses für das Erziehungs- und Bildungswesen von 1964 unter dem Titel »Arbeitslehre« – ursprünglich vorgeschlagen für die bis zum zehnten Schuljahr reichende Hauptschule, die aus einer organisatorischen Fusion der Volksschuloberstufe mit Einrichtungen der Berufsausbildung, insbesondere bestimmter Typen der Berufsfachschulen, entstehen sollte. Mit dem bisher Angedeuteten ist aber noch gar nicht begründbar, warum die Aufgabe als komplexer Zusammenhang in einem neuen Unterrichtsfach zu lösen sei; ebenso wäre alternativ denkbar die Auflösung des Komplexes in mehrere Fächer, die traditionellerweise einzelnen wissenschaftlichen Disziplinen zugeordnet werden könnten, etwa Technikkunde, Sozialkunde und Wirtschaftskunde. Wir wenden uns darum den Bedingungsfaktoren der Gruppe B zu, die der Arbeitslehre im Bereich vorgegebener Institutionen entgegenstehen. Zunächst sind hier traditioneller Lehrplan und Organisationsstruktur der allgemeinbildenden Schulen zu nennen, die keinen Platz für die Einführung in die Arbeitswelt vorsehen. Andererseits und wichtiger ist demgegenüber das berufliche Ausbildungswesen, das in der Bundesrepublik auf der Stufe der Lehrlingsausbildung dual verfährt (Betriebsausbildung mit begleitender Teilzeit-Berufsschule). Die organisierende Kategorie dieses Systems ist, ideologiekritisch betrachtet, das über den Handlungsvollzug zu entwickelnde Berufsbewußtsein, dessen Möglichkeiten indessen dahingeschwunden sind. Faktisch leistet das System eine zwar begrenzte, doch bisher noch ausreichende fachspezifische Schulung ohne politische Kritik der Technologie. Die dem dualen System heute vielfach nachgesagten Mängel sind *erstens* die Isolierung der Berufsausbildung im Bildungswesen, *zweitens* die daraus folgenden Fehlleitungen bei der Berufswahl, *drittens* die geringe Mobilitätsförderung, *viertens* die mangelnde Förderung von Spezialisierungsbereitschaft infolge der frühen untheoretischen Festlegung im praktischen Bereich und *fünftens* antidemokratische Tendenzen.[101] In der Gruppe C der Bedingungsfaktoren artikulieren sich politisch-gesellschaftliche Postulate auf dem Hintergrund der unter A und B angezeigten Fakten. Die konservative Position bestreitet die unter B genannten Mängel nicht durchaus, will sie aber innerhalb der vorgegebenen Organisationsstrukturen lösen und bekämpft darum die Intentionen der Arbeitslehre. Positiv ausgedrückt wird argumentiert aus Sorge ebensowohl um den allgemeinbildenden Charakter der Vollzeit-Pflichtschule als auch um die Effektivität der Berufsausbildung.

Sofern die Lehrplanreform und die mit ihr erforderlich werdende Umgestaltung der Organisationsstrukturen primär von gesellschaftspolitischen Zielen bestimmt seien, werde die Leistungsfähigkeit der Berufsausbildung gefährdet. Als generelle Aussage
ist das natürlich nicht besonders überzeugend, vor allem darum
nicht, weil ein gleichsam nur an den unmittelbaren Arbeitsanfor-
derungen orientiertes, von allen darüber hinausgehenden gesellschaftlichen Aspekten freies Ausbildungssystem nicht denkbar
ist. Tatsächlich fällt es nicht schwer, das mit den gekennzeichneten Befürchtungen implizierte gesellschaftliche Partikularinter-
esse aufzuzeigen, nämlich mit der Berufsausbildung die Disziplinierung der Arbeitenden in der vorgegebenen Betriebshierarchie
und ganz allgemein deren Verpflichtung auf die vorgegebene
Wirtschaftsordnung zu garantieren. Die gegenwärtigen Formen
der Lehrlingsausbildung eignen sich dafür in der Tat hervorragend und werden darum auch dort verteidigt, wo die fachspezifische Unzulänglichkeit eingesehen ist. Das konservative Argument charakterisiert sich nun gerade dadurch, daß es nicht als solches in die Debatte geworfen wird, somit auch gar nicht als direkt ausgewiesener Faktor lokalisierbar ist, sich vielmehr hinter
anderen Argumenten versteckt. Diese Argumente sind indessen
objektivierbar und insofern für die Entscheidung heranziehbar.
Die Beweisführung greift nämlich vorwiegend auf eine weitere
Faktorengruppe zurück, die als D bezeichneten soziokulturellen
und anthropogenen Voraussetzungen. Hier wird der pädagogische Defätismus von der angeblich unüberwindbaren Bildungs-
unwilligkeit oder gar Bildungsunfähigkeit eines Teiles der Jugend angeführt, wenn auch zumeist nicht so hart ausgedrückt,
sondern vorsichtiger als die Warnung vor dem Trugschluß, bessere Bildung sei nur durch Schulzeitverlängerung möglich. So
wird auf die zu erwartenden pädagogischen Schwierigkeiten
hingewiesen, weil breite Schichten der praktisch veranlagten Jugendlichen in dem Alter zwischen 16 und 18 Jahren durch eigene
Arbeit Geld verdienen oder sich unmittelbar auf einen Beruf
vorbereiten, nicht aber mehr die Schulbank drücken wollen.
In diesem Sinne warnt z. B. der Deutsche Industrie- und Han-
delstag vor übertriebener Bildungswerbung, weil der durchschnittliche Schüler keinen Gewinn von verlängerter Schulzeit
habe. Innerhalb der Gruppe C treffen wir aber auch auf progressive Postulate. Von hier aus werden umgekehrt intendierte Einwände gegen die Arbeitslehre geltend gemacht, dahingehend
nämlich, daß eine ausdrückliche Einführung in die Arbeitswelt

gerade nicht die ökonomisch-gesellschaftlichen Bedingungen von Herrschaftsverhältnissen in der technischen Zivilisation aufdekken, sondern den Anpassungsprozeß befördern werde. Konkret auf Schulpolitik bezogen heißt das, daß die Hauptschule mit Arbeitslehre nicht stabilisiert, sondern zerschlagen werden müsse zugunsten der vollintegrierten Gesamtschule.[102] Bei der letztgenannten Einrichtung handelt es sich um eine Schule, die die durchgehende Trennung der Schüler nach sozialer Herkunft, Elternwillen, Geschlecht, Leistungsniveau und Interessenrichtung aufhebt, statt dessen die Schüler sich gruppieren läßt von Fach zu Fach unterschiedlich, je nach ihren leistungs- oder interessenbedingten Voraussetzungen. Die besonderen Schwierigkeiten der Lehrplangestaltung für die Gesamtschule werden durch die Arbeitslehre zweifellos vermehrt. Denn es gibt vom Standpunkt der Gesamtschule nur zwei akzeptable Folgerungen und eine unannehmbare. Unannehmbar ist die Aufnahme der Arbeitslehre allein für diejenigen Schüler, die früher als andere in das Berufsleben entlassen werden. Denn damit würde der Widerspruch des vertikal gegliederten Schulwesens zur egalitär-demokratischen Verfassung unserer Gesellschaft auf die neue Konzeption übertragen: Wer Arbeitslehre wählt, entschiede sich damit gegen die Möglichkeit der Hochschulreife; die Gesamtschule würde zu einer nur räumlichen Zusammenfassung verschiedener Schultypen. Akzeptabel bliebe demgegenüber einmal eine generelle Ablehnung der Aufgabe mit dem Argument, sie überfordere die Schule, man überlasse sie besser den Institutionen der Berufsausbildung. Diese Lösung würde bestimmt das 10. Schuljahr, vielleicht auch das 9. gefährden – jedenfalls als Vollzeit-Schuljahr in der integrierten Gesamtschule oder in der Hauptschule. Denkbar bliebe dann freilich immer noch das 9. und/oder 10. Vollzeit-Schuljahr innerhalb von Institutionen der Berufsausbildung; aber die Schüler müßten dann nach dem 9. bzw. sogar schon nach dem 8. Schuljahr die Gesamtschule verlassen. Diese Konsequenz hinzunehmen, besteht eine gewisse Bereitschaft auch bei denjenigen, die gesellschaftspolitisch progressiv für die Gesamtschule engagiert sind. Insofern wirken progressive und konservative Urteile gleichsinnig gegen die Arbeitslehre. Das muß die Folge sein einer pragmatischen Entscheidung innerhalb der Gesamtschulplanung, nämlich den traditionellen Lehrplan der allgemeinbildenden Schule abermals fast ungeschoren zu lassen: Organisationsreform ohne Curriculum-Revision; ganz abgesehen davon, daß zweifelhaft ist, ob unter diesen Umständen die

Berufsausbildung zeitgemäß reformierbar bliebe. Da letzteres aber nicht a priori ausgeschlossen werden darf, sind entsprechende alternative Curricula vorzusehen. Indessen bliebe auch bei positiver Auskunft auf die Frage nach der Reform der Berufsausbildung ein Argument aus der Faktorengruppe D unberücksichtigt: Nach allen neueren empirischen Untersuchungen ist es nicht nur die Schwierigkeit der gegenwärtigen Schule, die viele Schüler der sozialen Unterschicht in ihr scheitern läßt, sondern der in Sprache und Lehrplan wirksame Charakter der Schule als einer Institution der gesellschaftlichen Mittelschichten. Um die erklärten Ziele der Gesamtschule erreichen zu können, bedürfte es also ohnehin einer grundlegenden Reform auch der Lehrplaninhalte. Wenn eine solche Reform vor den Inhalten der industriellen Arbeitswelt zurückschreckt, weil damit der Anpassungsdruck verstärkt würde, dann gäbe es wohl kaum noch eine Chance, die Berufsausbildung in einer politisch und pädagogisch befriedigenden Weise zu reformieren. Denn es bedarf keiner Frage, daß sich der politisch-ökonomische Anpassungsdruck auf die Berufsausbildung sehr viel stärker auswirken muß als auf das allgemeine Unterrichtswesen. Darum ist für die weiteren Überlegungen mehr eine zweite, auch für die integrierte Gesamtschule akzeptable Lösung nahegelegt, nämlich Arbeitslehre so zu gestalten, daß sie nicht diskriminierend wirkt, sondern in theoretisch anspruchsvollen Lehrgängen beiträgt zum Abbau der mittelschichtenspezifischen Merkmale des Lehrplans.

In einer schematischen Übersicht lassen sich die erwähnten Bedingungsfaktoren folgendermaßen festhalten:

A. Objektivierbare Veränderungen in den Lebenssituationen
  1. Arbeitswelt:
     unanschaulicher
     theoretischer
     spezialisierter
     mobiler
     Beruf in Lebensbedeutung verkürzt
  2. Freizeit:
     größerer Zeitraum
     Vergnügungsindustrie
  3. Politische Beteiligung:
     steigende Forderungen an Einsicht und Urteil
     Bewußtseinsmanipulation
     Didaktische Folgerungen:
     mehr Reflektivität in allen Lernprozessen
     Vollzeitpflichtschulverlängerung
     u. a.: Arbeitslehre

B. Entgegenstehende Faktoren im Bereich der vorgegebenen Institutionen
  1. Traditioneller Lehrplan und Organisationsstruktur der allgemeinbildenden Schulen
  2. Berufliches Ausbildungssystem (Duales System: Betrieb/Berufsschule)
     Mängel:
     Isolierung im Gesamtsystem
     Fehlleitungen der Berufswahl
     geringe Mobilitätsförderung
     mangelnde Spezialisierungsbereitschaft
     anitdemokratische Tendenzen

C. Politisch-gesellschaftliche Postulate
  1. konservative:
     allgemeinbildenden Charakter der Hauptschule erhalten,
     gegen Intellektualisierung
     gegen »Dilettantismus« in der Berufsausbildung
     gegen Lehrzeitverkürzung
     gegen kritische Vorbereitung der Jugend auf die Stellung als abhängiger Arbeitnehmer
     darum:
     keine Experimente mit dem bewährten Dualen System; gegen Arbeitslehre, weil mit ihr Gesamtrevision nötig
  2. progressive:
     expansive Bildungspolitik
     leichte Übergänge – Endpunkt: integrierte Gesamtschule gegen verstärkten Anpassungsdruck
     darum:
     entweder Reform des allgemeinen Unterrichtswesens ohne Arbeitslehre – Reform der Berufsbildung für sich
     oder Arbeitslehre unter der Bedingung, daß keine Diskriminierung möglich, d. h. nur, wenn für alle Schüler in allen Schulen

D. Soziokulturelle und anthropogene Voraussetzungen der Jugend empirisch objektivierbare Grenzen der Bildsamkeit sind bedingt durch:
  1. naturhaft vorgegebene Anlagen (= pädagogischer Defätismus; wissenschaftlich nicht haltbares Argument der konservativen Richtung)
  1. sozialschichtspezifische Schranken
     Auflösung der Relation Sozialstatus und Schulerfolg:
     a) Lockerung der familiären Sozialisation (öffentliche Vorschulerziehung, Tagesschule, Gesamtschule)
  b) Abbau der mittelschichtspezifischen Merkmale des Lehrplans.

Damit ist die Kategorienbildung natürlich noch nicht abgeschlossen. Doch sind die Bedingungsfaktoren insoweit ausreichend erörtert, daß die Aufgabenstellung der Arbeitslehre in vier Punkten wenigstens hypothetisch formuliert werden kann. Didaktik und Lehrplan der Arbeitslehre müssen:

1. Einsicht in die Interdependenzen von Technik, Ökonomie und Politik eröffnen;
2. zur Berufswahlreife, d. h. zur Fähigkeit, sich mit rationalen Kriterien immer wieder neu entscheiden zu können (Mobilität), führen;
3. eine Berufsgrundbildung, d. h. die erste Stufe einer reformierten Berufsausbildung, die die politisch-ökonomischen Voraussetzungen der Arbeit in der industriellen Gesellschaft konkret einbezieht, leisten und schließlich
4. die Theoretisierung des Gesamtzusammenhangs garantieren, damit die Arbeitslehre keinen bewußtseinsumgehenden, »volkstümlichen« Charakter erhält, der die Hauptschule von anderen weiterführenden Schulen trennen und die integrierte Gesamtschule verhindern müßte, und damit sie jeden Praktizismus mit ausbildungsparendem Effekt für gegenwärtige Anlernberufe vermeidet.

Lehrplankonstruktion

Nachdem die Aufgabenstellung präzisiert ist, kann die Konstruktion des Lehrplans beginnen. Das Problem besteht darin, wie die Aufgabenstellungen zu Lernzielen, Themenkreisen und Lehrinhalten werden können. In einem ersten Schritt wird man sich darüber Rechenschaft geben, daß die auf Berufswahlreife und Berufsgrundbildung zielenden Aufgaben eine Nötigung für die Lösung der beiden anderen Punkte ausüben. Denn die Kenntnisse und Fertigkeiten, die in der Berufsausbildung als Spezialleistung erlernt und in der Arbeitswelt als berufliche Anforderungen erlebt werden, können in ihrer technologischen und organisatorischen Zweckmäßigkeit sowie in ihrem gesellschaftlichen Sinn nur noch erfahrbar gemacht werden, wenn sie in Modellen dargestellt sind. Der traditionelle Gegensatz von Theorie und Praxis, der ein solcher von Denken, Planen, Projektieren einerseits und Handeln, Ausführen, Verwirklichen andererseits war, muß sich in andere Kategorien umsetzen in einer Zeit, in der die Theorie selbst zur radikalsten Praxis geworden ist. Insofern ist es didaktisch geboten, die »Praxis« der Arbeitswelt im Modell erlernbar zu machen. Eine Aufspaltung in mehrere selbständige Fächer kann demnach nicht in Frage kommen, es sei denn als alternative Curricula für den Fall, daß sich die anspruchsvolle Form der Arbeitslehre als unrealisierbar erweist.

In diesem Fall aber müßte die Aufgabenstellung neu formuliert werden. So, wie sie uns hier vorgegeben ist, weist sie auf den komplexen Zusammenhang. Um diesen Zusammenhang in Modellen darstellen zu können, bedarf es indessen eines Schlüssels und einiger Kriterien, an denen die Angemessenheit der Modelle geprüft werden kann. Georg Groth hat zu diesem Zweck ein didaktisches Strukturgitter entworfen.[103] Die drei als interdependent zu erweisenden Dimensionen des Technischen, Ökonomischen und Politischen werden von ihm gekreuzt mit drei Stufen, die sich ergeben, sobald die industriellen Produktionsverfahren unter technischem Aspekt auf die ihnen immanenten Einstellungen analysiert sind: das experimentelle Entwickeln, das Arbeiten nach Werkregeln und Verhaltensmustern sowie das Arbeiten mit Hilfe wissenschaftlicher Erkenntnisse. Durch die horizontale und vertikale Stufung entsteht dann ein Strukturgitter, in dem es möglich ist, die Anforderungen in einem begrifflichen Zusammenhang zu bestimmen.[104]

Dimension \ Stufe	Eigenbedarf	bekannter Auftraggeber	anonymer Markt
technisch	Erfahrung nach eigener Planung (Versuch – Irrtum) [1]	Planung nach Erfahrungsregeln (Qualitätsstandards) [2]	Entwicklung und Forschung (Technologie) [3]
ökonomisch	Planung nach eigenen Zielen u. Möglichkeiten (»Robinson«) [4]	Kalkulation nach Billigkeit (Tausch) [5]	langfristige Rentabilität (Oligopolistischer Wettbewerb) [6]
sozial	Bestimmung der eigenen Bedürfnisse (Eigeninteresse) [7]	Arbeitsteilung (Kommunikation) [8]	Planung des Erwerbslebens (pol. Kritik) [9]

Die so erarbeiteten neun Kriterien sind erster Richtpunkt für die Bestimmung der Inhalte, die im Lehrplan enthalten sein müssen. Wie die neun Kriterien im einzelnen begründet sind, braucht hier nicht näher ausgeführt zu werden. Denn Groths Strukturgitter ist, im Verhältnis zu späteren Versuchen zu anderen Fachgebieten,[105] nur als eine Vorform anzusehen; außerdem sind andere Verfahren zur Kriteriengewinnung innerhalb der skizzierten

Strategie durchaus denkbar; und schließlich ließ gerade Groths Strukturgitter einen Nachteil zurück, der eine Weiterentwicklung motivierte, die weiter unten noch aufgegriffen werden wird. Entscheidend für unseren Gedankengang ist hier zunächst lediglich, daß einerseits von der Aufgabenstellung der Weg zu den Kriterien führen muß – und dafür steht das Strukturgitter –, andererseits damit die rein theoretische Arbeit zunächst beendet ist. Denn der Versuch, die Kriterien bis zu einem Kanon von Lehrinhalten zu differenzieren, müßte voraussetzen, daß sich der Lehrplan von den Zielen her unmittelbar und lückenlos deduzieren ließe. Da wir um die prinzipielle Unmöglichkeit eines solchen Unterfangens wissen, setzen wir für die weiteren Überlegungen neu an. Zwei relativ unabhängig voneinander zu betreibende Forschungskomplexe müssen die erforderlichen, aber nicht deduzierbaren Daten erbringen. Einer dieser Komplexe ist schulpädagogischer und unterrichtsmethodischer Art. Es werden »Projekte«, »Arbeitsvorhaben«, Modelle für Betriebserkundungen und Praktika entwickelt werden müssen, an denen eine erste Prüfung der Frage möglich wird, ob das Beabsichtigte überhaupt realisierbar ist. Die Themen der Projekte können im ersten Schritt beliebig sein; man wird sie nach der schulpädagogischen Praktikabilität wählen. Soweit Versuche schon begonnen haben, wurden die Erfahrungen des Werkunterrichts der allgemeinbildenden Schulen und die des Arbeitsunterrichts der Jungarbeiterberufsschule genutzt, teils auch unabhängig davon Projekte entwickelt, die direkt den im Strukturgitter ausgewiesenen Kriterien zugeordnet waren. Das Ergebnis solcher kontrollierten Versuche muß in jedem Fall der Nachweis von erreichbaren Lernzielen sein bei gleichzeitiger Überprüfung des Aufwandes. Es könnte ja sein, daß die Ziele eines Projektes erreichbar sind, daß sie den Kriterien des Strukturgitters genügen, daß aber der zeitliche und sachliche Aufwand in einem Mißverhältnis zu dem schließlich erreichten Lernerfolg steht, z. B. wenn für die Durchführung eines Projektes handwerkliche Fertigkeiten höherer Qualität unerläßlich sind und eine dementsprechend lange Vorbereitung erzwingen. In einem zweiten Stadium werden die schulpädagogischen Versuche mit wissenschaftlicher Auswertung nicht allein der Kriterienüberprüfung dienen, sondern auch in ihrer Thematik den Lehrplan vorbereiten. Die bisher praktizierten Arbeitsvorhaben erscheinen im Vergleich zu den zu erwartenden inhaltlichen Aufgaben mitunter hausbacken und antiquiert. Das zeigt sich besonders deutlich an den bevorzugt verwandten Materialien: Holz, Metall, Papier, Steine, wie das durch die gegebenen schulpädagogischen Möglichkeiten nahegelegt ist. Damit aber können sich die Vorarbeiten zur Lehrplanentwicklung nicht begnügen. Didaktische Reduktion und Elementarisierungschancen müssen eröffnet werden für Kunststoffverarbeitung, Elektrotechnik, Meß-, Sicherheits- und Regelungstechnik, für Datenverarbeitung und Informationstechnik. Dieser Hinweis stellt den Zusammenhang her mit dem parallel zu den unterrichtsmethodischen Experimenten voranzutreibenden zweiten Forschungskomplex, mit der berufs- pädagogischen Analyse, die, prospektiv auf die künftigen Anforderungen ausgelegt,[106] die inhaltliche Basis der Lehrplantent- scheidungen mitbestimmt. Der Analyse von Arbeits- und Berufssituationen werden von der Aufgabenstellung der Arbeitslehre her die Gesichtspunkte der Berufswahlreife und der Berufsgrundbildung als spezielle Fragen vorgegeben. Denn diese beiden Aufgaben sind im didaktischen Strukturgitter nur insofern enthalten, als sie die Entscheidung für eine didaktische Lösung über Projekte und Arbeitsvorhaben bewirkten, nicht aber sind sie selbst in den Kriterien repräsentiert. Als Richtschnur der berufspädagogischen Analyse müssen sie zu eindeutig definierten Qualifikationen führen, die die Arbeitslehre als Lernziele zu erreichen hat. Die so ermittelten Qualifikationen können indessen nur eine rhapsodische Raffung mit fließenden Abgrenzungen sein. Wenn sie für die Lehrplankonstruktion einen so präzisen Sinn erhalten sollen wie die im Strukturgitter gefaßten Kriterien der technisch-ökonomisch-politischen Interdependenz, so bedarf es ihrer systematischen Zusammenfassung unter einem organisierenden Prinzip. Für die Berufsausbildung hat bisher der Begriff des Berufs selbst diese Funktion erfüllt, doch wird das in Zukunft immer problematischer werden. Selbst wenn es gelingt, die den überlieferten Berufsbegriff zerstörende Mobilität als Möglichkeit für eine neue Bildungskraft des Berufes zu sehen, so kann sich das doch nur auf die subjektive Motivierung des Lernenden beziehen. Letzteres liegt um so näher, als der objektiven Verkürzung der Bedeutung des Berufs für das menschliche Leben tatsächlich eine Professionalisierung des Selbstbewußtseins korrespondiert. Aber als organisierender Konzentrationspunkt für die Fülle der ermittelten Qualifikationen ist zweifellos ein objektiv verläßlicheres und angemesseneres Prinzip erforderlich. Wir nennen hier – hypothetisch – die Theorie der Beherrschung technischer Prozesse. Das ist zu verstehen im Sinne der Verfügung über vergegenständlichte Prozesse als Möglichkeitsbedingung technischer Weltbeherrschung, also nicht auf Produktionstechnik beschränkt, sondern ebenso auf Ökonomie, Sozial- und Informationstechnik bezogen, insofern hier ein durchgehendes Prinzip angewandt wird. Sind die Forschungen bis zu diesem Punkt vorgedrungen, so kann mit den berufspädagogisch ermittelten Inhalten die Auswahl der im unterrichtsmethodischen Experiment erprobten und den Kriterien des Strukturgitters genügenden Projekte getroffen werden. Für dieses Vorgehen wird der im lerntheoretischen Modell der Didaktik ausführlich dargelegte Implikationszusammenhang von inhaltlichen und methodischen Entscheidungen beansprucht. Dabei wird sich wahrscheinlich herausstellen, daß nicht der ganze Umkreis der Inhalte, zu denen die Theorie der Beherrschung technischer Prozesse die analytisch aufgefundenen Qualifikationen organisiert, mit Projekten abdeckbar ist, ebenso wie anspruchsvolle Projekte Voraussetzungen verlangen, die nicht selbst im Projekt erwerbbar sind. Andere Formen des Unterrichts und des Lehrganges, die nun erst zielstrebig entwickelt werden können, sind also dem unterrichtsmethodischen Experiment auszusetzen. Danach kann eine vorläufige Aufstellung des Lehrplanes erfolgen: Die über Prognose und Analyse ermittelten Qualifikationen, systematisch organisiert in einer Theorie der Beherrschung technischer Prozesse, können umgesetzt werden in eine Abfolge von Inhalten und Themenkreisen. Inhalte und Themenkreise werden ausgedrückt durch die an den Kriterien des Strukturgitters orientierten Lernziele, die sich in den jeweils anzugebenden, im Experiment erprobten Formen des Unterrichts erreichen lassen. Dieser Lehrplan ist vorläufig, weil er ohne direkten Kontext mit dem Gesamtcurriculum entwickelt wurde. Da diese Begrenzung aber von vornherein mitbedacht war, ist er gleichsam maximal angelegt, enthält Alternativen für verschiedene Niveauansprüche, für differierende Voraussetzungen, die als hypothetische Leistungen anderer Unterrichtsfächer angenommen wurden, für unterschiedliche Schulausstattungen mit Laboratorien, Werkstätten und Maschinen, für wechselnde Möglichkeiten der Außenbeziehungen (Erkundung und Praktikum in Wirtschaftsbetrieben, Absatz von Eigenprodukten). Es muß also noch ein weiterer Schritt folgen, und zwar als Vergleich der in der Arbeitslehre erreichbaren Lernziele mit den in den übrigen Fächern des Lehrkanons erreichbaren Lernzielen gleicher oder ähnlicher Art. Dieser Vergleich darf nicht einseitig auf die Bedingungen der gegenwärtigen Schule bezogen, sondern muß in allen Phasen auf das Ziel angelegt sein, sozialschichtspezifische Barrieren abzutragen. Das Vergleichskriterium ist also die Frage, ob bestimmte Lernziele über die Arbeitslehre ganz allgemein sicherer, effektiver und schneller erreichbar sind als in traditionellen Unterrichtsfächern und ob speziell für Unterschichtkinder eine verbesserte Lernsituation nachweisbar ist; weiterhin ob und inwiefern durch Arbeitslehre eine Unterstützung des mathematischen, naturwissenschaftlichen und sozialkundlichen Unterrichts erfolgt. Von dem Ergebnis des Lernzielvergleichs werden Ausmaß und Stellung des Arbeitslehre-Lehrplans im Gesamtcurriculum einer Schule abhängen.

Damit haben wir unter der Voraussetzung, daß die von den Bedingungsfaktoren abgeleitete Aufgabenstellung richtig war, die für die Lehrplankonstruktion erforderlichen Schritte bezeichnet. Zur besseren Übersicht sind die fünf Schritte der Lehrplankonstruktion hier noch einmal schematisch skizziert (siehe S. 198).

Der Nachteil der für dieses Vorgehen beanspruchten Kriteriengewinnung ist zweifellos der, daß im forschungsstrategischen Konzept noch ein paralleler Arbeitsgang erforderlich schien, der die Ergebnisse von Arbeitsplatz- und Berufsanalysen sowie der davon abgeleiteten Schlüsselqualifikationen und deren didaktische Organisation in einer Theorie der Beherrschung technischer Prozesse betrifft, um für die im Strukturgitter ausgewiesenen Kriterien begründete Inhaltsvorgaben machen zu können. Diesen unbefriedigenden Dualismus hat Adolf Kell[107] in seiner didaktischen Matrix getilgt. Die Interdependenz von Technik, Ökonomie und Politik wird von ihm in der ökonomischen Dimension differenziert, weil der Zusammenhang didaktisch nur über die Ökonomie zu vermitteln ist: Mikroökonomie enthält die produktions- und kostentheoretische Seite der technischen Prozesse, die Partialanalyse der Markttheorie leitet von der mikroökonomischen zur makroökonomischen Betrachtungsweise über, und die Makrotheorie selbst eröffnet die vom Interesse des Lernprozesses her erforderliche Relativierung der ökonomischen Aussagen durch ihre gesellschaftspolitische Bedingtheit. Auf der anderen Achse, die von Groth mit aspekthaften Formen industriellen Arbeitens besetzt worden war, führt Kell nun direkt die Theorie der Beherrschung technischer Prozesse ein, indem er die Organisationstheorie entsprechend auslegt, und zwar in den drei Organisationsbereichen Unternehmung, Haushalt und

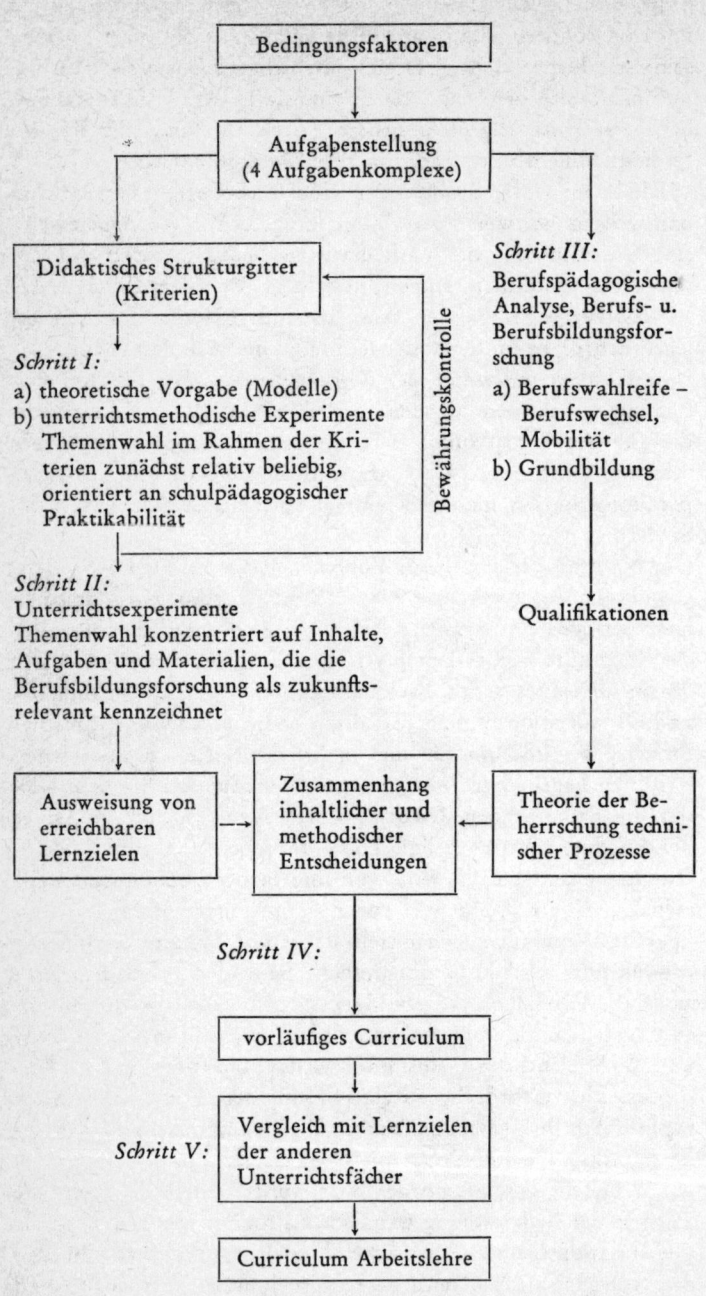

Bedingungsfaktoren

Aufgabenstellung
(4 Aufgabenkomplexe)

Didaktisches Strukturgitter
(Kriterien)

Schritt I:
a) theoretische Vorgabe (Modelle)
b) unterrichtsmethodische Experimente
   Themenwahl im Rahmen der Kriterien zunächst relativ beliebig,
   orientiert an schulpädagogischer
   Praktikabilität

Schritt II:
Unterrichtsexperimente
Themenwahl konzentriert auf Inhalte,
Aufgaben und Materialien, die die
Berufsbildungsforschung als zukunfts-
relevant kennzeichnet

Bewährungskontrolle

Schritt III:
Berufspädagogische
Analyse, Berufs- u.
Berufsbildungsfor-
schung

a) Berufswahlreife –
   Berufswechsel,
   Mobilität
b) Grundbildung

Qualifikationen

Ausweisung von
erreichbaren
Lernzielen

Zusammenhang
inhaltlicher und
methodischer
Entscheidungen

Theorie der Be-
herrschung techni-
scher Prozesse

Schritt IV:

vorläufiges Curriculum

Schritt V:

Vergleich mit Lernzielen
der anderen
Unterrichtsfächer

Curriculum Arbeitslehre

Staat, diese jeweils durch vier Organisationskriterien differenziert (Analyse, Planung, Realisierung, Kontrolle/Kritik). So entsteht eine 60-Felder-Matrix, die von Arbeitsplatz- und Arbeitsablaufanalysen bis zur Gesellschaftskritik das Spektrum eines Curriculums, welches ebenso durch das Interesse am Arbeitslehreunterricht wie durch die Strukturen der dafür herangezogenen Fachdisziplinen ausgewiesen ist, systematisch thematisiert: (siehe S. 200).

Organisationsbereich	Organisationskriterium	Technik 1	Ökonomie 2 Mikrotheorie	Ökonomie 3 Partialtheorie	Ökonomie 4 Makrotheorie	Politik 5
1. Unternehmung	1.1 Analyse	1.1.1	1.1.2	1.1.3	1.1.4	1.1.5
	1.2 Planung	1.2.1	1.2.2	1.2.3	1.2.4	1.2.5
	1.3 Realisation	1.3.1	1.3.2	1.3.3	1.3.4	1.3.5
	1.4 Kontrolle/Kritik	1.4.1	1.4.2	1.4.3	1.4.4	1.4.5
2. Haushalt	2.1 Analyse	2.1.1	2.1.2	2.1.3	2.1.4	2.1.5
	2.2 Planung	2.2.1	2.2.2	2.2.3	2.2.4	2.2.5
	2.3 Realisation	2.3.1	2.3.2	2.3.3	2.3.4	2.3.5
	2.4 Kontrolle/Kritik	2.4.1	2.4.2	2.4.3	2.4.4	2.4.5
3. Staat	3.1 Analyse	3.1.1	3.1.2	3.1.3	3.1.4	3.1.5
	3.2 Planung	3.2.1	3.2.2	3.2.3	3.2.4	3.2.5
	3.3 Realisation	3.3.1	3.3.2	3.3.3	3.3.4	3.3.5
	3.4 Kontrolle/Kritik	3.4.1	3.4.2	3.4.3	3.4.4	3.4.5

8. Kapitel

Zweites Beispiel: Curriculare Entwicklung von Schwerpunkten für die Integrierte Sekundarstufe II

Vorbemerkungen

Wer zum erstenmal von Überlegungen zur Integration studienbezogener und berufsqualifizierender Lehrgänge hört, von Überlegungen also, die die gymnasiale Oberstufe mit den Einrichtungen der Berufsausbildung vereinigen wollen, reagiert in der Regel spontan mit Befremden. Das Projekt scheint unrealistisch, ja abwegig. Denn, so lautet der Einwand,
– erstens hat doch die Vorbereitung auf wissenschaftliche Studien, die im Gymnasium zugleich im Zusammenhang einer umfassenden Allgemeinbildung erfolgt, ganz andere Inhalte und Ziele als die Berufsausbildung, und
– zweitens sind intellektuelle Leistungsfähigkeit und Lernmotivation für wissenschaftsorientierte Sachverhalte bei Gymnasiasten und Berufsschülern so unterschiedlich, daß ein gemeinsames Lernen nicht aussichtsreich erscheint, selbst wenn es gleiche Inhalte gäbe. Die gemeinsame Grundschule, die wir seit 1918 haben, gilt als richtig; über eine Förderstufe der Klassen 5 und 6 kann man reden, die Gesamtschule bis zum 10. Schuljahr ist problematisch, die integrierte Oberstufe scheint grober Unfug zu sein.
Eine nähere Prüfung zeigt, daß diese Spontanreaktionen nur durch die uns vertrauten, traditionellen Strukturen des Bildungswesens in Deutschland gleichsam als Vor-Urteil bedingt sind. Der Deutsche Bildungsrat hat demgegenüber 1974 ein Integrationskonzept für die Sekundarstufe II vorgeschlagen, nachdem das Land Nordrhein-Westfalen bereits 1972 einen entsprechenden Modellversuch begonnen hatte.[108] Die von daher gestellte Frage nach den Möglichkeiten einer Verbindung von studienbezogener und berufsqualifizierender Ausbildung ist zu sehen im größeren Rahmen einer umfassenden Bildungsreform, die von der Vorschulerziehung bis zur Gesamthochschule reicht und die *das* Bildungswesen strukturiert, das die Bundesrepublik im Laufe der achtziger Jahre möglicherweise als Regelsystem bekommt, dann jedenfalls, wenn sie den Weg zur Demokratisierung aller gesellschaftlichen Bereiche fortsetzt. Innerhalb des

Zusammenhanges einer demokratischen Bildungsreform betrifft unser Thema mit der Sekundarstufe II die Altersstufe der 16- bis 19jährigen, für die zur Zeit die gymnasiale Oberstufe und verschiedene Institutionen der Berufsvorbildung und der Berufsausbildung als Angebot zur Verfügung stehen. Daraus folgt:

Curriculare Integration in der Sekundarstufe II ist nicht vorstellbar, wenn die sogenannte allgemeine Bildung und die berufliche Ausbildung prinzipiell unterschiedliche Inhalte haben müßten oder gar durch diese definiert wären. Immerhin vorstellbar, nicht aber sinnvoll realisierbar ist die Rückführung aller inhaltlichen Mannigfaltigkeit der beruflichen Ausbildungsgänge auf den allgemeinbildenden gymnasialen Oberstufenkanon. Demgegenüber scheinen die Integrationsmodelle für die Sekundarstufe II allein den umgekehrten Fall als praktikabel zu unterstellen: Verzicht auf den teils durch den Begriff einer »höheren Allgemeinbildung«, teils durch das Ziel einer allgemeinen Vorbereitung auf wissenschaftliche Studien überhaupt legitimierten gymnasialen Oberstufenkanon; statt dessen wird der Ansatz der Berufsausbildung für die gesamte Sekundarstufe II verbindlich, nämlich nach der jeweils erforderlich erscheinenden fachlichen Kompetenz zu fragen und von daher das Lernprogramm aufzubauen. Jedenfalls gilt das für den quantitativen Hauptteil des Lernangebotes in einer integrierten Sekundarstufe II, die sogenannten Schwerpunkte. Die curriculare Strukturierung einer integrierten Sekundarstufe II nach Schwerpunkten bedeutet, daß, zu Ende gedacht, die Vorbereitung auf wissenschaftliche Studien und unmittelbare Berufsausübung zusammenfallen werden, wenn freilich auch fachspezifisch vielfältig differenziert. Mit anderen Worten: Im integrierten System erfolgt die Vorbereitung auf wissenschaftliche Studien im Medium spezieller Berufsausbildung, und die Berufsausbildung erfolgt unter dem Anspruch der allgemeinen Kriterien von Wissenschaftspropädeutik. Ein solches Konzept macht einige Voraussetzungen, von denen hier sieben stichwortartig genannt werden sollen:

(1) Die gegenwärtige (und noch mehr: die zu erwartende) Wissenschaftslage ist durch Spezialisierung und durch technologische Verwertung der spezialisierten Disziplinen gekennzeichnet. Eine Propädeutik auf wissenschaftliche Studien unter diesen Bedingungen muß Spezialisierung und Verwertung thematisieren.

(2) Thematisierung von Wissenschaftsspezialisierung und gesellschaftlicher Verwertung setzt die Einübung in solche Speziali-

202

sierung voraus. Thematisierung heißt freilich nicht nur Einübung, sondern immer auch Überwindung. Aber die Überwindung gelingt nicht mehr im traditionellen Kanon, weil diesem
der Bezug zur Wissenschaftslage entgleitet; er stimuliert allenfalls noch zu ohnmächtigen kulturpessimistischen Klagerufen.
Den verengenden Folgen eines streng durchgehaltenen Speziali-
stentums kann didaktisch sinnvoll nur entgegengewirkt werden
durch den Aufweis allgemeiner Strukturen im Spezialisierungs-
prozeß selber (z. B.: Disziplinarität-Interdisziplinarität; politisch-gesellschaftliche Voraussetzungen von Wissenschaft und
Technologie usw.).

(3) Folgerungen: Das traditionelle Ziel der gymnasialen Oberstufe, Wissenschaftspropädeutik, kann nur durch Konzentration
des Lernens auf wenige Sachfelder festgehalten bzw. wieder-
hergestellt werden. Curriculare Schwerpunktbildung sowie deren Auslegung auf technisch-ökonomische Verwertungszusam-
menhänge sind daher auch ohne Integration unausweichlich.

(4) Berufsausbildung wird unter dem Druck veränderter berufs-
struktureller Anforderungen und dem den Generationenwechsel
überholenden Rhythmus von Veränderungen zunehmend lehr-
gangsgebundener, systematischer und wissenschaftsorientierter.

(5) Auch an den Stellen, an denen der technische Fortschritt zur
Dequalifizierung von Arbeitsplätzen führt, muß, wenn nicht ein
rigider manpower-Ansatz der berufspädagogischen Weisheit
letzter Schluß sein soll, die Ausbildung wissenschaftlicher werden. Denn der Typus von Wissenschaft, der den traditionellen
gymnasialen Oberstufenkanon desavouiert und der die Berufsausbildung zur Theoretisierung zwingt, ist der Schlüssel zum
Verständnis der technischen Zivilisation, die ihrerseits, sofern
und soweit sie ihr Bewegungsmoment unter Umgehung des Bewußtseins der hantierenden Menschen durchsetzt, dazu tendiert,
den Bürger im Namen eines vorgeblich wissenschaftlichen Sach-
zwangs politisch zu entmündigen.

(6) Folgerungen: Die traditionellen, wissenschaftsfernen Formen
der Berufsausbildung, die unter Umgehung des Bewußtseins der
Lernenden auf Anpassung, Gewöhnung, Nachahmung und Ge-
horsam abgestellt waren, gehören der Vergangenheit an. Wis-
senschaftsorientierung und politische Reflektivität sind in der Berufsausbildung auch ohne Integration unausweichlich geworden.

(7) Zusammenfassung der Folgerungen: Es gibt eine tendenzielle
Konvergenz in den didaktisch-curricularen Entwicklungen der
gymnasialen Oberstufe mit der Berufsausbildung. Sofern die

(hier nicht weiter zu erörternden) gesellschaftspolitischen Motive für eine Integration akzeptiert werden, kann die Realisierung auf curricularer Ebene die bereits angelaufenen (oder zu erwartenden) systemimmanenten Reformen durch die Verknüpfung verstärken und beschleunigen. Jedenfalls weisen, vom Standpunkt der systemimmanenten curricularen Entwicklungen aus geurteilt, wichtige Argumente auf die Möglichkeit der Integration hin, wenn diese von den Trägern der fraglichen Entwicklungstendenzen auch nicht intendiert sind.

Die Integration der Sekundarstufe II muß also über die curriculare Entwicklung von Schwerpunkten erfolgen. Wir wollen fragen, wie eine solche Aufgabe von der neueren Curriculum-Theorie aufgenommen und bearbeitet werden kann.

Definition des didaktischen Begriffs »Schwerpunkt« – Wahlfreiheit und curriculare Vorgaben

Die von der nordrhein-westfälischen Planungsempfehlung Kollegstufe NW und von der Bildungsratsempfehlung zur Sekundarstufe II vorgelegten Modellentwürfe sehen hinsichtlich der curricularen Struktur drei Lernfelder vor,
– die Schwerpunkte, die in jedem Bildungsgang die hier zu erwerbende spezifische Fachkompetenz präsentieren,
– den obligatorischen Bereich, der die Chancengleichheit von den Lerninhalten her fördern soll und
– den Wahlbereich, der die Möglichkeit von Kompetenzerweiterung nach individuellen Interessen ermöglicht.
Von den Schwerpunkten sagen die Empfehlungen, sie seien das »inhaltliche Kernstück der curricularen Struktur«. Demzufolge sind Verbindungen zu den beiden anderen Lernfeldern anzunehmen. Offensichtlich teilen die Schwerpunkte mit dem Wahlbereich das Interesse an einer Freigabe von Wahlentscheidungen der Lernenden auch über Lerninhalte. Denn beide Lernfelder, Schwerpunkte wie Wahlbereich, werden von den Planungsempfehlungen erörtert auch im Zusammenhang mit Problemen der »Individualisierung«. Mit dem obligatorischen Lernbereich aber sind die Schwerpunkte verknüpft durch das gemeinsame Interesse an fachübergreifenden Strukturen. Die leitenden Motive der Kollegkonzeption, soweit sie curriculare Konsequenzen haben, müssen sich also in den Schwerpunkten konkret darstellen. Zunächst soll noch einmal ohne Inanspruchnahme vorgängiger

Informationen gefragt werden, was Schwerpunkte im Sinne der Kollegkonzeption eigentlich sind. Die Empfehlungstexte antworten darauf: »Schwerpunkte sind Zuordnungen und Zusammenstellungen von Curriculumelementen (hier: Kursen) zu einer aufsteigenden und sich wahlweise verzweigenden Linie des Lernfortschrittes. Diese Linie des Lernfortschrittes ist zielgerichtet durch die jeweils erstrebte Fachkompetenz.« Demgemäß muß das Lernangebot des Kollegs nach Fachkompetenzen gegliedert sein. Jede Fachkompetenz ist dann curricular in einen Schwerpunkt ausgelegt; der Schwerpunkt nennt also die Lerninhalte, die vom Lernenden bewältigt werden müssen, um eine spezifische fachliche Kompetenz zu erwerben. Daraus ergeben sich sofort zwei Folgerungen, nämlich

– erstens, daß die Wahl des Schwerpunktes dem Schüler überlassen bleibt, und

– zweitens, daß der Schwerpunkt selbst durch curriculare Vorgaben definiert ist.

Beide Punkte bedürfen der Erläuterung, um Mißverständnisse auszuschließen, die durch den bisherigen, wenig definierten schulpädagogischen Gebrauch der Ausdrücke »Wahlfach«, »Wahlpflichtfach«, »Fachschwerpunkt«, »Schwerpunktprofil« usw. naheliegen. Die Tatsache, daß der Schüler seinen Schwerpunkt wählt, bedeutet nicht, daß es sich hier um Wahl- oder Wahlpflichtfächer handelt, die um einen für alle Lernenden des gleichen Bildungsganges verbindlichen Fächerkern gelagert wären. Dieses Verständnis von Wahlfächern ist in der Kollegkonzeption auf das dritte Lernfeld, den der Kompetenzerweiterung dienenden Wahlbereich anwendbar. Bei den Schwerpunkten handelt es sich demgegenüber gerade um den »Kern«, der aber nun seinerseits wählbar ist und die Grundstruktur eines Bildungsganges ausmacht. Die gymnasiale Oberstufe kannte bisher Typisierungen, die dann die ganze Schule oder Teile von ihr betrafen, etwa als altsprachlichen, neusprachlichen oder mathematisch-naturwissenschaftlichen Bereich, wobei aber ein identischer gymnasialer Grundkanon vorausgesetzt blieb. Selbst das Modell der Konferenz der Kultusminister von 1972, das weitgehende Differenzierungen in einer enttypisierten Oberstufe eröffnet, hält noch an für alle Schüler verbindlichen »Aufgabenfeldern« fest. Nun muß ein Konzept, das den Kern durch vom Lernenden wählbare Schwerpunkte bestimmen läßt, nicht unbedingt zu völlig abweichenden Konsequenzen führen. Es ist möglich, ja wahrscheinlich, daß auch der Ansatz bei Schwerpunkten bestimmte inhaltliche

Strukturen in vielen Schwerpunkten wiederkehren und so einen »Kern« oder ein Ensemble von Aufgabenfeldern sichtbar werden läßt. Aber das ordnende Prinzip für das Lernangebot und der leitende Gesichtspunkt, unter dem die curricularen Entscheidungen getroffen werden, sind anderer Art und eröffnen weiterreichende Entwicklungsspielräume. Es ist der Ansatz, der in der Berufsausbildung üblich und bewährt ist, nämlich nach der jeweils erforderlich erscheinenden fachlichen Kompetenz zu fragen und von daher das Lernprogramm aufzubauen. Als einen ersten, nur vorläufigen Definitionsversuch läßt sich demnach festhalten, Schwerpunkte seien in Analogie zu den Lernprogrammen für die Ausbildung zu bestimmten Berufen aufzufassen. Tatsächlich müssen die Schwerpunkte strukturell so angelegt sein, daß sich die Berufsausbildung, soweit sie in die Sekundarstufe II fällt, subsumieren läßt. Schwerpunkte werden also hinsichtlich ihrer Orientierung an einer durchgängig als Maßstab dienenden Fachkompetenz den gegenwärtigen beruflichen Bildungsgängen näher stehen als den Lehrprogrammen der gegenwärtigen Typen gymnasialer Oberstufe. Aber wenn es, wie zu erwarten, einen Schwerpunkt »Mathematik« geben wird, so bedeutet das nicht, in diesem Schwerpunkt werde nur Mathematik gelehrt – die Gesichtspunkte der curricularen Entwicklung werden weiter unten noch erörtert werden. Wohl aber ist festzuhalten, daß für jeden Schwerpunkt eine »Leitdisziplin« angesetzt werden muß. Leitdisziplinen können – nach Maßgabe der jeweiligen Fachstruktur des Kollegs natürlich immer nur in bestimmten Grenzen – im Prinzip alle Wissenschaften, nicht nur die bisher den Gymnasialfächern korrespondierenden, und alle der Berufsqualifizierung dienenden Technologien sein.

Bevor wir diese Überlegungen weiterführen, muß zunächst noch eine andere Konsequenz aus der ersten vorläufigen Begriffsbestimmung des »Schwerpunktes« bedacht werden. Denn der Hinweis auf die Berufsausbildung macht auf eine Einschränkung der dem Schüler zugesprochenen Wahlfreiheit hinsichtlich seines Schwerpunktes aufmerksam: Durch die Entscheidung für eine berufliche Erstqualifikation ist der Schwerpunkt im Kolleg selbstverständlich mitgewählt. Allerdings führt diese Einschränkung unter Berücksichtigung der durchgängigen Zielsetzungen der Kollegkonzeption auf eine Anforderung, die die Schwerpunkte im Unterschied zu den gegenwärtigen Lehrprogrammen der Berufsausbildung erfüllen sollen: Schwerpunkte sind curricular so zu entwickeln, daß Überlappungen mit anderen

Schwerpunkten, Parallelen in verwandten Fachrichtungen, vor allem aber weiterführenden gleicher oder ähnlicher Fachrichtung, eintreten. Zahlreiche polyvalente Kurse in jedem Schwerpunkt, d. h. Curriculumelemente, die auch für andere Schwerpunkte anrechenbar sind, müssen Weiterführung, Ergänzung oder Schwerpunktwechsel ohne großen Zeitverlust ermöglichen.

Nun hatten wir den Schwerpunkt nicht nur durch die Wahlentscheidungen der Lernenden gekennzeichnet, sondern auch durch »curriculare Vorgaben«. Wir haben zu fragen, was unter solchen »Vorgaben« zu verstehen ist. Wir wissen bereits, daß Schwerpunkte durch eine auf die Fachkompetenz bezogene Linie des Lernfortschrittes zielgerichtet sind. Die Beschreibung der jeweiligen Fachkompetenz und ihre Auslegung in Lernziele und Lerninhalte ist von Faktoren abhängig, die in mindestens zwei Komplexen umschreibbar sind: einerseits handelt es sich um für alle Schwerpunkte gleichermaßen geltende didaktische Grundsätze, andererseits um spezielle Erfordernisse des einzelnen Schwerpunktes selber. Zu den allgemeinen Grundsätzen gehören vorab die wissenschaftsorientierten Kriterien, weil ein Lernen außerhalb dieses Rahmens in keinem Fall tolerierbar ist. Hier muß die Bindung des Lernens an die Wissenschaft bis zur Einführung in die Reflexion auf den Erkenntnisprozeß führen: Die methodologischen Probleme der Wissenschaften, die Charakteristika wissenschaftlichen Verhaltens und die politische Funktion der Wissenschaften im gesellschaftlichen Zusammenhang gehören dazu. Daraus folgt, daß in jedem Schwerpunkt

– Notwendigkeit und Möglichkeit von interdisziplinärem Arbeiten von der besonderen Problematik der jeweiligen Leitdisziplin aus aufgewiesen und dafür im Lernprogramm eigene Veranstaltungen vorgesehen werden müssen, und weiter

– die Umsetzung und Verwertung von spezialisierten Wissenschaften in gesellschaftlich folgenreiche Technologien ausdrücklich einbezogen wird, d. h., daß Schwerpunkte, deren Leitdisziplin eine »reine«, dem traditionellen Verständnis zufolge nur auf zweckfreie Erkenntnis gerichtete Wissenschaft ist, bis auf berufsqualifizierende Technologien auszulegen sind, während umgekehrt Schwerpunkte, die berufsqualifizierende Technologien als Leitdisziplin ausweisen, auf Grundwissenschaften zurückzuführen sind.

Neben den allgemeinen, aus dem Prinzip der Wissenschaftsorientiertheit des Lernens abgeleiteten Grundsätzen werden für die Schwerpunktauslegung aber auch spezielle Erfordernisse berücksichtigt werden müssen. Zu diesen speziellen Erfordernissen gehören als erstes das primäre Abschlußinteresse, das die Lernenden des jeweiligen Schwerpunktes verfolgen. Denn die für den Schwerpunkt maßgebliche Fachkompetenz muß ja noch, um konkretisiert werden zu können, auf eine bestimmte Qualifikationsebene bezogen werden. Dem widerstreitet nicht, daß innerhalb der Auslegung einer Leitdisziplin mehrere Qualifikationsebenen ansetzbar sind. Im Bereich von »Wirtschaftswissenschaften« beispielsweise wird es eine größere Zahl von Schwerpunkten geben, die sich aufgrund der besonderen Erfordernisse des primären Abschlußinteresses im Bereich kaufmännisch-verwaltender Berufe oder Studieninteressen unterscheiden, während sie gleichzeitig über ihre Leitdisziplin vielfach zusammenhängen und eben dadurch leichte Übergänge und Weiterbildungsmöglichkeiten eröffnen.

Neben dem Abschlußinteresse machen sich zweitens als spezielle Erfordernisse eine Fülle von Randbedingungen geltend, die erfüllt werden müssen, wenn in den jeweils fraglichen Leitdisziplinen weiterreichende Lernfortschritte gemacht werden sollen. Daraus ergibt sich die Nötigung, Hilfs- und Nebendisziplinen einzubeziehen und pragmatische Gesichtspunkte zu berücksichtigen. Hilfs- und Nebendisziplinen bestimmen sich aus der Struktur der Wissenschaft, die dem Schwerpunkt als Leitdisziplin dient, pragmatische Gesichtspunkte ergeben sich aus den Bedingungen der beruflichen Qualifikationen. Der ganze Umkreis akkumulierter Umgangserfahrung aus einem Berufsfeld ist heranzuziehen, dies freilich verbunden mit einer realistischen Prognose künftiger Änderungen, wenn die vorgeschriebenen und alternativ anzubietenden Inhalte eines Schwerpunktes festzulegen sind.

Der Katalog der bisher genannten Folgerungen aus dem Grundsatz der Wissenschaftsorientiertheit und der Berücksichtigung spezieller Erfordernisse ist noch keinesfalls vollständig. Um alle für die Schwerpunktbildung relevanten Festlegungen der Kollegkonzeption zu berücksichtigen, müßten die Überlegungen noch fortgesetzt werden, wie anderseits die schon aufgezählten Punkte weiterer Interpretationen bedürfen, bevor man mit ihnen konkret arbeiten kann. Gleichwohl ist doch eines schon an dieser Stelle klar: Ein Schwerpunkt kann »Fachkompetenz« nie im Sinne nur eines Faches auslegen. Immer wird der Schwerpunkt ein Ensemble von Disziplinen enthalten, aber nicht im Sinne eines Kanons, sondern strukturiert von dem Erfordernis einer

Leitdisziplin und des angestrebten Abschlusses mit dessen Randbedingungen. *Diese curriculare Strukturierung ist aber unmöglich vom Lernenden und seiner subjektiven Wahl zu leisten.* Darum kann die Tendenz zur Individualisierung des Lernens hier nur die Wahl des Schwerpunktes freigeben; die Schwerpunkte selber und damit die von ihnen repräsentierten Fachkompetenzen müssen durch zwingende curriculare Vorgaben definiert sein.

Verfahrensstrategie zur Festlegung von Schwerpunkten in einem Kolleg

Wenn vom Prinzip her alle Wissenschaften, auch bisher schulfremde, und alle der Berufsqualifizierung dienenden Technologien Leitdisziplin für Schwerpunktbildungen sein können, so ist klar, daß kein Kolleg alle nur denkbaren Möglichkeiten wird anbieten können. Die regionalen Bedingungen des Kollegstandortes, die Fachkompetenz der verfügbaren Lehrer und Ausbilder, die Einrichtungen und Hilfsmittel der zum Kolleg zusammengefaßten Schulen, Ausbildungsstätten und Jugendzentren, schließlich auch die Massierungen von Wahlentscheidungen der Kollegiaten werden das definitive Angebot von Schwerpunkten beeinflussen. Ungeachtet dieser Differenzen gilt generell, daß jedes Kolleg in einem ersten Arbeitsgang die Schwerpunkte festlegen muß, die im einzelnen ausgeführt, detailliert und als Angebot präsentiert werden sollen. Eine solche Festlegung kann nicht wahllos erfolgen, auch nicht rein additiv aus den gegebenen Randbedingungen. Sie verlangt vielmehr ihrerseits eine Legitimation, die nur aus der Gesamtkonzeption des Kollegs und seines Begründungskontextes gewinnbar ist. Nur unter der Voraussetzung einer so gesicherten Legitimation können dann die einzelnen Kollegs – in Verbindung mit den curricularen Ausarbeitungen des obligatorischen Angebotes und des der Kompetenzerweiterung zugeordneten Wahlbereichs – auch begründete Ausbaupläne vorlegen, also geltend machen, an welchen Stellen über die vorgegebenen Möglichkeiten hinaus Investitionen sinnvoll wären.

Es müssen also Kriterien für eine Verfahrensstrategie ermittelt werden. Ausgangspunkt müßte die Problematik sein, der die Kollegkonzeption eine deutliche Priorität einräumt, nämlich die Benachteiligung und Abseitsstellung der Berufsausbildung innerhalb des gesamten Bildungssystems zu überwinden. Von da aus bietet sich folgender Kriterienkatalog an:

(1) Allen beruflichen Erstqualifikationen auf der Ebene des gegenwärtigen dualen Systems im Einzugsbereich des Kollegs müssen Schwerpunkte korrespondieren. Dabei ist zunächst noch die Frage nach dem wechselseitigen Anteil der Lernorte Schule, Lehrwerkstatt und Betrieb unerheblich. Entscheidend ist vielmehr, daß der curriculare Aufbau des Systems von Schwerpunkten hier seinen Ausgang nimmt, dies freilich bei Berücksichtigung der lernortübergreifenden Reformen in der Berufsausbildung, insbesondere auch der Einführung des Berufsgrundbildungsjahres.

(2) Die Lehrgänge von beruflichen Vollzeitschulen, seien es gegenwärtige Vollzeitberufsschulen, Berufsfachschulen, Fachoberschulen oder gegebenenfalls auch zu assoziierende Fachschulen, sind auf die im ersten Schritt entstandenen Definitionen zu beziehen. Für den berufsqualifizierenden Bereich müssen alle zu einem Fachabschluß I führenden Schwerpunkte bruchlos in einen zum Fachabschluß II führenden Schwerpunkt bzw. in eine entsprechende Variante des gleichen Schwerpunktes übergehen können.

(3) Die Leitdisziplinen aus dem Ensemble der bereits festgelegten berufsqualifizierenden Schwerpunkte können nun auf die Möglichkeiten geprüft werden, aus ihnen studienqualifizierende Schwerpunkte zu entwickeln. Dabei ist sowohl zu erwägen, unter welchen Bedingungen eine bestimmte Berufsqualifikation die Studienberechtigung impliziert als auch, wie bestimmte Berufsabschlüsse durch Ergänzung zu Studienqualifikationen weitergeführt werden können.

(4) Fachgebiete, die in einem repräsentativen Teil der berufsqualifizierenden und studienbezogenen Schwerpunkte die Funktion von Grund- und Hilfsdisziplinen erfüllen, wie das voraussichtlich häufig für Mathematik, für eine moderne Fremdsprache, eventuell auch für andere Disziplinen der Fall sein wird, sind auf die Möglichkeit der Festlegung weiterer studienbezogener Schwerpunkte zu prüfen. Denn von hier aus ergeben sich vielfältige Kombinations- und Integrationsmöglichkeiten.

(5) Das als Obligatorik für ergänzende Studien ohnehin vom Kolleg bereitzustellende Lernangebot (Sprache, Politik, Mathematik, Spiel) ist daraufhin zu prüfen, ob es unter Berücksichtigung der übrigen Kollegsituationen sinnvoll zu studienqualifizierenden Schwerpunkten ausgelegt werden sollte.

(6) Wissenschaftliche Disziplinen, Musik, bildende Kunst und

Sport, sofern nicht schon als Konsequenz der vorausgegangenen Überlegungen aufgenommen, müssen unter Berücksichtigung der Gesamtsituation des Kollegs (z. B. Vorhandensein eines gut ausgebauten Studios) auf die Möglichkeit geprüft werden, als Leitdisziplin für studienbezogene Schwerpunkte zu dienen.

(7) Die Leitdisziplinen aus dem Ensemble aller studienqualifizierender Schwerpunkte sind auf die Möglichkeit der Definition berufsqualifizierender Schwerpunkte zu überprüfen. Dabei ist auch die Chance für neue, in der bisherigen Ausbildungsordnung nicht vorgesehene Berufsqualifikationen oder auch entsprechende Teilqualifikationen zu berücksichtigen. (So wäre beispielsweise denkbar, daß ein Schwerpunkt »moderne Fremdsprachen« zwar die Berufsqualifikation »Fremdsprachenkorrespondent« einschließt, sicherlich aber nicht die eines Übersetzers und Dolmetschers, doch kann der Schwerpunkt zweifellos tendenziell an solchen Zielsetzungen orientiert sein.) Jedenfalls sollte jeder studienbezogene Schwerpunkt einen wenigstens potentiellen Berufsbezug haben und Absolventen eine Berufschance als Alternative zum Studium eröffnen.

Die angedeutete Verfahrensstrategie soll nun noch an einem Beispiel illustriert werden. Um das Beispiel übersichtlich zu halten, wird die – für die Schwerpunktbildung – denkbar einfachste Situation angenommen, nämlich ein Kolleg mit einem sehr eingeschränkten Angebotsausschnitt, der nur mit anderen Angebotsausschnitten räumlich benachbarter Kollegs ein umfassendes Gesamtangebot bildet, ein Kollegtyp also, wie er für Stadtstaaten, Großstädte und Ballungszentren charakteristisch sein wird.

Wir gehen davon aus, daß die Kollegschule gebildet wird aus zwei gymnasialen Oberstufen mathematisch-naturwissenschaftlichen Zweiges mit etwa 600 Schülern und einer Fachberufsschule (mit Fachoberschule) für Elektrotechnik mit etwa 2000 gegenwärtigen Teilzeitberufsschülern und 500 Vollzeitschülern. Die für die Schwerpunktbildung in Frage kommenden Lernorte »Betrieb« und »Lehrwerkstatt« liegen ausschließlich im Bereich der Elektrotechnik. Im Einzugsbereich des Gesamtkollegs waren bisher, also vor der Kollegbildung, folgende Abschlußqualifikationen erreichbar: Elektromechaniker, Starkstromelektriker, Elektroinstallateur, Elektromaschinenbauer, Rundfunk-Fernsehtechniker, Fernmelder, Fachhochschulreife E-Technik, Allgemeine Hochschulreife.

Lösungsversuch:

– Bei Anwendung unseres *Kriteriums 1* ist die gegenwärtige Reform der elektrotechnischen Ausbildung zu berücksichtigen. Da für alle Elektroberufe eine einjährige Ausbildung in Werkstoffbearbeitung und in elektrotechnischen Grundlagen angesetzt ist, kann eine gemeinsame Schwerpunktentwicklung für die ganze Breite der Elektrotechnik beginnen. Die Differenzierung auf der Ebene des Fachabschlusses I folgt dann in den Bereichen Energietechnik, Nachrichtentechnik und Fernmeldetechnik. Es bietet sich an, diese drei Gebiete (oder nur Energie- und Nachrichtentechnik, wobei dann die Fernmeldetechnik in die Nachrichtentechnik einzuordnen wäre) als Akzentuierungen des Schwerpunktes zu definieren und durch Alternativangebote unterschiedliche elektrotechnische Berufsqualifikationen zu ermöglichen. Da die von der angenommenen Fachberufsschule bisher realisierten Ausbildungsgänge nur einen Teil der zugelassenen elektrotechnischen Ausbildungsberufe darstellen, muß geprüft werden, ob und inwieweit durch die Rückführung aller elektrotechnischen Ausbildungsgänge auf zwei oder drei Akzentuierungen und auf eine Stufung der Ausbildung die berufliche Chancengleichheit der in Industrie, im Handwerk und im öffentlichen Dienst zu elektrotechnischen Fachleuten Auszubildenden verbessert werden kann. Unter Zugrundelegung der für die Reform der elektrotechnischen Ausbildung von der Industrie vorgesehenen Bezeichnungen würden sich auf der Ebene des Fachabschlusses I (Facharbeiterabschluß) nach drei- bzw. dreieinhalbjähriger Ausbildung sieben spezielle Abschlüsse ergeben (*Energietechnik* = Elektromaschinenmonteur, Energieanlageelektroniker, Energiegeräteelektroniker; *Nachrichtentechnik* = Feingeräteelektroniker, Informationselektroniker, Funkelektroniker; *Fernmeldetechnik* = Fernmeldeelektroniker).
Die hier aufgezählten sieben Abschlüse sind selbstverständlich nur als Beispiele zu verstehen, ebenso wie hier jetzt offenbleibt, ob der Schwerpunkt »Elektrotechnik« auch auf berufliche Qualifikationen, für die die Elektrotechnik nur Teilbereiche ausmacht, akzentuiert werden soll, etwa auf Kraftfahrzeugelektriker oder auf Kaufleute aus dem Bereich des Elektrohandels. Entscheidungen dieser Art können nur in Absprache mit benachbarten Kollegs und unter Berücksichtigung regionaler Bedürfnisse getroffen werden. In jedem Fall aber müssen die Akzentuierungen auf der Ebene des Fachabschlusses I zwei Bedingungen genü-

gen: Sie müssen einerseits durch ihre Alternativangebote den speziellen Bedürfnissen der Ausbildung zu Facharbeitern der einzelnen Berufe genügen und durch Ausbildungsstufung auch den Erwerb von Teilqualifikationen ermöglichen, andererseits so aufgebaut sein, daß sie mit dem ganzen Umkreis der von ihnen verlangten Lernleistungen in die Anforderungen des Fachabschlusses II einbringbar sind.

– Die Anwendung der *Kriterien 2 und 3* muß dazu führen, die Akzentuierungen Energietechnik, Nachrichtentechnik und Fernmeldetechnik durch Ergänzung und Generalisierung zu einem Fachabschluß II »Technologie – Elektrotechnik« mit Studienqualifikation (gegenwärtige Fachhochschulreife und gegenwärtige allgemeine Hochschulreife) aufzustocken. Die Fachhochschulreife bereitet auf Studiengänge vor, die zum Ing. (grad.) führen. Von der Situation des angenommenen Kollegs aus wäre in erster Linie an Ingenieure der Fachrichtungen Elektronik, Starkstromtechnik, Nachrichtentechnik, Elektronik und Regeltechnik zu denken. Für eine entsprechende Vorbereitung sind die im Kolleg angesetzten berufsqualifizierenden Schwerpunkte besonders geeignet. Es gibt jedoch weitere Möglichkeiten, die – vom Fachhochschulbereich als Rückfrage an das Kolleg aufgeworfen – bedenkenswert erscheinen können. So gibt es z. B. den Ing. (grad.) Tontechnik, auch den Tontechniker und den Tonmeister. Vom Toningenieur sagt die Berufsbeschreibung, er »befasse sich überwiegend mit Problemen und Geräten der Tonfrequenztechnik ... und deren praktischer Anwendung. Seine Ausbildung ist teils elektrotechnischer, teils musikalischer Art. Der *Ausbildungsschwerpunkt liegt im technischen Teil,* der durch eine Fachhochschule vermittelt wird. Der musikalische Teil der Ausbildung wird in einem Konservatorium durchgeführt.« Von hier aus erscheint eine Akzentuierung auf Tonfrequenztechnik und Musik nicht so abwegig, wie es auf den ersten Blick erscheinen möchte. Voraussetzung dafür müßte freilich sein, daß in einem solchen die Hochschulreife einschließenden Fachabschluß II die sachangemessene Verbindung mit elektrotechnischer und elektronischer Ausbildung voll aufgenommen werden kann. Da »Musik« ohnehin für den Wahlbereich in jedem Kolleg als Angebot vorgesehen sein muß, würde sich hier die innerhalb des Schwerpunktes Elektrotechnik eröffnete Verbindung zur Musik motivationsverstärkend auswirken können. Nicht so eindeutig ist, wenn auch immerhin erwägenswert, ob auch die Vorbereitung auf Berufe wie Ing. (grad.) »Haushalts- und Ernährungstechnik« und

Energieberater vom Schwerpunkt »Elektrotechnik« aus akzentuiert werden sollten.

– In allen bisher festgelegten oder auch nur erwogenen Akzentuierungen des Schwerpunktes »Elektrotechnik« sind Physik und Mathematik mit so hohen Anteilen enthalten, daß auf diese beiden Disziplinen die Anwendung von *Kriterium 4* nicht zweifelhaft sein kann. Das Fach Physik ist so grundlegend, daß es sich vielleicht sogar anbietet, einen von hier aus akzentuierten Schwerpunkt als ersten detailliert auszuarbeiten und seine Vorgabe als ein Raster zu benutzen, an den ebenso die Varianten des Schwerpunktes »Elektrotechnik« anzuschließen hätten wie andere Akzentuierungen aus dem Umkreis der Naturwissenschaften.

– Unter dem Aspekt von *Kriterium 4* ist demgegenüber die gleiche Frage für das Fach Chemie schon schwieriger zu beantworten. Unter Berücksichtigung der Einrichtungen und des Sachverstandes, den die beiden gymnasialen Oberstufen einbringen, wird sie indessen positiv zu entscheiden sein, falls nicht in unmittelbarer Nähe des Kollegs ein anderes mit starker Bindung an Chemiefacharbeiter- und Laborantenausbildung angesiedelt sein sollte. Das Fach Biologie kann dagegen unter dem hier fraglichen Aspekt (Grund- und Hilfsdisziplinen für die bereits festgelegten berufsqualifizierenden Abschlüsse) kaum zur Schwerpunktbildung herangezogen werden. (Damit ist indessen noch nicht gegen »Biologie« als Leitdisziplin entschieden, weil die Frage ja noch einmal unter Kriterium 6 gestellt werden muß.)

Die moderne technologische Entwicklung ist nur bei Zugang zur angelsächsischen Literatur angemessen zu verfolgen. Schon allein aus diesem Grunde wird in allen Varianten der Schwerpunkte »Elektrotechnik« und »Naturwissenschaften« auch Englisch gelehrt werden. Ob daraus auch ein Schwerpunkt »Englisch« zu entwickeln wäre, scheint demgegenüber fragwürdig. Ein Schwerpunkt »Englisch« müßte sich auch auf andere moderne Sprachen auslegen, ja dieser Schwerpunkt könnte im Ernst nur »moderne Sprachen« heißen und würde demzufolge Konsequenzen nach sich ziehen, die die eingeschränkte Angebotsstruktur dieses Kollegs nicht einhalten könnte.

– Das *Kriterium 5* ergibt, daß aus dem obligatorischen Bereich die Mathematik schon gemäß Kriterium 4 berücksichtigt wurde. Für Sprache, Politik und Spiel wird gelten, was bereits zu »Englisch« eingewandt wurde. Unter bestimmten Bedingungen sind aber auch andere Folgerungen denkbar und sinnvoll. Welche

Überlegungen durchschlagend sein könnten, war oben unter einem anderen Gesichtspunkt bereits für »Musik«, die im Lernangebot des Wahlbereichs in jedem Kolleg enthalten sein muß, angedeutet worden. Die gleiche Überlegung könnte nun auch bei Anlegung von Kriterium 5 noch einmal wiederholt werden, weil ja »Musik« auch in dem obligatorischen Lernangebot »Spiel« subsumiert ist. Da »Musik« aber bereits im Schwerpunkt »Elektrotechnik« unter der Akzentuierung »Tonfrequenztechnik« berücksichtigt wurde, kann hier auf eine dahingehende Argumentation verzichtet werden.

Indessen könnten wir das Kriterium 5 für den hypothetischen Fall einer Entscheidung nutzen, die das obligatorische Lernangebot »Politik, Gesellschaftslehre« zum Aufbau eines studienbezogenen Schwerpunktes »Wirtschafts- und Sozialwissenschaften« heranzieht. Es wäre von folgenden Überlegungen auszugehen:

Die vorwiegend naturwissenschaftlich und technologisch orientierten Schwerpunkte berücksichtigen ökonomische und soziale Sachverhalte in der Sphäre der Produktion (innerbetrieblicher Wertekreislauf, die Unternehmung, Arbeitsschutz, Betriebssoziologie usw.). Im obligatorischen Lernfeld werden demgegenüber die sozioökonomischen Sachverhalte primär unter dem politischen Gesichtspunkt von Herrschaft und Distribution angesprochen. Da das Kolleg voraussichtlich keine Ausbildungsberufe des kaufmännisch-verwaltenden Sachfeldes berücksichtigt – es sei denn, daß der Schwerpunkt »Elektrotechnik« auch auf die Bedürfnisse des Elektrohandels akzentuiert wird, wie oben bei Erörterung des Kriteriums 1 als Eventualität angedeutet wurde – und jedenfalls keine sozialpädagogischen Berufe einbezieht und es auch nicht sinnvoll sein könnte, hier entsprechende Ausbildungsgänge neu zu schaffen, müßte der charakteristische Berufsbezug an einer anderen Stelle gesucht werden. Die Fachstruktur des Kollegs würde ja Möglichkeiten eröffnen, wie sie für wirtschaftswissenschaftliche Schwerpunkte in Kollegs im Umkreis der kaufmännisch-verwaltenden Berufsfelder oder für sozialwissenschaftliche Schwerpunkte in Kollegs im Umkreis sozialpädagogischer Berufsfelder nicht ohne weiteres gegeben sein mögen: Theorie der formalen Sprachen und der Formalisierung, mathematische Verfahren in den Wirtschaftswissenschaften (Ökonometrie, Operations-research), Entscheidungslogik, elektronische Datenverarbeitung und systemanalytisch angelegte Organisationslehre, statistisch und kybernetisch arbeitende Sozialtechnologien könnten in vielfacher Überschneidung mit dem elektrotechnischen Schwerpunkt gründlich thematisiert werden. Von da aus könnte dann umgekehrt ein Impuls auf die in allen Schwerpunkten notwendige interdisziplinäre Reflexion durch einen solchen zusätzlichen Schwerpunkt ausgehen. Denn bei einer entsprechenden Akzentuierung des Schwerpunktes Sozial- und Wirtschaftswissenschaften würde sich dann Begriff und Sachverhalt der »Technologie« in seiner Problematik entfalten lassen. Gegenüber dem traditionellen, eingeschränkten deutschen Begriffsverständnis von Technologie müßte dann der angelsächsische Sprachgebrauch, der Technologien als methodisch-rationale Verfahren der Systemsteuerung auffaßt, verstanden werden: Energieumwandlungstechnik – Informationstechnik – Organisationstechnik – Planungstechnik – Techniken der sozialen Lenkung.

– Bei Anwendung des *Kriteriums 6* wird sich die Frage stellen, ob das Fach »Biologie« als Leitdisziplin bei einer Schwerpunktakzentuierung herangezogen werden sollte. Da bereits gemäß Kriterium 4 für Physik und Chemie votiert wurde, bietet sich nunmehr an, einen Schwerpunkt »Naturwissenschaften« vorzusehen, der die Akzentuierungen »Physik«, »Chemie« oder »Biologie« erhält. Das ist sowohl von der Sachlogik her geboten als auch von dem entsprechenden Potential an Lehrkräften und Einrichtungen, wie sie mit den beiden gymnasialen Oberstufen dem Kolleg zugeführt werden, ebenso aber auch von dem zu erwartenden Wahlverhalten der Lernenden.

– Schließlich fordert das *Kriterium 7* die Rückführung der Überlegungen auf den Ausgangspunkt. Die Akzentuierung eines Schwerpunktes »Naturwissenschaften« auf »Physik«, »Chemie« und »Biologie« erfolgte zunächst nur unter dem Aspekt der Studienbezogenheit. Zwar ergeben sich von der Physik sehr weitgehende, von der Chemie einige Verbindungen und Überschneidungen zum Schwerpunkt »Elektrotechnik« in allen seinen Varianten, doch ist damit für diejenigen Lernenden, die bei Kollegeintritt sofort den Schwerpunkt »Naturwissenschaften« wählen, kein konkreter Berufsbezug eröffnet. Das muß vielmehr durch die Bindung des Schwerpunktes an eine labortechnische Grundausbildung erfolgen, der dann bei der Akzentuierung eine mögliche Qualifikation im jeweiligen Assistenten-/Laborantenberuf entsprechen muß. Eine analoge Überlegung käme für den Schwerpunkt »Mathematik« in Betracht, wobei hier freilich die Grundausbildung auch im elektrotechnischen Bereich denkbar wäre.

Nun wäre es kaum sinnvoll, das Ergebnis der Überlegungen streng in der Reihenfolge der Kriterien aufzulisten. Denn die Kriterien 6 und 7 haben auf bereits zuvor Erwogenes zurückverwiesen und eine Korrektur der Systematik nahegelegt. Die Auflistung erfolgt darum hier als eine systematische Zusammenfassung. Danach hätte unser angenommenes Kolleg mit vier Schwerpunkten zu arbeiten: Elektrotechnik, Naturwissenschaften, Mathematik, Wirtschafts- und Sozialwissenschaften. In der Auflistung führen diese Schwerpunkte (in Versalien) die Ziffern 1 bis 4. Für jeden Schwerpunkt ist ungeachtet seiner Varianten, Fachabschlüsse I und II usw. eine für alle Lernenden verbindliche Grundausbildung angesetzt. Für die Schwerpunkte »Elektrotechnik« und »Naturwissenschaften« sind unterschiedliche Grundausbildungen vorgesehen, für die Schwerpunkte »Mathematik« und »Wirtschafts- und Sozialwissenschaften« sind die beiden vorher genannten Formen von Grundausbildung alternativ zulässig, um auch von hier aus die enge Verbindung und Durchlässigkeit zwischen den Schwerpunkten zu unterstützen.

Die Schwerpunkte haben Akzentuierungen, die durch Leitdisziplinen gekennzeichnet sind (in der Auflistung in kursiv). Unterhalb dieser Akzentuierungen gibt es noch durch Alternativangebote die Möglichkeit verschiedener Abschlüsse, die freilich zugleich auch die Chance für Doppel- oder Mehrfachqualifikationen eröffnet. Ob beispielsweise die Akzentuierung »Physik« im Schwerpunkt »Naturwissenschaften« stets sowohl die Qualifikation zum physikalisch-technischen Assistenten als auch zum Studium enthält oder ob zwischen diesen beiden Abschlüssen ein Unterschied gemacht werden muß, ist nur nach detaillierter curricularer Ausarbeitung entscheidbar. Muß diese Frage auf der hier vorliegenden Stufe der Erwägungen offenbleiben, so ist doch eine andere Festlegung entschieden und für die curriculare Ausarbeitung als Vorgabe anzusehen: Die Studienqualifikationen über »Technologie–Elektrotechnik«, »Musik–Tonfrequenztechnik« und »Wirtschafts- und Sozialwissenschaften« sind auszulegen als Erweiterung der Fachabschlüsse I des Schwerpunktes »Elektrotechnik«.

Auflistung der Schwerpunkte und ihrer Varianten:

1.   ELEKTROTECHNIK
1.1 Elektrotechnische Grundausbildung
     (für alle Abschlüsse und Varianten verbindlich)

1.2 Fachabschluß I
(berufliche Erstqualifikation nach gemeinsamer Grundausbildung mit unterschiedlichen Differenzierungen und gemeinsamen Erweiterungsmöglichkeiten)
1.2.1 *Energietechnik*
(z. B.: Elektromaschinenmonteur, Energieanlagenelektroniker, Energiegeräteelektroniker)
1.2.2 *Nachrichtentechnik*
(z. B.: Feingeräteelektroniker, Informationselektroniker, Funkelektroniker)
1.2.3 *Fernmeldetechnik*
(z. B.: Fernmeldeelektroniker)
1.3 Fachabschluß II
1.3.1 *Technologie – Elektrotechnik* (studienbezogen)
1.3.2 *Musik – Tonfrequenztechnik* (studienbezogen)

2. NATURWISSENSCHAFTEN
2.1 Labortechnische Grundausbildung
(für alle Abschlüsse und Varianten verbindlich)
2.2 *Physik*
2.2.1 Physikalisch-technischer Assistent/Laborant
2.2.2 Physik (studienbezogen)
2.3 *Chemie*
2.3.1 Chemisch-technischer Assistent/Laborant
2.3.2 Chemie (studienbezogen)
2.4 *Biologie*
2.4.1 Biologisch-technischer Assistent/Laborant
2.4.2 Biologie (studienbezogen)

3. MATHEMATIK
3.1 Elektrotechnische oder labortechnische Grundausbildung (1.1 oder 2.1)
3.2 *Mathematik*
3.2.1 Computerassistent
3.2.2 Mathematik (studienbezogen)

4. WIRTSCHAFTS- UND SOZIALWISSENSCHAFTEN
4.1 Elektrotechnische oder labortechnische Grundausbildung (1.1 oder 2.1)
4.2 *Wirtschafts- und Sozialwissenschaften* (studienbezogen)
(Als Erweiterung von 1.2.1 bis 1.2.3 zu einer Fachqualifikation II, d. h. parallel zu 1.3.1 und 1.3.2, Zugang und Kombination aber auch über alle Varianten von 2 und 3 möglich)

Konstruktionsorientierungen für die Entwicklung eines Schwerpunktes

Nach der ersten, vorläufigen Bestimmung der Schwerpunkte, die die Angebotsstruktur eines Kollegs für den Lernbereich »Fachkompetenzen« ausmachen sollen, muß an die curriculare Ausarbeitung gegangen werden. Für sie sind zweckmäßigerweise mehrere Arbeitsschritte vorzusehen, weil einerseits vor jeder Detaillierung der Kurse nach Lernzielen und Lerninhalten der Schwerpunkt als Ganzes durchstrukturiert und dabei seine Integrationsfähigkeit mit anderen Schwerpunkten bedacht sein muß, andererseits die integrativen Möglichkeiten erst unter Berücksichtigung der Detaillierung genauer prognostizierbar sind. Wir wollen uns hier nur mit den Konstruktionsorientierungen beschäftigen, die es erlauben, auf der Grundlage der vorgegebenen Hypothesen für die im fraglichen Kolleg wünschenswerten Schwerpunkte eine entsprechende Kurszusammenstellung vornehmen und didaktisch begründen zu können. Die Schwerpunktbezeichnungen nennen jeweils eine Leitdisziplin, eine Wissenschaft oder Technologie, für die dann zwingende curriculare Vorgaben festzulegen sind. Unter dem Gesichtspunkt, daß das Einüben von Spezialisierung, wie es über die Schwerpunkte erfolgt, der Tendenz zur Fachborniertheit nur widerstehen kann, wenn zugleich auch deren Überwindung sichergestellt ist, führt die Bildungsratsempfehlung zur Sekundarstufe II fünf Kriterien auf. Demnach müssen Schwerpunkte

»– die Leitdisziplin didaktisch strukturieren,

– die Notwendigkeit von interdisziplinären Arbeiten im Bereich der Leitdisziplin voll aufnehmen,

– die fachlich notwendigen Voraussetzungen für die Leitdisziplin im Lernprogramm sichern,

– die Umsetzung und Verwertung von speziellen Wissenschaften und Technologien thematisieren,

– bzw. im umgekehrten Fall die berufsqualifizierenden Erfordernisse in den Lernbereich einordnen.«

Eine systematische Klassifizierung aller von der Kollegkonzeption an den curricularen Zusammenhang eines Schwerpunktes gestellten Anforderungen läßt deutlich drei Gruppen von Aspekten unterscheiden, nämlich *erstens* Aspekte, die sich aus der Struktur der Leitdisziplin des Schwerpunktes und ihrer didaktischen Auslegung auf ein spezifisches Ausbildungsinteresse ergeben; *zweitens* Aspekte, die das Interesse an der praktischen Prozeßbeherrschung stellt. Letztere erscheinen etwa als zusätzliche Fachgebiete, die als Hilfsdisziplinen benötigt werden, als Anwendungs- und Verwertungsgesichtspunkte, zu denen eine gesellschaftliche Nutzung von spezifischen Erkenntnissen führt, und als pragmatische Notwendigkeiten für die Berufsausbildung. *Drittens* stößt man schließlich auf Aspekte, die das Interesse an ko-

gnitiver Wissenschaftsverarbeitung aufgibt. Hier ist insbesondere
an die Förderung wissenschaftsorientierter Lernformen zu denken, wie sie auftauchen etwa in Gestalt von interdisziplinären
Aufgaben, kommunikativen Gesichtspunkten, die dem internationalen Charakter des wissenschaftlichen Gesprächs Rechnung
tragen, und grundlegenden Wissenschaftsbezügen der Technologien.

Um das Gemeinte nicht zu abstrakt zu belassen, soll auch hier,
wie bei der Verfahrensstrategie, der Sachverhalt an einem Beispiel erläutert werden. Zu diesem Zweck gehen wir von der gleichen Annahme aus wie bei der Erläuterung der Verfahrensstrategie, nämlich von dem gekennzeichneten Kolleg mit einem weit-
gehend auf naturwissenschaftliche und elektrotechnische Schwerpunkte eingeschränkten Lernangebot; das Ergebnis mit vier
Schwerpunkten sei akzeptiert, und es bestehe nun die Aufgabe,
unter den gegebenen Randbedingungen einen studienbezogenen
Schwerpunkt »Sozial- und Wirtschaftswissenschaften« zu entwickeln. Die Gründe, die für diese Entscheidung maßgeblich sein
dürften, obschon hier mit berufsqualifizierenden Schwerpunkten
des kaufmännisch-verwaltenden oder des sozialpädagogischen
Bereichs nicht gerechnet werden kann, waren oben bereits genannt worden (bei Verwendung des Kriteriums 5 der Verfahrensstrategie für die angenommene Kollegsituation).

Die erste zu beantwortende Frage ist die nach der Leitdisziplin.
Der Titel »Sozial- und Wirtschaftswissenschaften« ist zu weitläufig, als daß aus ihm sofort ein griffiges Strukturierungsprin-
zip für den Schwerpunkt gewonnen werden könnte. Wir erinnern uns darum der Hauptbedingung, die an die Aufnahme
dieses Schwerpunktes geknüpft war, nämlich Sozial- und Wirtschaftswissenschaften von dem Aspekt der Formalisierung und
Mathematisierung her anzugehen. Soll dieser Gesichtspunkt tatsächlich ein bestimmendes Prinzip, nicht nur ein Additum sein,
so müßte die Funktion eines Vorlaufes für die Leitdisziplin der
allgemeinen Regelungs- und Systemtheorie zufallen. Für den
ökonomisch-sozialen Sachbereich folgt daraus, die Organisationslehre mit dem Instrumentarium der elektronischen Datenverarbeitung thematisch zu machen. Das ermöglicht einen stärker integrativen Zusammenhang mit den elektrotechnischen Schwerpunkten, so daß Wechsel und Fortsetzung von elektrotechnischen
Schwerpunkten zum Schwerpunkt Sozial- und Wirtschaftswissenschaften auch bei einem bereits fortgeschrittenen Lernenden
ohne Zeitverlust möglich sein dürfte.

Diese Festlegung, von der Organisationslehre unter dem Gesichtspunkt der elektronischen Datenverarbeitung auszugehen, ist aber noch nicht identisch mit der erforderlichen inhaltlichen Strukturierung der Leitdisziplin. Die Regelungs- und Systemtechnik sind Typen formaler Theorien, d. h., sie können dem auf Sozial- und Wirtschaftswissenschaften bezogenen Schwerpunkt nur tendenziell die Art der Problemaufnahme anzeigen, nicht aber ein inhaltliches Auswahlkriterium bieten. Vor allem aber muß das über Formalisierung und Mathematisierung nutzbar zu machende Instrument sozialer Steuerung durchgehend in den Horizont einer problematisierenden Diskussion gestellt werden, wie sich das aus der Auflage »allgemeiner Strukturen« für den Schwerpunkt ergibt.

Die vom Empfehlungstext für die Schwerpunkte als erstes verlangte didaktische Rückführung der Leitdisziplin soll hier andeutungsweise über ein sogenanntes Strukturgitter versucht werden. Es sollen aus dem großen Bereich von Wirtschaftswissenschaft und Soziologie die Punkte identifiziert werden, die für die Kursauslegung der Schwerpunkte in Frage kommen könnten.

Es war bereits oben im Zusammenhang mit der Frage, ob aufgrund der vorgegebenen Verfahrensstrategie ein Schwerpunkt Sozial- und Wirtschaftswissenschaften sinnvoll sei, darauf hingewiesen, daß in den naturwissenschaftlich-technologischen Schwerpunkten des Kollegs sozioökonomische Probleme in der Sphäre der Produktion, im obligatorischen Lernfeld in der Sphäre von Distribution angesprochen würden. Wenn wir die Kategorien der Produktion und Distribution jetzt durch diejenige der Konsumtion ergänzen, bietet sich das ökonomische Kreislaufmodell als Dimensionierung einer vertikalen Strukturgitterachse an. Um von da aus die erforderliche praktische Problematisierung der Ausgangsfrage in den Grundraster einsetzen zu können, liegt es nahe, die ökonomischen Kategorien durch gesellschaftstheoretisch interpretierte Erkenntnisinteressen auslegen zu lassen, etwa durch eine zweckrational-technische, durch eine praktische dem ideologischen Selbstverständnis entsprechende und durch eine kritisch-problematisierende Betrachtungsweise. Werden diese Gesichtspunkte der Übersichtlichkeit halber horizontal geschrieben, so ergeben sich neun Felder. In ihnen drücken sich dann zwar noch nicht definitiv, aber doch tendenziell einige inhaltliche Bereiche aus, die in der Schwerpunktauslegung der Fächer Ökonomie und Soziologie vorkommen und in den sachlich gebotenen Zuordnungen berücksichtigt sind:

221

	zweck-rational technisch	praktisch-ideologisch	kritisch-problematisierend
I Produktion	Arbeit/ Kapital	Produktivität	Wachstums-fetischismus
II Distribution	Herrschaft/ Ordnung	soziale Gerechtigkeit	ungleiche Verteilung des Sozialprodukts
III Konsumtion	Reproduktion	Bedürfnisbefriedigung	Erzeugung von Ersatz-Bedürfnissen

Unter I wären nahegelegt makroökonomisch: Arbeitsverhältnis und Kapitalverwertung, ausgezogen bis zur Wachstumstheorie; mikroökonomisch: der innerbetriebliche Wertekreislauf in realer und monitärer Hinsicht, die betrieblichen Elementarfaktoren als Kombinationsprozesse und in rechnerischer Erfassung sowie die Arbeitsteilung; betriebssoziologisch und arbeitswissenschaftlich: Arbeits-Zeit-Studien, die aus Arbeitsteilung und Systemorganisation resultierenden Entfremdungsphänomene bei den arbeitenden Menschen, die Antwort darauf einerseits durch sozialtechnologische Maßnahmen der Betriebsleitung, anderseits durch Arbeitskampf und Mitbestimmung.

Unter II müßten sich dann die Themen zunächst auf makroökonomische Sachverhalte konzentrieren, auf die Grundstruktur von Wirtschaftsordnungen, auf Preis- und Konjunkturtheorie, dann daran anschließend eine Interpretation des Gesamtprozesses unter dem politischen Interesse an Wohlstandsökonomie und Kapitalismuskritik. Soziologie hätte dann eine Analyse von Grundformen der Gesellschaft, des sozialen Prozesses von Mobilität, Konflikt und Wandel mit einer Zuspitzung auf Schichtenlehre und Klassentheorie zur Geltung zu bringen.

Unter III läge der Ausgang beim öffentlichen und privaten Verbrauch. Die betriebswirtschaftlichen Konsequenzen in Gestalt von Marktforschung und Marketing, daran anschließend Probleme der Sozialpsychologie, der Werbung und der Manipulation von Verbraucherwünschen müßten berücksichtigt werden. Auf der anderen Seite müßten dann Ökonomie und Theorie des privaten Haushaltes, die begrenzten Möglichkeiten des Verbraucherschutzes und daraus zu ziehende politische Folgerungen thematisch werden.

Sind die Überlegungen bis zu diesem Ergebnis vorgedrungen, so stellt sich als nächstes die Frage nach den »Hilfsdisziplinen«. Aus dem vorgezogenen Prinzip (Organisationslehre unter dem Gesichtspunkt der elektronischen Datenverarbeitung) und der Auslegung von Ökonomie und Soziologie selber ergibt sich die zwingende Notwendigkeit, Mathematik im Schwerpunkt vorzusehen. Der Umfang muß so bemessen sein, daß die Analyse (Stetigkeit, Differenzierbarkeit, Differential- und Integralrechnung) sicher beherrscht wird und eine ausreichende Einführung in die lineare Optimierung, Statistik und Spieltheorie gesichert ist. Bei Berücksichtigung des gleichen Kriteriums »Hilfsdisziplinen« ist eine theoretische und praktische Ausbildung in elektrotechnisch-elektronischer Hinsicht nahegelegt. Um die Integration zu fördern, sollten die berufsqualifizierenden Schwerpunkte elektrotechnischer Art hier voll anrechenbar sein. Für Lernende, die keinen Berufsabschluß als Elektrotechniker nachweisen, müßten immerhin ein Minimum elektrotechnischer Ausbildung festgelegt und für das darüber hinausweisende Ausbildungsvolumen (im Verhältnis zu den vollen berufsqualifizierenden elektrotechnischen Schwerpunkten) Alternativen freigegeben werden (z. B. Naturwissenschaften oder ein zweite Fremdsprache).

Der kommunikative Aspekt, der dem internationalen Charakter des wissenschaftlichen Gesprächs Rechnung tragen soll, verlangt für diesen Schwerpunkt zweifellos die Beherrschung des angelsächsischen Schrifttums. Insofern muß Englisch als Fremdsprache obligatorisch sein.

Der interdisziplinäre Aspekt ist in diesem Schwerpunkt durch die Vorschaltung der System- und Regelungstheorie schon angelegt, dann auch durch die Strukturierung von Ökonomie und Soziologie begünstigt. Gleichwohl muß noch die Arbeit an Projekten hinzutreten, die ausdrücklich das Verhältnis von Maschinen-, Informations-, Organisations-, Planungs- und Sozialtechnik thematisieren und problematisieren. Alternativ könnten Textinterpretationen angeboten werden, etwa historisch-philosophische Auslegungen von sozioökonomischen Schriften, Interpretationen mathematischer Texte (Problem des Unendlichen, Paradoxien der Mengenlehre, Axiomatisierung), Einführung in die Prädikatenlogik oder in algorithmische Sprachen.

Tabellarisch könnte demnach folgende Aufstellung notiert werden:

1. *Regelungs- und Systemtheorie*
   Organisationslehre (Aufbau- und Ablauforganisation)
   Elektronische Datenverarbeitung
   Optimierungsverfahren
   Operations research

2. *Ökonomie/Soziologie*
   (I) *Produktion*
      Arbeitsverhältnis/Kapitalverwertung
      Wachstumstheorie
      Innerbetrieblicher Wertekreislauf
      Betriebliche Elementarfunktionen
      Arbeitsteilung
      Arbeits-Zeit-Studien
      Entfremdungsphänomene
      Techniken der human relations
      Arbeitskampf/Mitbestimmung
   (II) *Distribution*
      Wirtschaftsordnungen
      Preistheorie/Konjunkturtheorie
      Wohlfahrtsökonomie/Kapitalismuskritik
      Grundformen der Gesellschaft
      Der soziale Prozeß
      Schichtenlehre/Klassentheorie
   (III) *Konsumtion*
      Öffentlicher und privater Verbrauch
      Marktforschung/Marketing
      Sozialpsychologie der Werbung
      Ökonomie und Theorie des privaten Haushalts
      Verbraucherschutz

3. *Mathematik*
   Analysis
   Lineare Optimierung, Statistik, Spieltheorie

4. *Elektrotechnik*
   Grundlagen der Elektrotechnik

5. *Alternativen*
   Berufsqualifizierende Kurse aus dem elektrotechnischen Schwerpunkt: Physik
   oder:
   Fremdsprache 2

6. *Fremdsprache 1*
   Englisch

7. *Interdisziplinäre Methodenlehre*
   a) Technologische Steuerung in verschiedenen Bereichen – vergleichende Analysen
   b) Durchführung eines technisch-ökonomisch-politischen Projektes

c) Alternativen:
   philosophisch-historische Interpretation
   sozioökonomischer Texte
   oder:
   Interpretation mathematischer Texte
   oder:
   Einführung in die Prädikatenlogik
   oder:
   Algorithmische Sprachen

Die vorstehende Auflistung von Themen und Bereichen aus unterschiedlichen Disziplinen, die hier zu einem sachlogisch und didaktisch verbundenen Schwerpunkt zusammengestellt sind, stellen noch keine Schwerpunktentwicklung dar, sondern nur eine Vorüberlegung dazu. Denn weder sind hier Lernziele und Lerninhalte im Sinne von Elementen eines Baukastensystems (Kursen) ausgewiesen, noch ist eine Zuordnung zu Lernorten oder eine zeitliche Folgerung für den Lerndurchgang festgelegt worden. Das gehört in die curriculare Detaillierung und die Bestimmung der Kursarten innerhalb des Schwerpunktes. Das Beispiel sollte demgegenüber nur illustrieren, daß und warum die Nennung einer Leitdisziplin noch nicht die Lösung als selbstverständlich voraussetzen darf, daß vielmehr eine wie auch immer begründete Strukturierung unausweichlich ist, um die Konstruktionsorientierung ansetzen zu können.

Um Mißverständnisse zu vermeiden, ist aber auf einige Voraussetzungen aufmerksam zu machen, die für das vorliegende Beispiel eines Schwerpunktes »Wirtschafts- und Sozialwissenschaften« gemacht wurden. Der fragliche Schwerpunkt ist analog zu den Fachabschlüssen II des Schwerpunktes Elektrotechnik (»Technologie-Elektrotechnik« und »Musik-Tonfrequenztechnik«) als eine Erweiterung der Fachabschlüsse I des elektrotechnischen Schwerpunktes angelegt. Die tabellarische Aufstellung der den Schwerpunkt ausmachenden Themen mag zunächst übertrieben wirken. Aber man muß sich verdeutlichen, daß ein Lernender, der einen Fachabschluß I im Schwerpunkt »Elektrotechnik« erworben hat, durch seine Lernleistungen im Schwerpunkt und im obligatorischen Lernfeld bereits wesentliche Teile dieses Ergänzungsschwerpunktes abdeckt, ganz abgesehen von dem Fall, daß er auch den Wahlbereich für diesen Zweck mit herangezogen hat. So sind auf jeden Fall die Punkte 4 (Grundlagen der Elektronik) und 5 (Berufsqualifizierende Kurse Elektrotechnik) vollständig durch einen Fachabschluß I im Schwerpunkt »Elektrotechnik« anrechenbar, ebenso einzelne Teile der Punkte

1 (Regelungs- und Systemtheorie), 2 (I) (Ökonomie/Soziologie in der Sphäre der Produktion), 3 (Mathematik) und 6 (Englisch). Aus dem obligatorischen Lernfeld »Politik, Gesellschaftslehre« sind einige Aspekte des Punktes 2 (II) (Ökonomie/Soziologie in der Sphäre der Distribution) bereits durch Lernleistungen belegt. Eine genaue quantitative Zuordnung ist natürlich erst möglich, wenn die verschiedenen Schwerpunkte und das obligatorische Lernfeld curricular detailliert sind. Tendenziell aber kann auch schon auf dieser vorläufigen Stufe der Erörterungen ausgesagt werden, daß ein Fachabschluß II im Schwerpunkt »Wirtschafts- und Sozialwissenschaften« im Anschluß an einen Fachabschluß I des Schwerpunktes »Elektrotechnik« innerhalb eines Jahres erreichbar sein müßte.

Eine genaue Auflistung der Lernziele und Lerninhalte des gesamten Schwerpunktes, also einschließlich der Teile, die aufgrund vorausgegangener Lernleistungen bis zu einem Fachabschluß I anrechenbar sind, ist freilich in jedem Fall empfehlenswert. Denn die Strukturierung des Schwerpunktes kann nur bei einem Gesamtüberblick gelingen; darüber hinaus aber sind natürlich auch andere mögliche Zugangsarten zu bedenken. Bei dem von uns angenommenen Kolleg können selbstverständlich auch Lernende, die zunächst in den Schwerpunkten »Naturwissenschaften« und »Mathematik« begonnen haben, zum Schwerpunkt »Wirtschafts- und Sozialwissenschaften« überwechseln, ebenso wie von Lernenden aller Schwerpunkte der Wahlbereich zum Aufbau eines zweiten Schwerpunktes genutzt werden kann. Für alle diese Möglichkeiten muß der Zusammenhang des Schwerpunktes und seiner Anforderungen im ganzen transparent sein, auch wenn er in der Regel in Form von Ergänzungsstudien absolviert wird.

ANMERKUNGEN

Die Anmerkungen beschränken sich auf den Nachweis direkter Zitate und den gelegentlichen Hinweis auf solche Schriften, die im Literaturverzeichnis nicht erfaßt sind, weil sie nicht in dessen systematischen Zusammenhang fallen. Die Publikationen, auf die sich der Text vorwiegend bezieht, sind im Literaturverzeichnis aufgeführt, nach wissenschaftlichem Standort und Problemstellung eingeordnet, so daß die von uns behandelten Arbeiten leicht zu finden sind, wie umgekehrt zu den verschiedenen Aspekten der Didaktik die jeweils maßgebliche Literatur oder zumindest doch ein einführendes Werk festgestellt werden kann.

1 Siegfried *Bernfeld*, Sisyphos oder Die Grenzen der Erziehung, Leipzig-Wien-Zürich, 1925; Nachdruck: Frankfurt a. M. 1967.

2 Paul *Heimann*, Didaktik als Theorie und Lehre, in: Die Deutsche Schule, 1962, S. 412.

3 Vgl. Hartmut *Vogt*, Bildung für die Zukunft. Entwicklungstendenzen im deutschen Bildungswesen in West und Ost, Göttingen 1967.

4 Vgl. Günter *Schulz-Benesch*, Der Streit um Montessori. Kritische Nachforschungen zum Werk einer katholischen Pädagogin von Weltruf. Mit einer internationalen Montessori-Bibliographie, Freiburg-Basel-Wien 1962[2].

5 Vgl. Peter *Menck*, Die Erziehung der Jugend zur Ehre Gottes und zum Nutzen des Nächsten. Untersuchung der Begründung und Intentionen der Pädagogik August Hermann Franckes, Wuppertal 1969.

6 Karl *Erlinghagen*, Grundfragen katholischer Erziehung, Freiburg 1963.

7 Vgl. Hans *Bokelmann*, Maßstäbe pädagogischen Handelns, Würzburg 1965, S. 44 ff.

8 Christine *Möller*, Zur Methodik der Lehrplanaufstellung, in: Bildung und Erziehung, 1966. Es ist anzumerken, daß Christine Möller ihre These von der Deduzierbarkeit später ausdrücklich relativiert hat. Vgl.: Chr. *Möller*, Technik der Lernplanung, Weinheim 1973, S. 82.

9 Zur Kritik der normativen Didaktik vgl. die ausführlichen Analysen zur sogenannten Deduktionsproblematik in älteren und ganz modernen Konzeptionen, die Hilbert L. *Meyer* durchgeführt hat: Einführung in die Curriculum-Methodologie, München 1974[2].

10 Wolfgang *Klafki*, Studien zur Bildungstheorie und Didaktik, Weinheim 1965[7], S. 92.

11 Zum »empiristischen Sinnkriterium« vgl. Wolfgang *Stegmüller*, Hauptströmungen der Gegenwartsphilosophie, Stuttgart 1965[3], S. 380 ff. und S. 402 ff.

12 Eduard *Spranger*, Berufsbildung und Allgemeinbildung (1922), jetzt in: Die Bildungsfrage in der modernen Arbeitswelt, hg. von

H. *Röhrs*, Frankfurt a. M. 1967[2], S. 26; zur Interpretation der Sprangerschen Bildungstheorie vgl. Herwig *Blankertz*, Berufsbildung und Utilitarismus, Düsseldorf 1963, S. 108 ff.

13 Josef *Derbolav*, Die Stellung der pädagogischen Psychologie im Rahmen der Erziehungswissenschaft, in: Handbuch der Psychologie, Band 10, Göttingen 1959, S. 25.

14 Vgl. Herman *Nohl*, Die Pädagogische Bewegung in Deutschland und ihre Theorie, Frankfurt a. M. 1949, S. 144/145; Erich *Weniger*, Didaktik als Bildungslehre, Teil I: Theorie der Bildungsinhalte und des Lehrplans, Weinheim 1952, S. 54.

15 Diese Intention wird der Pädagogik gelegentlich auch von sozialwissenschaftlicher Seite bestätigt; vgl. Jürgen *Habermas*, Pädagogischer »Optimismus« vor Gericht einer pessimistischen Anthropologie, in: Neue Sammlung, 1961, S. 257: »Im Bildungsprozeß, und nur in ihm, ist die Mündigkeit der Unmündigen vorweggenommen; unter der Vorgabe der Erziehenden und im Schonraum eines von den großen gesellschaftlichen Spannungen weithin entlasteten Erziehungsfeldes ist den Kindern die Chance gegeben, unvertretbar für sich selbst zu handeln, das Lernen zu lernen, eben: unter der Obhut vorgeschossener Mündigkeit mündig zu werden – in dem von Kant unverlierbar festgehaltenen Sinn der ›Aufklärung‹.«

16 Martin *Buber*, Reden über die Erziehung, Heidelberg 1956, S. 46.

17 Wolfgang *Klafki*, Studien zur Bildungstheorie und Didaktik, Weinheim 1965[7], S. 43.

18 Josef *Derbolav*, Die Stellung der pädagogischen Psychologie im Rahmen der Erziehungswissenschaft, in: Handbuch der Psychologie, Band 10, Göttingen 1959, S. 19.

19 Vgl. Jürgen *Habermas*, Erkenntnis und Interesse, in: Merkur 1965.

20 Josef *Derbolav*, a. a. O., S. 23.

21 Vgl. Josef *Derbolav*, Versuch einer wissenschaftstheoretischen Grundlegung der Didaktik, in: 2. Beiheft der Zeitschrift für Pädagogik, 1960.

22 Vgl. Wolfgang *Klafki*, Zur Diskussion über Probleme der Didaktik, in: Rundgespräch, 1967, S. 135/136.

23 Felix *v. Cube*, Kybernetische Grundlagen des Lernens und Lehrens, Stuttgart 1965, S. 172.

24 Bernhard *Möller*, Analytische Unterrichtsmodelle, München 1966, S. 125.

25 Vgl. Werner S. *Nicklis*, Kybernetik und Erziehungswissenschaft, Bad Heilbrunn 1967, S. 216.

26 Vgl. Helmar *Frank*, Ansätze zum algorithmischen Lehralgorithmieren, in: Lehrmaschinen in kybernetischer und pädagogischer Sicht, Band 4, Stuttgart-München 1966, S. 73.

27 Das hier folgende Beispiel »Elektrodynamik« verdanke ich Klaus Dieter Graf, dem ich dafür zu besonderem Dank verpflichtet bin.

28 Ross *Ashby*, An Introduction of Cybernetics, London 1963[5], S. V.

29 Felix *v. Cube*, a. a. O., S. 107.

30 Mortimer *Taube*, Der Mythos der Denkmaschine, Hamburg 1966, S. 46.

31 Karl *Steinbuch*, Automat und Mensch, Berlin 1965[3].

32 Theodor W. *Adorno*, Negative Dialektik, Frankfurt a. M. 1966, S. 213/214.

33 Vgl. Ralf *Dahrendorf*, Homo Sociologicus, Köln-Opladen, 1964[4].

34 Vgl. Bella K. *Milmed*, Kant & Current Philosophical Issues: Some Modern Developments of his Theory of Knowledge, New York 1961.

35 Vgl. Jürgen *Ritsert*, Handlungstheorie und Freiheitsantinomie, Berlin 1966.

36 Karl *Steinbuch*, a. a. O., S. 372.

37 Karl *Steinbuch*, a. a. O., S. 407.

38 Immanuel *Kant*, Über Pädagogik, Kamps pädagogische Taschenbücher, Heft 5, S. 40.

39 Bernhard *Möller*, Analytische Unterrichtsmodelle, München 1966, S. 183.

40 Erich *Weniger*, Didaktische Grundlagen des Geschichtsunterrichts, in: Didaktik als Bildungslehre, Teil II: Didaktische Voraussetzungen der Methode in der Schule, Weinheim 1960, S. 40.

41 Vgl. Gisela *Blankertz*, Leitbild und Unterrichtsziel, in: Vierteljahrsschrift für wissenschaftliche Pädagogik, 1967.

42 Paul *Heimann*, a. a. O., S. 418.

43 Vgl. Georg *Geißler* (Hg.), Das Problem der Unterrichtsmethode, Kleine Pädagogische Texte 18, Weinheim o. J.; Peter *Menck*/ Gösta *Thoma* (Hg.), Unterrichtsmethode, München 1972.

44 Heinrich *Roth*, Pädagogische Psychologie des Lehrens und Lernens, Hannover 1965[8], Kapitel VII.

45 Vgl. Herwig *Blankertz*, Der Begriff der Pädagogik im Neukantianismus, Weinheim 1959, S. 66 ff.

46 Hellmut und Rosmarie *Kober*, Gruppenarbeit in der Praxis, Frankfurt a. M. 1965[2].

47 Günter *Hartfiel*, Soziale Strukturen als Bedingung didaktischer Entscheidungen, in: *Northemann*, Otto, Geplante Information, Weinheim 1969, S. 187 ff.

48 Wolfgang *Schulz*, Unterricht – Analyse und Planung, Hannover 1965, S. 40.

49 Vgl. Jürgen *Habermas*, Theorie und Praxis, Neuwied 1963, S. 250.

50 Wolfgang *Schulz*, Unterricht zwischen Funktionalisierung und Emanzipationshilfe, in: H. Ruprecht u. a. (Hg.), Modelle grundlegender didaktischer Theorien, Hannover 1972, S. 162.

51 Wolfgang *Schulz*, Unterricht – Analyse und Planung, Hannover 1965, S. 17.

52 Wolfgang *Schulz*, wie Anmerkung 50, S. 163.

53 Wilfried *Breyvogel*, Die Didaktik der »Berliner Schule« – kritisiert, in: betrifft:erziehung 1972/6.

54 Vgl. Erich *Weniger*, Zur Geistesgeschichte und Soziologie der pädagogischen Fragestellung, in: Erziehungswissenschaft und Erziehungswirklichkeit, hg. von H. *Röhrs*, Frankfurt a. M. 1964.

55 Josef *Dolch*, Vom Werden des gymnasialen Lehrplans, in: Die

Herausforderung der Schule durch die Wissenschaften, Festgabe für Fritz Blättner, Weinheim 1966, S. 57.

56 Vgl. Josef *Derbolav*, Das »Exemplarische« im Bildungsraum des Gymnasiums, Düsseldorf 1957.

57 D. *Tonner*, Schools for Youth, New York 1965, S. 214, hier zitiert nach: Klaus *Huhse*, Theorie und Praxis der Curriculumentwicklung, Studien und Berichte des Instituts für Bildungsforschung in der Max-Planck-Gesellschaft, Band 13, Berlin 1958, S. 13.

58 Erich *Weniger*, Didaktik als Bildungslehre, Teil I: Theorie der Bildungsinhalte und des Lehrplans, Weinheim 1965[8], S. 33.

59 Erich *Weniger*, a. a. O., S. 62.

60 Vgl. Wolfgang *Klafki*, Didaktik, in: Geisteswissenschaftliche Pädagogik am Ausgang ihrer Epoche – Erich Weniger, hg. von Ilse *Dahmer* und Wolfgang *Klafki*, Weinheim 1968.

61 Vgl. Heinrich *Roth*, Stimmen die deutschen Lehrpläne noch?, in: Die Deutsche Schule, 1968.

62 Theodor *Wilhelm*, Theorie der Schule, Stuttgart 1967, S. 250.

63 Theodor *Wilhelm*, a. a. O., S. 258.

64 Wolfgang *Kramp*, Fachwissenschaft und Menschenbildung, in: Zeitschrift für Pädagogik, 1963.

65 Heinrich *Roth*, a. a. O., S. 72.

66 Vgl. Bernhard *Barber*, Social Stratification, New York 1957; M. L. *Kohn*, Social Class and the Exercise of Parental Authority, in: American Sociological Review, 1959.

67 Vgl. Theodor *Sander* / H. G. *Rolff* / G. *Winkler*, Die Demokratische Leistungsschule, Hannover 1967, S. 63.

68 Saul B. *Robinsohn*, Bildungsreform als Revision des Curriculum, Neuwied 1967, S. 23 ff.

69 Hans *Thiersch*, Hermeneutik und Erfahrungswissenschaft, in: Die Deutsche Schule, 1966.

70 Vgl. Hans Dieter *Haller*, Prozeßanalyse der Lehrplanentwicklung in der BRD, Diss., Konstanz 1973.

71 Vgl. Ernst *Topitsch*, Zeitgenössische Bildungspläne in sprachkritischer Betrachtung, in: Schule und Erziehung, ihr Problem und ihr Auftrag in der industriellen Gesellschaft, Berlin 1960. Kurt *Fachinger*, Müssen Richtlinien so sein?, in: Neue Sammlung, 1966. Gunter *Otto*, Die Misere mit den Lehrplänen, in: Kunst und Unterricht, 1968; Heinrich *Roth*, Stimmen die deutschen Lehrpläne noch?, in: Die Deutsche Schule, 1968.

72 Ernst *Topitsch*, a. a. O., S. 128/129.

73 Vgl. Eugen *Kogon* (Hg.), Hessenforum: Rahmenrichtlinien, Gesellschaftslehre, Frankfurt a. M. 1974; *Jeismann/Kosthorst*, Geschichte und Gesellschaftslehre, in: Geschichte in Wissenschaft und Unterricht 1973.

74 Schulrecht/Baden-Württemberg III B II, S. 2 (Ergänzbare Sammlung der Vorschriften für Schule und Schulverwaltung).

75 Schulrecht/Nordrhein-Westfalen 31 A, S. 22.

76 Schulrecht/Baden-Württemberg III B IV, S. 93.

77 Schulrecht/Baden-Württemberg III B I, S. 200.

78 Schulrecht/Schleswig-Holstein III B IV, S. 20.

79 Rheinland-Pfalz, in: Heinrich *Höltkemeier,* Die berufsbildenden Schulen, Recht, Verwaltung, Organisation, 653, S. 1–2.
80 Nordrhein-Westfalen, in: H. *Höltkemeier,* a. a. O., 656, S. 13.
81 Schulrecht/Rheinland-Pfalz III B V, S. 187.
82 Schulrecht/Baden-Württemberg III B V, S. 86.
83 Schulrecht/Hessen III A II, S. 338 f.
84 Robert F. *Mager,* Lernziele und Programmierter Unterricht, Weinheim 1965, S. 15.
85 Hilbert L. *Meyer,* Trainingsprogramm zur Lernzielanalyse, Frankfurt a. M. 1974, S. 58.
86 Vgl. J. A. *Fodor/*J. J. *Katz* (Eds.), The Structure of Language, Englewood Cliffs 1964.
87 N. *Chomsky,* A Review of B. F. Skinner's »Verbal Behaviour«, in: *Fodor/Katz* a. a. O., S. 547 ff.
88 J. *Bennet,* Rationality, London 1964.
89 Jürgen *Habermas,* Zur Logik der Sozialwissenschaften, Frankfurt a. M. 1970, S. 159.
90 *Deutscher Bildungsrat:* Empfehlungen der Bildungskommission, Strukturplan für das Bildungswesen, Bonn 1970, S. 78 ff.
91 Kollegstufe NW, Heft 17 der Schriftenreihe des Kultusministers zur Strukturförderung im Bildungswesen des Landes Nordrhein-Westfalen, Ratingen/Düsseldorf 1972, 1974[2].
92 Vgl. Herwig *Blankertz,* Bildung im Zeitalter der großen Industrie, Hannover 1969.
93 Ralf *Dahrendorf,* Bildung ist Bürgerrecht, Hamburg 1956, S. 26; bei *Robinsohn* a. a. O., S. 7.
94 Saul B. *Robinsohn,* a. a. O., S. 8.
95 Theodor *Wilhelm,* Theorie der Schule, Stuttgart 1967, S. VIII.
96 Hilbert L. *Meyer,* Einführung in die Curriculum-Methodologie, München 1972, 1974[2].
97 Siegfried *Bernfeld,* Sisyphos oder die Grenzen der Erziehung (1925), Frankfurt a. M. 1970, S. 98.
98 Vgl. im Lit.-Verzeichnis die Angaben unter 8.233.
99 Vgl. Herwig *Blankertz,* Arbeitslehre in der Hauptschule (neue pädagogische bemühungen 29), Essen 1969[3].
100 Wolfgang *Klafki* war Vorsitzender einer vom Kultusminister des Landes Nordrhein-Westfalen eingesetzten Kommission, deren Ergebnisse veröffentlicht wurden in: Grundsätze, Bildungspläne, Richtlinien zur Neuordnung der Hauptschule in Nordrhein-Westfalen = H. 4 der Schriftenreihe des Kultusministers, Ratingen 1967; vgl. dazu: Jörg *Ruhloff,* Analytische und kritische Notizen zur Konzeption des Faches Arbeitslehre in der Hauptschule Nordrhein-Westfalen, in: Vierteljahrsschrift für wissenschaftliche Pädagogik 1968.
101 Vgl. Wolfgang *Lempert,* Leistungsprinzip und Emanzipation, Frankfurt a. M. 1971; Wolfgang *Lempert,* Berufliche Bildung als Beitrag zur gesellschaftlichen Demokratisierung, Frankfurt a. M. 1974.
102 Vgl. Th. *Sander/*H. G. *Rolff/*G. *Winkler,* Die demokratische Leistungsschule. Zur Begründung und Beschreibung der differenzierten Gesamtschule, Hannover 1967, 1971[3].

103 Georg *Groth*, Zur Didaktik der Arbeitslehre, in: H. *Blankertz*, Arbeitslehre in der Hauptschule, Essen 1968[3].

104 Das hier wiedergegebene Strukturgitter entstammt einer korrigierten Fassung; vgl. Georg *Groth*, Entwurf, in: V.-J. *Kledzik* (Hg.), Arbeitslehre als Fach, Hannover 1972.

105 Vgl. im Lit.-Verzeichnis die Angaben unter 8.233.

106 Vgl. H. *Blankertz*/D. *Claessens*/F. *Edding*, Ein zentrales Forschungsinstitut für Berufsbildung? Gutachten im Auftrage des Senators für Arbeit und soziale Angelegenheiten des Landes Berlin, Berlin 1966, Kapitel 3: Berufsprognose; C. *Vimont*, La prévision de l'emploi dans le cadre du Ve Plan en France, in: Population, 1966.

107 Adolf *Kell*, Didaktische Matrix – Konkretisierung des didaktischen Strukturgitters für den Arbeitslehreunterricht, in: H. *Blankertz*, Curriculum-Forschung – Strategien, Strukturierung, Konstruktion, Essen 1971; vgl. aber auch: Hermann *Lange*, Kritik der didaktischen Matrix, a. a. O.

108 Vgl. zu beiden Empfehlungstexten:
Münsteraner Arbeitsgruppe, Integrierte Sekundarstufe II – Modell der Oberstufe eines demokratischen Bildungswesens im Lichte der Empfehlung der Bildungskommission des Deutschen Bildungsrates, in: Zeitschrift für Pädagogik 1974.

SYSTEMATISCHES LITERATURVERZEICHNIS*

1. Wissenschaftstheorie

1.1 Diskussion in den Sozialwissenschaften

1.11 Hermeneutische und dialektische Wissenschaftstheorie

Hans Georg *Gadamer*, Wahrheit und Methode, Tübingen 1960; Jürgen *Habermas*, Zur Logik der Sozialwissenschaften, Frankfurt a. M. 1970; Alfred *Schmidt* (Hg.), Beiträge zur marxistischen Erkenntnistheorie, Frankfurt a. M. 1969

1.12 Empirisch-analytische Wissenschaftstheorie

Karl R. *Popper*, Conjectures and refutations, London 1963; Hans *Albert*, Traktat über kritische Vernunft, Tübingen 1968; Wolfgang *Stegmüller*, Probleme und Resultate der Wissenschaftstheorie und Analytischen Philosophie, Berlin/New York 1969 f.

1.13 Positivismusstreit und Sozialtechnologie

Theodor W. *Adorno* (Hg.), Der Positivismusstreit in der deutschen Soziologie, Neuwied 1969; Jürgen *Habermas*/Niklas *Luhmann*, Theorie der Gesellschaft oder Sozialtechnologie, Frankfurt a. M. 1971

1.14 Ideologie – Ideologiekritik

Kurt *Lenk* (Hg.), Ideologie, Ideologiekritik und Wissenssoziologie, Neuwied-Berlin 1967[3]; Hans Joachim *Lieber*, Philosophie, Soziologie, Gesellschaft, Berlin 1965; *Apel/Bormann/Bubner/Gadamer/Giegel/Habermas*, Hermeneutik und Ideologiekritik, Frankfurt a. M. 1971

1.2 Diskussion in der Erziehungswissenschaft

1.21 Pädagogik als Geisteswissenschaft

Erich *Weniger*, Zur Geistesgeschichte und Soziologie der pädagogischen Fragestellung – Prolegomena zu einer Geschichte der pädagogischen Theorie (1936), jetzt in: Erziehungswissenschaft und Erziehungswirklichkeit, hg. von Hermann *Röhrs*, Frankfurt a. M. 1964; Erich *Weniger*, Die Eigenständigkeit der Erziehung in Theorie und Praxis, Weinheim 1964[3]; Wilhelm *Flitner*, Das Selbstverständnis der Erziehungswissenschaft in der Gegenwart, Heidelberg 1966[4]; Ilse *Dahmer*/Wolfgang *Klafki* (Hg.), Geisteswissenschaftliche Pädagogik am Ausgang ihrer Epoche, Weinheim 1968

1.22 Pädagogik als positivistische Erfahrungswissenschaft

Wolfgang *Brezinka*, Von der Pädagogik zur Erziehungswissenschaft, Weinheim 1971

1.23 Pädagogik als kritische Theorie

Klaus *Mollenhauer*, Theorien zum Erziehungsprozeß, München 1972, 1974[2]

* Vgl. die Vorbemerkungen zu den Anmerkungen, S. 227

1.24 *Das Verhältnis der gegenwärtigen Pädagogik zu den anderen Wissenschaften vom Menschen*
Heinrich *Roth*, Pädagogische Anthropologie, Band I: Bildsamkeit und Bestimmung, Hannover 1966; Band II: Entwicklung und Erziehung, Hannover 1971

1.25 *Zum Normenproblem*
Hans *Bokelmann*, Maßstäbe pädagogischen Handelns, Würzburg 1965; Peter *Zedler*, Zur Logik von Legitimationsproblemen, München 1976

2. Sammelwerke mit Beiträgen zur Didaktik aus unterschiedlichen theoretischen Ansätzen
Rudolf *Messner*/Horst *Rumpf* (Hg.), Didaktische Impulse, Wien 1971; *Ruprecht/Beckmann/v. Cube/Schulz*, Modelle grundlegender didaktischer Theorien, Hannover 1972; Detlev C. *Kochan* (Hg.), Allgemeine Didaktik, Fachdidaktik, Fachwissenschaft, Darmstadt 1972; Peter *Menck*/Gösta *Thoma* (Hg.), Unterrichtsmethode, München 1972; Werner *Faber* (Hg.), Das Problem der Didaktik, München 1973

3. Bildungstheoretische Didaktik
3.1 *Geisteswissenschaftliche Schule*
3.11 *Grundlegende Schriften*
Erich *Weniger*, Die Theorie des Bildungsinhalts, in: Handbuch der Pädagogik, hg. von *Nohl-Pallat*, Band III, Langensalza 1930; neue Fassung: Didaktik als Bildungslehre, Teil I: Die Theorie der Bildungsinhalte und des Lehrplans, Weinheim 1952, 1965[8]; Erich *Weniger*, Didaktik als Bildungslehre, Teil II: Die didaktischen Voraussetzungen der Methode in der Schule, Weinheim 1960, 1965[6]; Wilhelm *Flitner*, Theorie des pädagogischen Weges und Methodenlehre, in: Handbuch der Pädagogik, hg. von *Nohl-Pallat*, Band III, Langensalza 1930; neue Fassung: Theorie des pädagogischen Weges und der Methode, Weinheim 1950, 1965[7]; Wilhelm *Flitner*, Hochschulreife und Gymnasium, Heidelberg 1959; Wilhelm *Flitner*, Die gymnasiale Oberstufe, Heidelberg 1961; Wolfgang *Klafki*, Das pädagogische Problem des Elementaren und die Theorie der kategorialen Bildung, Weinheim 1959, 1964[4]; Wolfgang *Klafki*, Studien zur Bildungstheorie und Didaktik, Weinheim 1963, 1967[10]; Wolfgang *Klafki*, Didaktik, in: Geisteswissenschaftliche Pädagogik am Ausgang ihrer Epoche – Erich Weniger, hg. von Ilse *Dahmer* und Wolfgang *Klafki*, Weinheim 1968; Wolfgang *Kramp*, Fachwissenschaft und Menschenbildung, in: Zeitschrift für Pädagogik, 1963; Hans *Scheuerl*, Die exemplarische Lehre, Sinn und Grenzen eines didaktischen Prinzips, Stuttgart 1961

3.12 *Zur didaktischen Analyse*
3.121 *Allgemeines*
Wolfgang *Klafki*, Didaktische Analyse als Kern der Unterrichtsvorbereitung, in: Die Deutsche Schule, 1958, Nachdruck in: Auswahl, Reihe A, Band 1, Hannover 1962, in: W. Klafkis Studien zur Bildungstheorie und Didaktik, Weinheim 1967[10]; Wolfgang *Kramp*, Hinweise zur Unterrichtsvorbereitung für Anfänger, in: Auswahl Reihe A, Band 1, hg. von Heinrich *Roth* und Alfred *Blumenthal*, Hannover 1962

234

3.122 *Beispiele aus verschiedenen Unterrichtsfächern*
W. *Galter*, E. G. *Kuhlbörsch*, W. *Meyer*, W. *Klafki* zu: Wolfgang
Borcherts »An diesem Dienstag« im Unterricht, in: Hermann *Helmers*, Moderne Dichtung im Unterricht, Braunschweig 1967; Wilhelm
Steffens, Die didaktische Analyse in Theorie und Praxis – mit einem
Beispiel aus dem Bereich der muttersprachlichen Bildung, in: Rundgespräch 1964; Hans-Karl *Beckmann*, Probleme einer Fachdidaktik für
den evangelischen Religionsunterricht mit einer didaktischen Analyse
über das Gleichnis vom Barmherzigen Samariter, in: Rundgespräch,
1963; Karl Ernst *Nipkow*, Allgemeine Didaktik und evangelischer
Religionsunterricht, in: Pädagogische Rundschau, 1965; Elmar B. *Wagemann*, Didaktische Grundfragen des Rechenunterrichts, in: Zeitschrift
für Pädagogik, 1963; Hans *Milbrodt*, Didaktische Analyse und methodische Überlegungen zu einem Teilproblem der Heimatkunde: Einführung in das Kartenverständnis, in: Rundgespräch, 1965; Hermann
Desselberger, Didaktische Analyse im Biologieunterricht, in: Rundgespräch, 1965

3.2   *Andere, der geisteswissenschaftlichen Schule nicht unmittelbar
       zuzuordnende bildungstheoretische Versuche mit unterschiedlichen Ausgangspositionen*
Josef *Derbolav*, Das »Exemplarische« im Bildungsraum des Gymnasiums, Düsseldorf 1957; Josef *Derbolav*, Versuch einer wissenschaftstheoretischen Grundlegung der Didaktik, in: 2. Beiheft der Zeitschrift
für Pädagogik, Weinheim 1960; Josef *Derbolav*, Frage und Anspruch,
Wuppertal/Düsseldorf 1970; Julius *Drechsler*, Bildungstheorie und
Prinzipienlehre der Didaktik, Heidelberg 1967; Theodor *Ballauf*,
Skeptische Didaktik, Heidelberg 1970; Gotthilf A. *Hiller*, Konstruktive Didaktik, Düsseldorf 1973

4.   Lern- und lehrtheoretische Didaktik

4.1   *Grundlegende Schriften der »Berliner Schule«*
Paul *Heimann*, Didaktik als Theorie und Lehre (1962); Wolfgang
Schulz, Die Schule als Gegenstand der Pädagogik (1964), beide Aufsätze jetzt in: W. *Faber* (Hg.), Das Problem der Didaktik, München
1973; *Heimann/Otto/Schulz*, Unterricht – Analyse und Planung,
Hannover 1965; Wolfgang *Schulz*/Helga *Thomas*, Schulorganisation
und Unterricht, Heidelberg 1967; W. *Northemann*/G. Otto (Hg.), Geplante Information: Paul Heimanns didaktisches Konzept, Weinheim
1969; Wolfgang *Schulz*, Aufgaben der Didaktik – Eine Darstellung
aus lehrtheoretischer Sicht, Berlin 1969 (Päd. Zentrum 69/04/01); Wolfgang *Schulz*, Unterricht zwischen Funktionalisierung und Emanzipationshilfe, in: *Ruprecht* u. a., Modelle grundlegender didaktischer
Theorien, Hannover 1972; Die Didaktik der »Berliner Schule« –
kritisiert (Wilfried *Breyvogel*) und revidiert (Wolfgang *Schulz*), in:
betrifft: erziehung 1972/6

4.2   *Anwendungen*
Schiebel/Voigt/Heyer/Kochan/Schütz/Käsler/Otto/Doyé/Northemann,
Planungsbeispiele für Unterrichtseinheiten verschiedener Fächer, in:
Heimann/Otto/Schulz, Unterricht – Analyse und Planung (= Auswahl, Reihe B), Hannover 1965; Wolfgang *Schulz*, Unterricht an inte-

grierten Gesamtschulen – didaktische Forderungen und didaktische Aufgabe. Manuskriptdruck des Pädagogischen Zentrums Berlin 1967; Otto *Peters,* Das Fernstudium an Universitäten und Hochschulen (= Pädagogisches Zentrum, Reihe B, Band 8), Weinheim 1967; Didaktische Informationen, hg. von der Abtlg. Didaktik im Pädagogischen Zentrum Berlin; Rudolf *Mücke,* Der Grundschulunterricht, Bad Heilbrunn 1970

5.   Informationstheoretisch-kybernetische Didaktik

5.1   *Grundlagen*

5.11   *Informationstheorie*

Claude E. *Shannon*/Warren *Weaver,* The Mathematical Theory of Communication, Urbana: Univ. of Illinois Pr. 1962; S. *Rowenski*/ A. *Vjomow*/J. *Vjomowa,* Maschine und Gedanke, Leipzig/Jena/Berlin 1962 (für den Anfänger hervorragende Einführung); Lew *Itelson,* Mathematische und kybernetische Methoden in der Pädagogik, Berlin (Ost) 1967; Fred *Attneave,* Informationstheorie in der Psychologie, Bern–Stuttgart 1965

5.12   *Kybernetik*

Norbert *Wiener,* Kybernetik (Cybernetics, 1948); dt.: Regelung und Nachrichtenübertragung im Lebewesen und in der Maschine, Düsseldorf/Wien 1963[2]; Ross *Ashby,* An Introduction of Cybernetics, London 1963[5]; Gotthard *Günther,* Das Bewußtsein der Maschinen. Eine Methaphysik der Kybernetik, Baden-Baden 1957; Karl *Steinbuch,* Automat und Mensch, Berlin 1965[3]; Felix v. *Cube,* Was ist Kybernetik? Bremen 1967, München (dtv) 1971; Georg *Klaus,* Kybernetik in philosophischer Sicht, Berlin (Ost) 1963

5.2   *Kybernetische Didaktik*

5.21   *Didaktische Aspekte in kybernetischer Sicht*

Helmar *Frank,* Kybernetische Grundlagen der Pädagogik, Baden-Baden 1969[2]; Wolfram *Knöchel,* Grundlagenprobleme der Pädagogik in kybernetischer Sicht, Berlin (Ost) 1966; Felix *v. Cube,* Kybernetische Grundlagen des Lernens und Lehrens, Stuttgart 1968[2]; Klaus *Weltner,* Informationstheorie und Erziehungswissenschaft, Quickborn 1970

5.22   *ALZUDI und COGENDI*

Helmar *Frank,* Ansätze zum algorithmischen Lehralgorithmieren, in: Lehrmaschinen in kybernetischer und pädagogischer Sicht, Band IV, Stuttgart/München 1966; Helmar *Frank*/Klaus-Dieter *Graf,* ALZUDI – Beispiel einer formalen Didaktik, in: Zeitschrift für erziehungswissenschaftliche Forschung, 1967; *Blischke*/W. *Hilbig*/R. *Rüßmann,* Die halbalgorithmische Didaktik COGENDI in Theorie und Praxis, in: VI. Internationales Symposion über programmierte Instruktion, Berlin 1968; Wolfgang *Schulz,* ALZUDI ist keine Didaktik, in: Programmiertes Lernen, 1967; Helmar *Frank,* Die Didaktik ist keine Didaktik, in: Programmiertes Lernen, 1967 (Antwort an Schulz!)

5.3   *Kritische Auseinandersetzungen*

5.31   *Allgemeine Kritik*

Mortimer *Taube*, Der Mythos der Denkmaschine, Hamburg 1966; Georgi *Schischkoff*, Philosophie und Kybernetik, in: Zeitschrift für philosophische Forschung, 1965

5.32 *Spezielle Kritik der Rolle der Kybernerik in der Pädagogik*
Werner S. *Nicklis*, Einführung in die kybernetische Pädagogik, in: Erziehungswissenschaftliches Handbuch, Band III, Berlin 1970 (grundlegend für jede kritische Beschäftigung mit der kybernetischen Pädagogik und Didaktik)

6. Lernpsychologie
6.1 *Amerikanischer Behaviorismus*
J. B. *Watson*, Psychology from the standpoint of a behaviorist, Philadelphia 1919; E. R. *Hilgard*, Theories of Learning, New York 1956[2]; Bernard *Berelson*/Gary A. *Steiner*, Human Behavior, deutsche Übersetzung: Menschliches Verhalten, von Franz und Frauke Buggle, Weinheim 1974[3]; B. F. *Skinner*, Verbal Behavior, New York 1957; N. *Chomsky*, A Review of B. F. Skinner's »Verbal Behavior«, in: *Fodor/Katz*, The Structure of Language, Englewood Cliffs 1964 (Kritik an Skinner!); B. F. *Skinner*, Science and Human Behavior (1953), deutsch: Wissenschaft und menschliches Verhalten, München 1973

6.2 *Sowjetrussische Literatur*
Geontzew / Galperin /Saporosher / Patina /Talysina /Aidarowa / Forapowna / Malzewa, Probleme der Lerntheorie, deutsch von E. Däbritz, Berlin (Ost) 1966

6.3 *Deutsche Literatur*
Heinrich *Roth* (Hg.), Begabung und Lernen, Stuttgart 1968; Hans *Aebli*, Psychologische Didaktik, Stuttgart 1963; Helmut *Skowronek*, Lernen und Lernfähigkeit, München 1970[2]; Werner *Correll*, Lernen und Verhalten, Frankfurt a. M. 1972[3]

7. Programmierter Unterricht
7.1 *Amerikanische Literatur*
S. L. *Pressey*, A Simple Apparatus which Gives Tests and Teaches, in: School and Society, 1926, Nachdruck in: A. A. *Lumsdaine*/R. *Glaser* (Eds.), Teaching and Programmed Learning, Washington 1960; B. F. *Skinner*, The Science of Learning on the Art of Teaching, 1954, jetzt in: Programmed Learning, ed. by *Smith* and *Moore*, New York 1962; N. A. *Crowder*, Intrinsic and Extrinsic Programming, in: J. E. Coulson (Ed.), Programmed Learning and Computer-Based Instruction, New York/London 1962; David *Cram*, Explaining »Teaching Machines« and Programming, deutsche Übersetzung: Lehrmaschinen – Lehrprogramme, von Hermann *Rademacker*, Weinheim 1965; Ludwig J. *Issing* (Hg.), Der Programmierte Unterricht in den USA heute (= Pädagogisches Zentrum, Reihe C, Band 7), Weinheim 1967 (mit ausführlich. Literaturangaben u. Bericht über den Stand der Forschung)

7.2 *Deutsche Literatur*
Werner *Correll*, Programmiertes Lernen und Lehrmaschinen, Braunschweig 1965; Hans *Schiefele*, Lehrprogramme in der Schule, Mün-

chen 1966; Karl-Heinz *Flechsig,* Programmierter Unterricht als pädagogisches Problem, in: Die Deutsche Schule, 1963; Johannes *Zielinski/* Walter *Schöler,* Methodik des Programmierten Unterrichts, Ratingen 1965; Gunther *Eigler,* Didaktische Modelle und die Frage nach einem gemäßen Lernbegriff – ein Beitrag zum Problem des programmierten Unterrichts, in: Die Deutsche Schule, 1964; Hartwig *Schröder,* Lerntheorie und Programmierung, München 1971; zu »entbehaviorisierten Programmen« vgl. Werner S. *Nicklis,* Programmiertes Lernen, Bad Heilbrunn 1969

8. Lehrplan – Curriculum

8.1 *Geschichte des Lehrplans und der Lehrplantheorie*

Josef *Dolch,* Lehrplan des Abendlandes, Ratingen 1970[3]; Herwig *Blankertz,* Bildung im Zeitalter der großen Industrie, Hannover 1969; Bernhard *Schwenk,* Didaktik zwischen Aufklärung und Indoktrination, Frankfurt a. M. 1974

8.2 *Curriculum-Forschung*
8.21 *Einführungen und Sammelbände*

Edmund C. *Short/*George D. *Marconnit* (Eds.), Contemporary Thought on Public School Curriculum, Dubuque/Iowa: Brown Company 1968 (ein umfassender Sammelband mit 99, zum Teil grundlegenden Beiträgen und umfangreicher Bibliographie); Frank *Achtenhagen/*Hilbert L. *Meyer* (Hg.), Curriculumrevision – Möglichkeiten und Grenzen, München 1972[3]; Hilbert L. *Meyer,* Einführung in die Curriculum-Methodologie, München 1974[2]; Peter *Menck,* Unterrichtsanalyse und didaktische Konstruktion – Studien zu einer Theorie des Lehrplans und des Unterrichts, Frankfurt a. M. 1975; Karl *Frey* u. a. (Hg.), Handbuch der Curriculum-Forschung, München 1975

8.22 *Lerninhaltsanalysen, »Struktur der Disziplin«*

Jerome S. *Bruner,* The Process of Education, Harvard: The Harvard Univ. Press 1960 (deutsch: Düsseldorf 1973[3]); Jerome S. *Bruner,* Toward a Theory of Instruction (1966), deutsch: Entwurf einer Unterrichtstheorie, Düsseldorf 1974. A. W. *Ford/*L. *Pugno* (Eds.), The Structure of Knowledge and the Curriculum (1964), deutsch: Wissensstruktur und Curriculum, Düsseldorf 1972

8.23 *Ansätze in der Bundesrepublik*
8.231 *Situationsanalytischer Ansatz* (Globalansatz)

Saul B. *Robinsohn,* Bildungsreform als Revision des Curriculum, Neuwied 1971[3]

8.232 *Entscheidungstheoretischer Ansatz*

Karl-Heinz *Flechsig* u. a., Probleme der Entscheidung über Lernziele, Begründung und Aufriß des Forschungsplanes zum LOT-Projekt (= lernzielorientierte Tests), in: *Achtenhagen/Meyer* (Hg.), Curriculum-Revision – Möglichkeiten und Grenzen, München 1971; zur Kritik: Heiner *Drerup,* Praxis curricularer Theoriebildung – Eine Fallstudie zum LOT-Projekt, in: Bildung und Erziehung 1974.

8.233 *Fachdidaktischer Ansatz* (Strukturgitteransatz)

Herwig *Blankertz* (Hg.), Curriculumforschung – Strategien, Strukturierung, Konstruktion, Essen 1974[4]; Herwig *Blankertz* (Hg.), Fachdidaktische Curriculumforschung – Strukturansätze für Geschichte, Deutsch, Biologie, Essen 1974[2]; Peter *Menck*, Unterrichtsanalyse und didaktische Konstruktion, Frankfurt a. M. 1975

8.234 *Politökonomisch orientierte Kritik der Curriculum-Theorie*
Freerk *Huisken*, Zur Kritik bürgerlicher Didaktik und Bildungsökonomie, München 1972; Egon *Becker*/Gerd *Jungblut*, Strategien der Bildungsproduktion, Frankfurt a. M. 1972

8.3 *Lernzielorientierung*
Hilbert L. *Meyer*, Trainingsprogramm zur Lernzielanalyse, Frankfurt a. M. 1975[2]; Benjamin S. *Bloom* (Ed.), Taxonomy of Educational Objectives, Handbook I: Cognitive Domain, New York 1969[15]; Robert M. *Gagné*, The Conditions of Learning, New York 1970[2] (deutsch: Hannover 1969); David R. *Krathwohl*/Benjamin S. *Bloom*/Bertram B. *Masia*, Taxonomy of Educational Objectives, Handbook II: Affective Domain, New York 1969[6]; Robert F. *Mager*, Preparing Objectives for Programmed Instruction, San Francisco 1972[2] (deutsch: Weinheim 1971[3]). Christine *Möller*, Technik der Lernplanung, Weinheim 1973[3]

8.4 *Curriculum-Evaluation*
Christoph *Wulf* (Hg.), Evaluation – Beschreibung und Bewertung von Unterricht, Curricula und Schulversuchen, München 1972; Peter A. *Taylor*/Doris M. *Cowley*, Readings in Curriculum Evaluation, Wm. C. Brown, Dubuque, Iowa, 1972

9. Analytische und konstruktive Ansätze für Fachdidaktiken unter dem Einfluß von bildungstheoretischer und lerntheoretischer Didaktik sowie der Curriculum-Forschung

9.1 *Geschichte / Gesellschaftslehre*
Erich *Weniger*, Die Grundlagen des Geschichtsunterrichts, Leipzig 1926; Hermann *Giesecke*, Didaktik der politischen Bildung, München 1972[7]; Christoph *Wulf*, Das politisch-sozialwissenschaftliche Curriculum (USA), München 1973; Rolf *Schörken* (Hg.), Curriculum »Politik«, Opladen 1974; Dieter *Lenzen* (Hg.), Curriculumentwicklung in der Kollegschule: Der obligatorische Lernbereich, Frankfurt a. M. 1975

9.2 *Sprache*
Hermann *Helmers*, Didaktik der deutschen Sprache, Stuttgart 1972[7]; Hartmut *v. Hentig*, Platonisches Lehren. Problem der Didaktik, dargestellt am Modell des altsprachlichen Unterrichts, Stuttgart 1966; Dieter *Lenzen*, Didaktik und Kommunikation, Frankfurt a. M. 1973; Frank *Achtenhagen*, Didaktik des fremdsprachlichen Unterrichts, Weinheim 1972[3]

9.3 *Mathematik*
Helge *Lenné*, Analyse der Mathematikdidaktik in Deutschland,

Stuttgart 1969; Peter *Damerow* u. a., Elementarmathematik: Lernen für die Praxis?, Stuttgart 1974

9.4 *Naturwissenschaften*
Karl *Frey*/Peter *Häußler* (Hg.), Integriertes Curriculum Naturwissenschaft, Weinheim 1973; Michael *Ewers*, Bildungskritik und Biologiedidaktik, Frankfurt a. M. 1974

9.5 *Ästhetik*
Gunter *Otto*, Kunst als Prozeß im Unterricht, Braunschweig 1969[2]; Gunter *Otto*, Didaktik der ästhetischen Erziehung, Braunschweig 1974; Line *Kossolapow*, Musische Bildung zwischen Kunst und Kreativität, Frankfurt a. M. 1975

9.6 *Ökonomie*
Hans Bokelmann, Die ökonomisch-sozialethische Bildung, Heidelberg 1964; Günter *Kutscha* (Hg.), Ökonomie an Gymnasien, München 1975

9.7 *Musik*
Josef *Derbolav*, Grundfragen der Musikdidaktik, Ratingen 1967

9.8 *Religion*
Klaus *Wegenast* (Hg.), Curriculumtheorie und Religionsunterricht, Gütersloh 1972; Erich *Feifel* u. a. (Hg.), Handbuch der Religionspädagogik, Band 2: Didaktik, Gütersloh 1974

10. Empirische Unterrichtsforschung
N. L. *Gage* (Ed.), Handbook of Research on Teaching. A Project of the American Educational Research Association, Chicago 1963, deutsche Bearbeitung hg. von K. *Ingenkamp*, Handbuch der Unterrichtsforschung, Teil I–III, Weinheim 1970–1971; Ch. W. *Harris* (Ed.), Encyclopedia of Educational Research, New York 1960; Friedrich *Winnefeld*, Pädagogischer Kontakt und pädagogisches Feld, München 1957; Richard C. *Anderson* et al. (Eds.), Current Research on Instruction, Englewood Cliffs, New Jersey, 1969; Hans G. *Rolff*, Sozialisation und Auslese durch die Schule, Heidelberg 1967; Peter M. *Roeder* u. a., Sozialstatus und Schulerfolg, Heidelberg 1967; Basil *Bernstein*, Soziokulturelle Determinanten des Lernens, in: Franz *Weinert* (Hg.), Pädagogische Psychologie, Köln/Berlin 1967; Leo *Roth*, Effektivität von Unterrichtsmethoden, Hannover 1971; Günter *Dohmen* u. a. (Hg.), Unterrichtsforschung und didaktische Theorie, München 1972[2]

11. Zur didaktischen Diskussion in der Sowjetunion und in der DDR
Außer den bereits an ihrem systematischen Ort jeweils genannten Publikationen sind folgende Schriften repräsentativ: B. P. *Essipova* (Hg.), Osnovy didaktiki (Grundlagen der Didaktik), Moskau 1967; Lothar *Klingberg*, Einführung in die Allgemeine Didaktik, Frankfurt a. M. o. J. (1973), Lizenzausgabe des Verlages Volk und Wissen, Berlin (Ost) 1971; Gerhart *Neuner* und *Autorenkollektiv*, Allgemeinbildung – Lehrplanwerk – Unterricht, Berlin (Ost) 1972